Corinna Müller

Um Kopf und Kragen

Historische Kriminalfälle der Frühen Neuzeit im heutigen Württemberg

verlag regionalkultur

Titelbildnachweis:	Vordergrund und Buchrücken unter Verwendung von: „Das Zahnziehen“ (Gemälde von Johann Liss, 17. Jahrhundert) Hintergrund: Das Hochgericht auf dem Galgenfeld, Darstellung einer Hinrichtung durch das Rad, Frankfurt 1741
Titel:	Um Kopf und Kragen – Historische Kriminalfälle der Frühen Neuzeit im heutigen Württemberg
Autorin:	Corinna Müller
Herstellung:	verlag regionalkultur
Satz:	Patrick Schumacher, vr
Umschlaggestaltung:	Jochen Baumgärtner, vr
Endkorrektorat:	Andrea Sitzler, vr

ISBN 978-3-89735-698-6

Bibliografische Information der Deutschen Bibliothek
Die Deutsche Bibliothek verzeichnet diese Publikation in der Deutschen Nationalbibliografie; detaillierte bibliografische Daten sind im Internet über http://dnb.ddb.de abrufbar.

Diese Publikation ist auf alterungsbeständigem und säurefreiem Papier (TCF nach ISO 9706) gedruckt entsprechend den Frankfurter Forderungen.

verlag regionalkultur

Heidelberg • Ubstadt-Weiher • Neustadt a.d.W. • Basel

Korrespondenzadresse:
Bahnhofstraße 2 • 76698 Ubstadt-Weiher • Telefon 07251 36703-0 • Fax 07251 36703-29
E-Mail: kontakt@verlag-regionalkultur.de • *Internet*: www.verlag-regionalkultur.de

Für Robin

Inhalt

Die Macht der Carolina

Einführung

Wer heute von Kriminalität spricht, denkt dabei meist an Mord, Menschenhandel oder Kindesmissbrauch, an Raub und mafiaähnliche Strukturen, Wirtschaftskriminalität, illegalen Waffenhandel und dergleichen.

Häufig sind diese Gedanken verbunden mit Kritik an der Gesellschaft, den Jugendlichen samt ihrer misslungenen Erziehung, fragwürdigen Computerspielen und natürlich der jeweiligen Regierung.

Doch Kriminalität stellt sicherlich keine Errungenschaft unserer modernen Zeit dar, sondern beschäftigt bereits seit Jahrtausenden weltweit die Gemüter der Menschheit.

Und wer kennt sie nicht, die beiden Brüder Kain und Abel, die anscheinend in den ersten Mordfall der Menschheit verwickelt waren? Ein Mord aus Eifersucht, der schon in der Bibel Erwähnung findet.

Oder die Geschichte von Jakob, dem armen Kerl, dem eine falsche Frau untergeschoben worden war. Für Rahel, seine große Liebe, hatte er sieben lange Jahre unentgeltlich geschuftet und letztlich dafür nur Lea, ihre Schwester erhalten. Für ihn hieß es nun, noch weitere sieben Jahre ohne Lohn zu arbeiten, um sein ersehntes Ziel doch noch zu erreichen. Wie sollte er sich da nicht betrogen gefühlt haben?

Aber kamen diese Angelegenheiten damals vor ein irdisches Gericht? In der Bibel wird in dieser Hinsicht jedenfalls nichts erwähnt. Offenbar wurde nicht einmal Anzeige erstattet oder Klage eingereicht, dabei waren die Taten offensichtlich und die Täter eindeutig identifiziert. Sogar Zeugen müsste es seinerzeit gegeben haben.

Heute wäre zumindest ein solcher Mord mit Sicherheit völlig anders gehandhabt worden. Und auch Jakob hätte wohl versucht, mit juristischer Unterstützung eine Annullierung der unerwünschten Trauung zu erreichen – abgesehen davon, dass in unserem Kulturkreis und heutigen Weltbild die siebenjährige Arbeit für eine Eheschließung nicht einmal mehr ansatzweise nachvollziehbar ist …

Dennoch, der Mörder Kain wurde damals „nur“ von Gott verurteilt, obwohl er nach unseren heutigen Denkstrukturen ein Kapitalverbrechen begangen hat. Ein solch kaltblütiges Gewaltdelikt würde als Offizialdelikt deklariert werden, als Zeichen dafür, dass ein öffentliches Interesse an der Aufklärung besteht. Für die Beteiligten würde dies bedeuten, dass die Staatsanwaltschaft und somit die Polizei auch dann ermitteln würde, wenn keine Anzeige des Geschädigten oder dessen Angehörigen vorliegt. Ist der Täter gefasst, wird von Seiten des Staates Klage eingereicht, ermittelt und der Überführte verurteilt.

Doch wie am aufgeführten Beispiel klar erkennbar, spielte Kriminalität in anderen Zeiten der menschlichen Geschichte zwar eine wesentliche, jedoch völlig differente Rolle. Straftaten wurden anders empfunden, anders bewertet und auf eine andere Weise geahndet.

Im Laufe unzähliger Generationen fand somit eine Entwicklung statt, die schließlich zu unserem heutigen Rechtswesen führte. Natürlich gab es dabei, wie bei anderen Entwicklungen auch, unzählige Irrungen und Wirrungen: Urteile oder Gesetze, über die wir heute den Kopf schütteln mögen, die eventuell auch unsinnig waren – die aber, bei näherem Betrachten, in der jeweiligen Zeit durchaus berechtigt gewesen sein können und ihren Sinn hatten.

Und wer kann schon behaupten, unser heutiges Rechtssystem sei perfekt?

Ein Rückblick auf einen Teil dieser Entwicklungen des Justizwesens kann möglicherweise jedoch das Verständnis für die alten Prozessakten, Anklagen, Ermittlungen und Urteile erleichtern.

Im Frühen Mittelalter war unser heutiges Deutschland in unzählige Territorien aufgeteilt, sodass selbst dicht beieinander liegende Dörfer und Städte unterschiedlichen Herren angehören konnten. Ein einheitliches, grenzüberschreitendes Rechtssystem war nicht vorhanden.

Der Strafprozess verlief häufig in privatrechtlichem Sinne: „Wo kein Kläger, da kein Henker". Wurde vom Geschädigten keine Klage eingereicht, bestand somit auch kein staatliches Interesse, gegen den Täter vorzugehen.

Auch schwerwiegende Delikte wurden meist im Sühneverfahren in Form von Wallfahrten, Seelenmessen, Sühnekreuzen oder sonstigen Bußhandlungen geregelt. Das Seelenheil des Opfers sollte vom Täter gesichert werden. Zudem kam es zu Geldzahlungen, das so genannte Wergeld, oder vergleichbaren Verhandlungslösungen, die auf einen gütlichen Ausgleich zwischen den Parteien zielte.

Organisierten Verbrecherbanden war jedoch trotz brutaler Strafen kaum beizukommen.

Erst 1532, mit dem Erscheinen der Carolina, der Constitutio Criminalis Carolina, trat das erste allgemeine deutsche Strafgesetzbuch als einheitliches Recht des Heiligen Römischen Reiches Deutscher Nation in Kraft. Es behielt seine Gültigkeit bis zum Erscheinen des Strafgesetzbuches für das Deutsche Reich im Jahre 1871 und bildet noch heute die Grundlage für das aktuelle Strafrecht.

Die Carolina, die zudem unter der Bezeichnung „Peinliche Halsgerichtsordnung" bekannt ist, hatte ihren Namen durch das Wort „Pein" erhalten, das auf das lateinische Wort „poena", übersetzt „Strafe", zurückzuführen ist.

Bereits 1498 hatte der Reichstag in Freiburg im Breisgau beschlossen, dass die Vorgehensweise bei Strafverfahren gesetzlich festgelegt und vereinheitlicht werden solle, sodass 1530 die Carolina auf dem Reichstag beschlossen wurde, nachdem zuvor eine salvatorische Klausel eingefügt worden war, die den Reichsständen künftig dennoch die

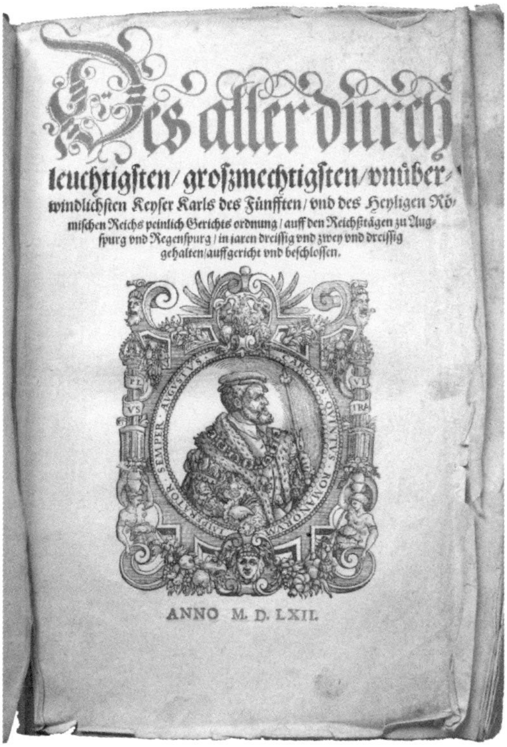
Des allerdurch
leuchtigsten/ groszmechtigsten/ vnüber-
windlichsten Keyser Karls des Fünfften/ vnd des Heyligen Rö-
mischen Reichs peinlich Gerichts ordnung/ auff den Reichßtägen zu Aug-
spurg vnd Regenspurg/ in jaren dreissig vnd zwey vnd dreissig
gehalten/ auffgericht vnd beschlossen.
ANNO M. D. LXII.

Abb.: Constitutio Criminalis Carolina – Peinliche Halsgerichtsordnung Kaiser Karl V.
Stadtarchiv Brackenheim (B 2049), Foto: C. Müller

eigene Gerichts- und Gesetzgebungshoheit erhalten würde.

Kaiser Karl V. ratifizierte am 27. Juli 1532 die Constitutio Criminalis Carolina in Regensburg, worauf sie endgültig in Kraft trat und schließlich 1551 auch im Herzogtum Württemberg förmlich eingeführt wurde.

Dieses umfassende Gesetzesbuch enthielt jedoch nicht nur das materielle Strafrecht, sondern auch ein detailliertes Strafprozessrecht. Dies bedeutet, dass nun nicht einzig die Strafgesetze und ihre angedrohte Strafe festgelegt, sondern auch die Vorgehensweise der Ermittlungen und der Prozessabläufe gesetzlich geregelt waren.

Berücksichtigt wurden hierbei Rechtsbrüche wie Totschlag, Mord, Brandstiftung, Raub und Zauberei, nicht jedoch Beleidigung, Körperverletzung oder Delikte gegen den Staat.

War nach vorheriger Rechtssprechung jeder schuldig und zu verurteilen, der einen Schaden begangen hatte, so änderte sich dies nun mit der Carolina. Schuld war jetzt nicht mehr ausschließlich vom eingetretenen Erfolg der Tat abhängig, sondern auch von der Gesamteinstellung des Täters zur Tat.

Fahrlässigkeit und Vorsatz wurden relevant, wodurch ersteres strafmildernd berücksichtigt werden konnte. Ein Täter konnte unschuldig sein, wenn die Tat „aus Versehen“ begangen worden war.

Selbst Teilnahme und Versuch einer Straftat wurden nicht mehr mit dem vollen Strafmaß abgeurteilt.

Mord und Totschlag wurden inzwischen, dank der Carolina, unterschiedlich bewertet: Beide Verstöße wurden zwar vorsätzlich begangen, der Totschläger handelte jedoch im Affekt. Seine „mildere“ Strafe war die Schwertstrafe, während der Mörder durch das Rad zu sterben hatte.

Kinder und Jugendliche unterlagen neuerdings einem besonderen Schutz. Ihre Zurechnungsfähigkeit musste gesondert geprüft werden.

Kinder bis zum 7. Lebensjahr waren nach dem aktuellen Gesetz generell strafunmündig. Aber auch ältere Kinder bis zum 14. Lebensjahr galten nur noch bedingt als strafmündig.

Diese neue Handhabung der Gerichtsbarkeit war für die damalige Zeit ein erheblicher Fortschritt. Mag es für uns heute auch grausam und menschenunwürdig erscheinen, so war die Peinliche Halsgerichtsordnung für die Menschen des 16. Jahrhunderts sicherlich eine enorme Erleichterung.

Wurde beispielsweise in voriger Zeit für jegliche Art der Zauberei die Todesstrafe gefordert, so differenzierte die Carolina nun unter Zauberei mit Personenschaden und Zauberei mit Sachschaden. Bei Sachschaden verlangte das Gesetz inzwischen lediglich Schadensersatz, bei Personenschaden stimmte sie wiederum der vorherigen Regelung mit Todesfolge zu: Der Tod sollte auf dem Scheiterhaufen herbeigeführt werden.

Eine strafprozessrechtliche Neuerung war die Abschaffung des mittelalterlichen Beweisrechts. Das Gottesurteil wurde durch modernere Beweismittel ersetzt, wobei diese mit dem heutigen Indizienprozess nicht zu verwechseln sind.

Das Gericht wurde verpflichtet, den Übeltäter zu überführen und Beweise für seine Schuld zu erbringen. Dies konnte sowohl durch ein Geständnis, die so genannte „Urgicht", oder aber durch eine Zeugenaussage geschehen.

Lag das nötige Geständnis nicht vor, so waren für eine rechtmäßige Verurteilung die Aussagen zweier zweifelsfreier Zeugen nötig, die inhaltlich absolut übereinstimmen mussten.

In einer Zeit, in der es weder Kenntnisse über DNA-Analysen noch über Fingerabdrücke, Faser- oder Blutspuren gab, konnte natürlich auch kein Indizienprozess im heutigen Sinne geführt werden. Dennoch waren Indizien, also konkrete Hinweise, von rechtlicher Bedeutung, indem sie dazu verwendet wurden, einen Verdacht zu erhärten sowie die Berechtigung zu erlangen, eine peinliche Befragung anzuordnen, die den Täter zu einem Geständnis bringen sollte.

War also eine Unterbringung in den verdreckten, kalten, dunklen und feuchten Verliesen nicht ausreichend, den Delinquenten einzuschüchtern, so wurde ihm mit der Folter gedroht und gegebenenfalls die entsprechenden Instrumente vorgeführt. Der Anblick der blutverschmierten Beinschrauben, der Mundbirne oder des Rades reichte vielfach aus, um einen Gesetzesbrecher zu zermürben, seinen Willen zu brechen und ihn zu einem Geständnis zu bewegen. Blieb er jedoch standhaft, wurde die peinliche Befragung angeordnet und die systematische, professionelle Verstümmelung des Körpers durchgeführt.

Die Intensität dieser „Behandlung" lag im Ermessen des Richters. Wohl gab es im Rahmen der Carolina eindeutige Vorschriften zu einer Vorgehensweise, die den Angeklagten schützen sollte, doch wurden diese im Laufe der Jahrhunderte ausgedehnt und teilweise auch einfach ignoriert.

Erwecken diese Erläuterungen der Peinlichen Halsgerichtsordnung nun den Eindruck, Folterungen und Todesurteile seien in früheren Zeiten an der Tagesordnung gewesen, so muss dies nun dringend korrigiert werden.

Abb.: Darstellung verschiedener Strafen aus dem „Tengler Laienspiegel", 1508/10

In Köln wurden beispielsweise im 16. Jahrhundert von rund 2000 vom Stadtrat inhaftierten Personen nur 253 vor das Hochgericht gestellt, das einzige Gericht, das die Todesstrafe anordnen durfte. Von denen wiederum wurden 25 %, also 64, zum Tode verurteilt. In 48 Fällen handelte es sich dabei um Diebe und Räuber.

Obwohl Köln im Vergleich zu Nürnberg eine relativ niedrige Hinrichtungsquote hatte, zeigt dies doch in etwa die Tendenz derselben. Darüber hinaus gilt zu berücksichtigen, dass nicht alle zum Tode Verurteilten auch tatsächlich hingerichtet wurden.

Ein Täter hatte die Möglichkeit „Fürbitter" für sich einzusetzen. Gab es damals auch keine Pflichtverteidiger, wie wir sie heute kennen, so bestand doch die Möglichkeit, auf Intervention anderer Herrschaftsträger, aber auch der Freunde, Familie, Kollegen oder Nachbarn, einen glimpflichen Ausgang des Verfahrens zu erlangen.

Historiker nennen diese Fürsprecher „das Sozialkapital" des Delinquenten.

Je mehr Fürsprecher der Täter vorweisen konnte, desto besser – möglichst viele und in möglichst angesehenen Positionen. Es war also durchaus sinnvoll, sich mit den Nachbarn gut zu stellen, regelmäßig die Kirche zu besuchen und soziale Kontakte zu pflegen – eben einen guten Leumund zu haben.

So konnte sich sogar ein Todesurteil in eine Geldstrafe wandeln.

Sicherlich war diese Vorgehensweise nicht immer von Erfolg gekrönt; es mussten durchaus auch Exempel statuiert werden, um die Glaubwürdigkeit der Gerichte zu erhalten. Dennoch war es gleichzeitig ein Akt der Gnade, wenn ein Verurteilter mit dem Leben davonkam. Und Gnade galt als göttliche Tugend. Sie symbolisierte zudem das herausragende Recht des Herrschers, aber auch der Fürsten oder des Stadtrates, sich im Einzelfall über die geschriebenen Normen hinwegsetzen zu können.

Abgesehen davon lag der betreffenden Gemeinde mehr daran, wenn sie, nicht selten nach den relativ schnell aufeinander folgenden Kriegen, völlig verarmt und zeitweise beinahe ausgestorben, ein lebendes, angesehenes Gemeindemitglied nach dem Verfahren zurückerhielt, anstatt auch noch dessen verwaiste Familie ernähren zu müssen.

Die Geldbußen, die solche Strafen zur Folge hatten, wurden jedoch unnachgiebig eingetrieben. War ein Delinquent nicht liquide, wurden in Nachverhandlungen Ratenzahlungen oder Stundungen vereinbart.

Überhaupt waren Geldbußen eine gerne gesehene Möglichkeit der entsprechenden Justiz, die schmale Kasse aufzubessern, weshalb ihnen, wenn möglich, der Vorzug gegenüber anderen Strafen gegeben wurde.

Seit der Carolina waren die Gerichte mit ihren meist juristisch ungeschulten Richtern angehalten, bei schwerwiegenden Delikten und Unklarheiten über die rechtliche Lage, Auskünfte und Rechtsgutachten bei den jeweils zuständigen juristischen Fakultäten zu erlangen. Bis 1551 war diese Vorgehensweise als „Empfehlung" gedacht, wobei diese Rechtsgutachten (Konsilien) der entsprechenden Fakultäten, Oberhöfe oder Schöppenstühle für das Gericht zwar nicht bindend waren, aber dennoch weitgehend anerkannt und übernommen wurden.

Erst 1621 wurde diese Vorgehensweise zum zwingenden Gesetz.

Doch nicht immer konnte ein Täter überhaupt erst gefasst werden.

Das Polizeiwesen während der Frühen Neuzeit stellte keine Polizei im heutigen Sinne dar.

Man kannte demzufolge noch kein zusammenhängendes Polizeisystem, keine Polizeireviere, keine Landeskriminalämter, kein Bundeskriminalamt und schon gar kein Interpol.

Es gab kaum Polizeikräfte, die Anzeigen aufnahmen oder nach Geflohenen fahndeten. Die Anzahl der Gerichtsbüttel und Schergen war äußerst gering, zudem schlecht bezahlt und ohne entsprechende Ausbildung. Möglicherweise standen sie selber an der Grenze zur Unehrlichkeit.

Gab es in der Frühen Neuzeit auch schon Steckbriefe, so wurden diese nicht zur Fahndung verwendet, sondern als Hilfsmittel, auf frischer Tat Ertappte überführen und ihre Identität beweisen zu können.

Erst im 18. Jahrhundert entwickelte sich mit dem Beginn des Passwesens auch in ländlichen Regionen eine Art Polizei, die als Landreiter oder Husaren eingesetzt wurden.

Der Täter hatte es demzufolge relativ einfach, wenn er „untertauchen" wollte. Im Allgemeinen reichte es aus, wenn er die Stadt rechtzeitig vor seiner Festnahme verließ oder einfach die Grenze des Territoriums überschritt. Eine Strafverfolgung über diese Grenze hinaus war bekanntermaßen annähernd unmöglich. Der Täter, der eine Mordanklage zu befürchten hatte, konnte also in aller Ruhe in der Sicherheit einer anderen Stadt abwarten, zu welchem Urteil sich das Gericht am Tatort entschloss und ob es seine Argumentation des Unfalles bzw. der Notwehr akzeptierte.

An einer Auslieferung bestand auch von Seiten der Zufluchtsorte wenig Interesse, solange sich der Delinquent am neuen Aufenthaltsort gesittet verhielt.

In vielen Fällen bestand sogar genügend soziale Unterstützung, um weitestgehend problemlos vom Tatort fliehen und sich anschließend anderweitig versorgen lassen zu können – das entsprechende finanzielle Kapital natürlich vorausgesetzt.

Doch Geld- und Todesstrafen waren nicht die einzigen Repressalien, welche die Täter zu fürchten hatten. Viel häufiger als Leib- und Lebensstrafen wurden Landes- oder Stadtverweisungen ausgesprochen. Dabei wurde der Delinquent für eine befristete Zeit, wenn nicht gar für die Dauer seines Lebens aus der Stadt, dem Territorium oder über die Alpen verbannt.

Eine Strafe, die mit wenig Aufwand verbunden war, als kostengünstig galt und auf annähernd alle Delikte angewandt werden konnte. Kein Wunder also, wenn diese Art der Vergeltung bei der Justiz äußerst beliebt war, im Gegenzug dazu aber zu der berechtigen Frage führt, ob es durch diese Handhabung nicht einfach zu einem Austausch der Straftäter gekommen war …

Handelte es sich bei dem Verbannten jedoch um einen wohlhabenden Missetäter mit Haus, Grund und Familie, so konnte es geschehen, dass er sich am Rande der Stadt aufhielt, wo er, ähnlich dem Flüchtenden, von den Angehörigen versorgt wurde, bis es ihm wieder erlaubt war, die Stadt zu betreten und sein gewohntes Leben erneut aufzunehmen. Eine soziale Ausgrenzung war folglich nicht zwingend gegeben, die Ehre nicht unbedingt verletzt.

Dennoch konnte der Betroffene auf diese Art und Weise auch in den wirtschaftlichen und somit finanziellen Ruin getrieben werden, Haus, Grund, Arbeitsstätte und Familie verlieren.

Ehren- und Schandstrafen waren eine weitere Möglichkeit, den Missetäter zu bestrafen. Im Verlauf der Frühen Neuzeit nahm diese Art der Strafe sowohl in der Hoch- als auch in der Niedergerichtsbarkeit an Bedeutung zu.

Aus heutiger Sicht scheint dies vielleicht nicht weiter dramatisch, für die Menschen damals war eine Verletzung der Ehre jedoch von völlig anderer Tragweite.

Der Mensch „bestand" in früherer Weltanschauung gewissermaßen nicht nur aus einem Körper und einer Seele, sondern auch aus einer „Ehre". Die Ehre war ein sehr hohes Gut, das es zu verteidigen galt. Ohne Ehre war man von der Gesellschaft ausgeschlossen und galt als „wertlos".

Eine Ehrverletzung wurde deshalb annähernd mit einer körperlichen Verletzung gleichgestellt, sodass eine Schmähung oder Beleidigung von immenser Bedeutung und vergleichbar mit einem körperlichen Angriff war, auch wenn dabei nicht wirklich eine tätliche Misshandlung vorlag.

„Ehre“ und „Schande“ hatten somit eine viel komplexere Bedeutung, als es zuerst den Anschein erweckt. Von der Ehre, dem guten Ruf und dem Ansehen in der Bevölkerung war es abhängig, was man vom Leben zu erwarten hatte.

Sie war der Grundstock für das lebensnotwendige „Sozialkapital“, das in vielerlei Hinsicht von Bedeutung war, nicht nur in Verbindung mit Straftaten. Beim beruflichen Erfolg, bei der Auswahl der Kindspaten, der Anerkennung als Ratsmitglied oder Schultheiß, der Auswahl des Ehepartners und bei vielem mehr spielte die Ehre eine wesentliche Rolle.

Abb.: Am Pranger in Rothenburg
v. l. Frau mit Schandmaske und Lasterstein, Frau mit hölzernem Kragen und Schandmaske „Hausdrache“, Mann im Stock; an der Wand darüber das öffentlich angeschlagene Urteil
Mittelalterliches Kriminalmuseum – Rothenburg o. T. (2011)

Noch heute haben führende, „ehrenwerte“ Persönlichkeiten in Politik und Wirtschaft damit zu kämpfen, ihre „weiße Weste“ zu zeigen.

Nicht anders war es in früheren Jahrhunderten: Die positiven Zukunftsaussichten reduzierten sich, wenn man am Pranger gestanden, geteert und gefedert auf den Schandesel gesetzt worden war oder die ganze Stadt Spottlieder über einen gesungen hatte. Derartige „entehrende“ Strafen waren mehr als eine heftige Demütigung: sie kamen einer Leibesstrafe ziemlich nahe. Die Ehre bis aufs Letzte zu verteidigen war „Ehrensache“.

Abb. (rechte Seite, oben): „Schandgeige“
Halsgeige mit zwei Armlöchern; Ehrenstrafe, die hauptsächlich bei Frauen angewandt wurde
© Heimatmuseum Veringenstadt (Stadt Veringenstadt, Foto: Fröhlich)

Abb. (rechte Seite, unten): Eiserne „Schandhaube“
Strafgerät, dessen geometrische Grundform auf den Strohkranz hinweist, der ehemals als Ehrenstrafe verwendet wurde. Dem Gebrauch des Strohkranzes folgten im Laufe der Jahre die Strohkrone, die eiserne Schandhaube und schließlich die eiserne Schandmaske.
© Heimatmuseum Veringenstadt (Stadt Veringenstadt, Foto: Fröhlich)

Anfang des 17. Jahrhunderts schließlich lösten Gefängnisse und Zuchthäuser die leichteren Formen der körperlichen Strafe und Landverweisung ab. Da sich dies jedoch nur schleppend entwickelte, wurden die Räumlichkeiten häufig multifunktionell verwendet und zeitweise zu Arbeitshäusern, Altenheimen oder ähnlichem umgewandelt.

Insgesamt war der Anteil weiblicher Delinquenten an der Gesamtzahl der Straftaten zu allen Zeiten relativ gering. Je nach Region und Jahrhundert schwankten sie zwischen rund 15 % und 30 % der registrierten Anklagen.

Diese Schwankungen sind jedoch nur aussagekräftig, wenn man berücksichtigt, dass beispielsweise im 17. Jahrhundert, als der Frauenanteil an den Straftaten tatsächlich bei 30 % lag, sowohl Unzucht als auch Konkubinat und Hexerei angeklagt worden waren. Ein Jahrhundert später wurden diese Delikte zum Teil auf anderer Ebene entschieden und flossen daher nicht mehr in die Kriminalstatistik ein.

Die Anzahl der sonstigen Straftaten variierte jedoch stark. Leichte Delikte, wie Verstöße gegen die Kleiderordnung, traten ebenso auf wie Eigentumsdelikte, allgemeine Verstöße gegen den sittlich-moralischen Lebenswandel, Prostitution und Kindsmord.

Doch auch hier unterlag der Straftatenkatalog einem Wandel. Während im 14. und 15. Jahrhundert vor allem in Süddeutschland die städtischen Räte für die Gründung so genannter Frauenhäuser plädierten, um die Dirnen durch einen auf den Rat vereidigten Frauenwirt zu beaufsichtigen, wurden im 16. Jahrhundert, im Zuge der strengeren Reformation, die Frauenhäuser wieder geschlossen und die Hurerei unter Strafe gestellt. Generell mussten nun Frauen, die alleine beziehungsweise in unehelicher Gemeinschaft lebten und nicht in das typisch männliche Erwartungsbild passten, mit einer Anklage der „Hurerei" rechnen.

Prostitution wurde schließlich in die Illegalität gedrängt, aber dennoch weiter betrieben.

Frauen, denen vor der Ehe sexuelle Kontakte nachgewiesen werden konnten, verloren ihre Ehre und wurden gemaßregelt; es sei denn, ein entsprechendes Eheversprechen war der Tat vorausgegangen und dieses konnte gegebenenfalls eingeklagt werden. Insbesondere bei einer eingetretenen Schwangerschaft konnte der Mann zur Kostenübernahme und Sorge für das Kind verurteilt werden. Doch auch hier war das „soziale Kapital“ sowie der bis dahin „gute Ruf“ der Frau von unübersehbarer Gewichtung.

Bei Eigentumsdelikten in Verbindung mit Frauen mag man sicher zuerst an das alte Bänkellied von 1849 denken, das von einem „Sabinchen“ handelt, das „ein hold- und tugendhaftes Frauenzimmer“ gewesen sein soll, bis sie sich von einem jungen Schuster zum Diebstahl hatte verleiten lassen.

Sicherlich nur ein Lied, aber so ganz fehl nun auch wieder nicht. Tatsächlich gab es häufig den Diebstahl der Mägde bei dem Dienstherrn oder bei einer sonstigen Person, von der sie abhängig waren, wobei dies kein typisch weibliches Delikt darstellt.

Diebstähle wurden stets von beiden Geschlechtern jeden Alters und auf alle erdenkliche Weisen durchgeführt.

Unter anderem wurden Diebstähle von umherziehenden Vagabunden bzw. der sonstigen Unterschicht begangen, aber auch, aus unterschiedlichsten Gründen, von Mitgliedern der Dorf- oder Stadtgemeinschaft. Als Beispiel sei hier der Forst- und Flurfrevel genannt.

Auffallend wirkt, dass im 16. und 17. Jahrhundert vor dem Hochgericht eindeutig die Eigentumskriminalität dominiert, während im 14. Jahrhundert nicht ein einziger Diebstahl erwähnt wird. Sollte die Diebstahlsquote derart gestiegen sein? Nein, wohl kaum.

Vielmehr wurde im 14. Jahrhundert der Diebstahl nicht durch das Hochgericht verurteilt, sodass er in den Kriminalakten erst gar nicht zur Geltung kam.

Da Diebstähle demzufolge, abhängig vom jeweiligen Jahrhundert und der entsprechenden Region, in den Statistiken gänzlich unterschiedlich erscheinen, wäre es zu umfassend, hier näher darauf einzugehen.

Als typisches Frauendelikt findet der Kindsmord Erwähnung, obwohl selbst dieser gelegentlich von Männern verübt worden ist.

Auch wenn der Kindsmord kein Massendelikt darstellt, häuft sich sein Vorkommen doch im 17. und zu Beginn des 18. Jahrhunderts. Die Tötung wurde zumeist am Neugeborenen durchgeführt, was allerdings nicht unbedingt auf einen Mangel an mütterlicher Zuneigung, sondern wohl eher auf eine abgrundtiefe Verzweiflung der Frau hinweist.

Es scheint somit, als ob die Frauen in diesen Jahrhunderten einem besonders hohen gesellschaftlichen, sozialen, wirtschaftlichen, aber auch einem strengeren moralischen Druck ausgesetzt gewesen seien.

Der Gattenmord, sowohl von Männern als auch von Frauen praktiziert, zeigt die Problematik damaliger Zeiten, als es noch weitestgehend ausgeschlossen war, eine

Scheidung zu erlangen. Insbesondere die Frau war der Willkür des Mannes ausgeliefert, dem zwar eine Fürsorgepflicht gegenüber seiner Frau oblag, er diese jedoch im Großen und Ganzen nach seinem Ermessen interpretieren konnte.

Für Frauen war es daher schwer und entwürdigend, Beweise gegen den möglicherweise gewalttätigen Ehemann zu erbringen und vor Gericht Unterstützung einzuklagen.

Dennoch war auch diese öffentliche Vorgehensweise hin und wieder erfolgreich, der umstrittene Charakterzug des Mannes wohl bereits allgemein bekannt und die Richter der Frau gewogen.

Als typisch männliche Straftaten galten immer schon Gewaltdelikte wie Mord und Totschlag, die in erster Linie auch tatsächlich von Männern ausgeübt wurden.

Doch nicht nur diese beiden Delikte, sondern auch die Ausübung gleichgeschlechtlicher Praktiken und Sodomie mit Tieren wurden hauptsächlich den Männern zugeordnet, obwohl sie durchaus auch von Frauen begangen wurden. Allerdings wurden Frauen in diesem Zusammenhang in der Regel eher der Hexerei angeklagt.

Hexerei war im Heiligen Römischen Reich Deutscher Nation ein Delikt, das vor allem im 16. und frühen 17. Jahrhundert in erster Linie den Frauen zugeordnet wurde. Während um 1590 daher der Frauenanteil der Angeklagten bei 75 bis 90 % und auch 1648 noch bei 75 % lag, befand sich ihr Anteil im süddeutschen Raum im Jahre 1680 nur noch bei etwa 30 % (Salzburg).

Im Herzogtum Württemberg kam es in den Jahren 1497 bis 1700 zu rund 350 Verfahren wegen Hexerei und etwa 197 Hinrichtungen, während die Angeklagten im Bereich des Deutschordens Mergentheim zwischen 1590 und 1631 etwa 580 Beschuldigte zählten, von denen 387 hingerichtet wurden.

Verfolgt konnte jeder werden. Ob jung oder alt, hübsch oder hässlich, arm oder reich. Ein jeder war von der Verfolgungswelle betroffen, auch Kinder.

Entgegen der üblichen Meinung gab es keine körperlichen Merkmale, die eine Hexe kennzeichneten. Weder rote Haare noch ein Buckel galten als Zeichen der Hexe.

Strafprozessrechtlich gab es bei allen Ermittlungen, früher wie heute, den Grundsatz, Zeugenvernehmungen äußerst gründlich durchzuführen und exakt schriftlich zu fixieren. Problematisch zeigen sich dabei die im Dialekt geführten Gespräche, die zur weiteren Verwendung erst in eine schriftliche und allgemein verständliche Form gebracht werden mussten.

Sowohl um Kritik an diesem Vorgang zu vermeiden, als auch um im gesamten Verlauf der Vernehmung den entsprechenden Personen gerecht zu werden und die Zuverlässigkeit der Aussagen zu betonen, wurden bereits in der Frühen Neuzeit möglichst alle Handlungen, Gesten und Facetten des Vorganges schriftlich festgehalten.

Treten nun in alten Gerichtsprotokollen lateinische Formeln und Redewendungen auf, die unmöglich von Tätern oder Zeugen stammen können, so lässt sich dies eventuell dergestalt interpretieren, dass der Schreiber sich von Anstoß erregenden Worten distanzieren wollte und somit eine Art Reinigungsritual vornahm, das einem beispielsweise blasphemischen Wort die Gewichtung nahm und es dennoch deutlich betonte.

Derartige Gerichtsprotokolle der Frühen Neuzeit, insbesondere aus der Mitte des 16. bis zum Ende des 17. Jahrhunderts, werden nun die Grundlage der nachfolgenden Seiten bilden.

Die ausgewählten und hier näher erläuterten Kriminalfälle sind jedoch nicht unbedingt die spektakulärsten und blutrünstigsten Fälle, sie stellen auch keinen repräsentativen Querschnitt des kriminellen Unwesens in Süddeutschland dar, aus dem man weitere Rückschlüsse auf andere Urteile ziehen könnte.

Die Akten zeigen einzig auf, wie in der Frühen Neuzeit mit einzelnen Straftätern verfahren wurde und welche Hintergründe zu den Taten geführt haben mochten. Sie weisen aber auch darauf hin, wie teilweise mühselig die Wege zur Urteilsfindung und wie schwerwiegend die Entscheidungen der Gerichte waren.

Ebenso wurde die Auswahl der betreffenden Dörfer und Städte aus schriftstellerischen Gründen getroffen und sollte keineswegs dahingehend ausgelegt werden, dass gerade diese Regionen besonders mit Delinquenten überhäuft gewesen wären …

In dubio pro reo?

Löchgau/Bietigheim, Winter 1663

Voller Zorn ergriff er den nächstbesten Gegenstand, um ihn nach der aufgebrachten Frau zu werfen. Doch sie war wendiger, schneller, kam ihm zuvor und versuchte, dem von Alkohol und Wut benebelten Mann das Utensil zu entwinden …

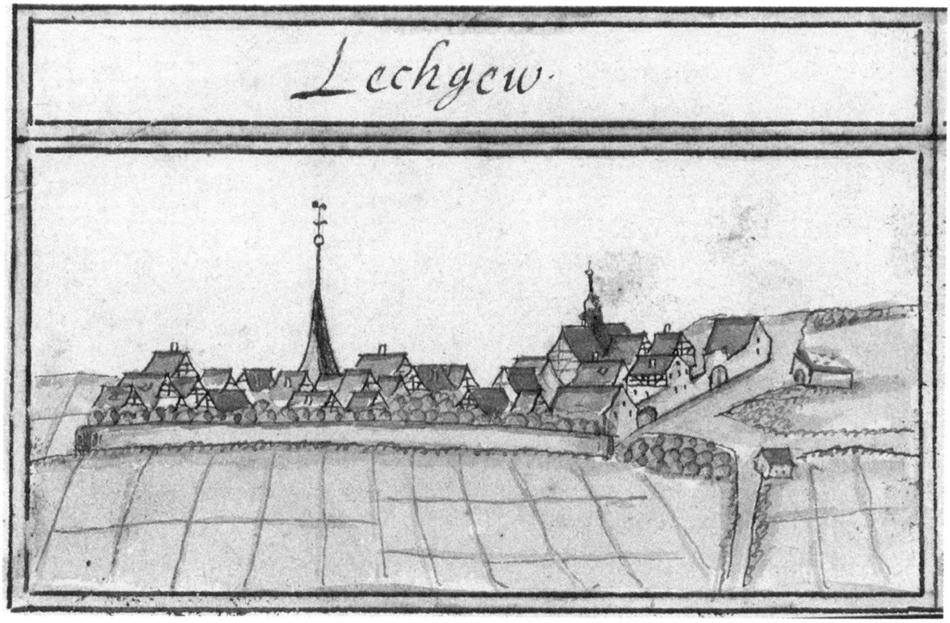

Abb.: Löchgau um 1680
Ansicht aus dem „Stromberger Forstlagerbuch" des Andreas Kieser
Vorlage und Aufnahme: Hauptstaatsarchiv Stuttgart, H 107/14 Nr. 6

Wie so oft in diesen düsteren, kalten Winterabenden saßen auch heute die Nachbarn beisammen und unterhielten sich in gemütlicher Runde.

Es war Vorsitz oder Karz, wie manch einer noch dazu sagen mochte.

Den jungen, ledigen Burschen in Löchgau war es verboten, daran teilzunehmen, fürchtete man doch, deren Anwesenheit könne der Sittlichkeit abträgig sein.

Also hatte Joseph Remmel beim Löchgauer Konvent zu Beginn der Winterzeit nur wenige Personen anzugeben, als er seine gute Stube für die Versammlung angemeldet hatte.

Es oblag ihm, als Hausvater, die moralische Verantwortung über die anwesenden Personen auszuüben und stets auf Sitte, Ordnung und Anstand zu achten. Es galt somit, eine gute Auswahl zu treffen, um nicht in Schwierigkeiten zu geraten.

In diesen Zeiten, rund fünfzehn Jahre nach Kriegsende, war man in den württembergischen Dörfern besonders erpicht darauf, diese grundsätzlichen Regeln des

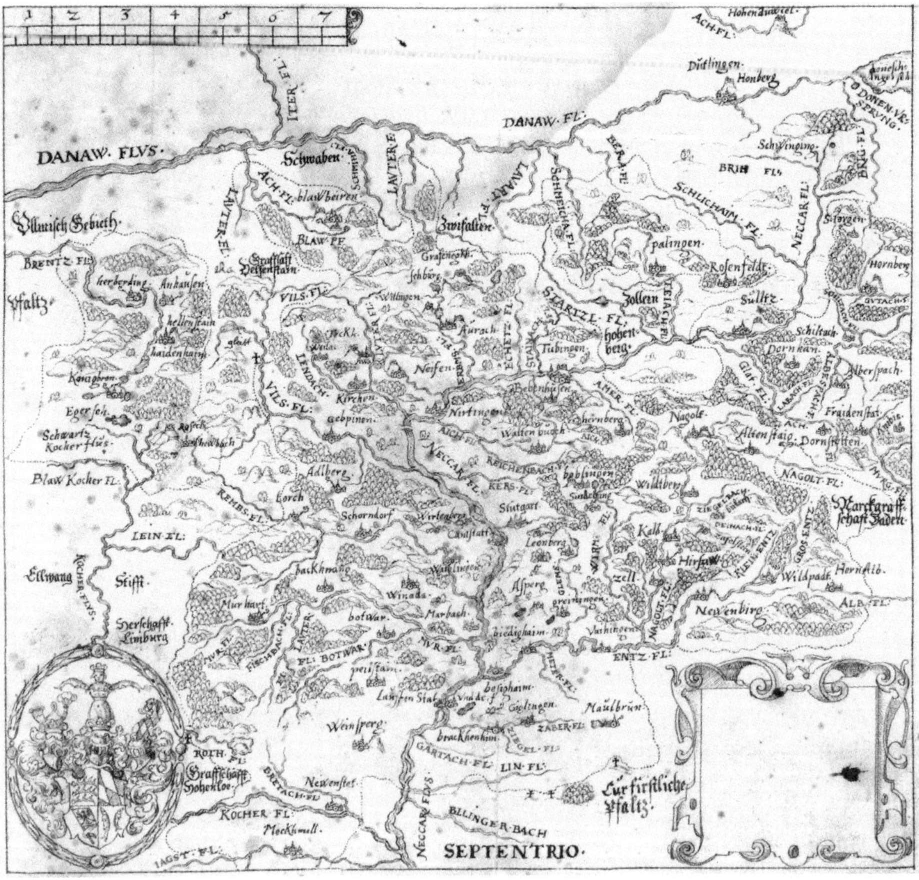

Abb.: Karte des Herzogtums Württemberg zu Beginn des 17. Jahrhunderts
Wie viele Karten aus dieser Zeit ist auch diese „gesüdet", wodurch sich Süden oben, Westen rechts und Osten links befindet.
Vorlage und Aufnahme: Hauptstaatsarchiv Stuttgart, N 1 Nr. 70

Zusammenlebens einzuhalten. Verstöße wurden streng geahndet, war es doch von allgemeinem Interesse, nach dreißig Jahren Krieg, die Gewalt und Unmoral zu beenden, um endlich wieder ein gesittetes, gottesfürchtiges Leben führen zu können.

Noch immer litten die Dörfer und Städte unter den Folgen des Krieges, der auch die Löchgauer Einwohnerzahl drastisch reduziert hatte, obwohl der Flecken inzwischen wieder rund drei- bis vierhundert Einwohner aufweisen konnte, nachdem zwanzig Jahre zuvor gerade noch knapp einhundert Menschen hier gelebt hatten. Diese Regeneration der Einwohner war nicht nur einer erklecklichen Kinderschar, sondern auch den vielen Zuwanderern zu verdanken, die seit der Nachkriegszeit das annähernd ausgestorbene Dörfchen bevölkerten.

Dennoch: Wollte man diese häufig noch fremden Menschen auch in seinem eigenen Vorsitz haben? Die Verantwortung für sie übernehmen? Solche Entscheidungen mussten vom Hausvater gut abgewogen werden.

Stets war der lichte Tag der Dörfler mit Arbeit erfüllt und auch die langen Winterabende im Karz wurden dazu genutzt, sich zu betätigen. Zudem war die Arbeit am Spinnrad oder an der Flickwäsche in der warmen Stube eine passende Gelegenheit, sich nebenbei mit anderen auszutauschen. Man sparte das kärgliche Heizmaterial und erfuhr gleichzeitig die neuesten Begebenheiten des Dorfes und seiner Umgebung. Vergnügt wurden Erfahrungen, Klatsch und Tratsch erörtert sowie gut gemeinte Ratschläge erteilt.
Der Vorsitz war allgemein beliebt; denn welche schwäbische Seele wollte schon täglich die eigene Stube heizen oder Geld für teure Kerzen ausgeben müssen, wenn es in Geselligkeit doch viel angenehmer und günstiger war?

An diesem Abend des 11. Februars 1663 war nun außer Joseph Remmels Weib Christina auch die Nachbarin, Basti Berners Weib, im Vorsitz und trug zur allgemeinen Unterhaltung bei.

Die Zeit verstrich viel zu schnell und Bastis Weib stellte mit Bedauern fest, dass es schon bald elf Uhr in der Nacht sein würde und ihr Mann, der Weber, noch immer nicht nach Hause gekommen war. Er war in geschäftlichen Angelegenheiten unterwegs; doch zu dieser nächtlichen Stunde war mit einer solchen Arbeit gewiss nicht mehr zu rechnen. Sie beschloss daher, den Heimweg anzutreten und nachzusehen, ob er inzwischen wieder zurückgekehrt war.

Nachdem Bastis Weib sich also von den Nachbarn verabschiedet hatte, setzten die anderen ihre Gespräche munter fort und arbeiteten gemächlich weiter.

Zu ihrer aller Überraschung jedoch stand die Webersfrau schon kurze Zeit später erneut in der Stube. Aufgebracht und am Kopf blutend erzählte sie den erstaunten Nachbarn, wie es während der direkt vorausgegangenen Auseinandersetzung mit ihrem Mann zu dieser Verletzung gekommen war.

Schnell wurde daraufhin die Wunde versorgt, ein sauberer Verband angelegt und die Verletzte wieder nach Hause entlassen.

Zwei Tage später, am Freitag, dem 13. Februar 1663 wurde die verletzte Frau tot in ihrem Bett aufgefunden.

Es war ihr Ehemann, der Weber Sebastian Berner, der um drei Uhr in jener Nacht völlig verstört zu seinen Nachbarn gelaufen kam und diese um Hilfe suchend geweckt hatte. Doch obwohl die erschrockenen Leute sofort aus ihren Betten sprangen und zum Haus der Berners liefen, konnten auch sie die Frau nicht mehr retten.

Hilflos umstanden sie das Bett, bis ihnen bewusst wurde, dass es galt, die Obrigkeit über diesen mysteriösen Todesfall zu informieren.

Wenn eine Frau im Alter von fünfundvierzig Jahren von ihrem Ehemann nachts um drei Uhr tot in ihrem Bett aufgefunden wurde und zudem erhebliche Kopfverletzungen aufwies, war dies eine kritische Begebenheit, die man auch beim besten Willen nicht ohne weiteres als natürlichen Todesfall bezeichnen konnte. Die Geschehnisse mussten ermittelt und der mutmaßliche Täter bis zur Urteilsfindung inhaftiert werden.

Der fassungslose Sebastian Berner bildete hier keine Ausnahme, wie den entsetzten Löchgauern erklärt wurde. Man würde in seinem Fall die Peinliche Halsgerichtsordnung anwenden müssen und den Weber zunächst in Haft setzen.

Die gerichtliche Zugehörigkeit der Löchgauer lag seit dem 16. November 1650 beim Oberamt Bietigheim und dem derzeit dort ansässigen Vogt Johann Georg Gerlach, der infolge seines Amtes als Vertreter des obersten Stadtherrn, des württembergischen Herzogs, fungierte.

Früher war der Vogt vermutlich neben dem Schultheißen tätig gewesen, hatte dann aber immer mehr dessen Aufgaben übernommen, bis er, wie hier in Bietigheim, die Pflichten des Schultheißen komplett regelte. Allerdings betrafen die damaligen Aufgaben des Schultheißen hauptsächlich die Steuer- und Dienstpflicht gegenüber dem Herzog, die des Vogtes aber zudem die Vertretung der Gerichtshoheit des Landesfürsten.

Bei Strafverfahren der Hohen Gerichtsbarkeit vertrat der Vogt das Amt des öffentlichen Anklägers, während der Bürgermeister den Vorsitz innehatte und dadurch als Stabhalter fungierte.

In Bietigheim gab es zwei Bürgermeister, den Gerichts- beziehungsweise Amtsbürgermeister sowie den Bürgermeister des Rats.

Gericht und Rat, die über das Urteil bei schweren Vergehen abzustimmen hatten, bestanden aus je zwölf Mitgliedern, die jedoch juristisch ungeschult waren. Der Rat, der dem Gericht untergeordnet war, konnte im Allgemeinen auch als Vertreter der Bürgerschaft betrachtet werden.

Sowohl Gerichts- als auch Ratsmitglieder wurden nicht demokratisch gewählt, sondern setzten sich aus den entsprechend wohlhabenden oder mit Macht ausgestatteten Familien der Bürgerschaft zusammen, der so genannten „Ehrbarkeit". Bei der Auswahl galt zudem die Regel, dass möglichst „keiner vom Pflug weggenommen werden" durfte, um ein derartiges Amt auszuüben. Auch an Bäckern und Metzgern durften nur jeweils einer im Gericht sitzen.

Trat das Malefizgericht wie im Falle des Berner zusammen, so rekrutierte sich dieses folglich aus dem Vogt, den Bürgermeistern sowie den vierundzwanzig Herren des Gerichts und Rats.

Bietigheim und somit das für Berner zuständige Gericht war von Löchgau aus in einer guten *Stunde Weges** in süd-östlicher Richtung zu erreichen.

Berner, zwischen Trauer, Verzweiflung und Angst hin und her gerissen, erstarrte, als sein Blick auf den Galgen fiel, der zur Abschreckung des Gesindels an der Landstraße zwischen Löchgau und Bietigheim erstellt worden war. Sollte er hier enden müssen?

Der hiesige Galgen war einer der größten im Herzogtum Württemberg. Er hatte drei steinerne Säulen, auf denen die Balken in Form eines Dreieckes auflagen. Da viele der umliegenden Ortschaften über keine eigene Blutgerichtsbarkeit verfügten, wurden die Verurteilten häufig nach Bietigheim gesandt, um an dem an der Markungsgrenze erbauten Galgen ihr Leben zu lassen.

Berner fürchtete schon, der Geruch nach Verwesung, der in der Luft zu liegen schien, würde ihn zum Erbrechen bringen. Oder war es seine aufsteigende Panik auf dem Weg zum Gericht?

Die Gerichte waren seit dem Mittelalter für die strafrechtliche Verfolgung in Nieder- und Hochgerichte eingeteilt.

Nur Adel und höhere Geistlichkeit wurden bei entsprechenden Delikten aus der Zuständigkeit der Niedergerichte ausgenommen und an den Landgerichten verurteilt. Das landesherrschaftliche Hofgericht, als deren vornehmstes, wurde zum Gerichtsort des Adels, sodass das Niedergericht für die mindere Bevölkerung, besonders für die Bauern, zuständig blieb.

Die Niedergerichte, auch Gau-, Zehnt- oder Schultheißengerichte genannt, urteilten lediglich auf Dorf- oder Stadtebene. Sie waren für leichtere Delikte wie Beleidigung, leichte Verwundungen oder verbotenes Glückspiel zuständig, bei denen nicht mit einer Todes- oder Leibesstrafe zu rechnen war. Die von ihnen verhängten Urteile beschränkten sich auf Geldbußen, Gefängnishaft, Ehrlosigkeit oder Verbannung. Doch auch die Verfolgung des Straftäters, seine Festnahme und Verurteilung waren Aufgabe der Niedergerichte. Ihnen oblag zudem der Vollzug der leichteren Züchtigungsstrafen und Sühnezahlungen, auch wenn diese vom Hochgericht ausgesprochen worden waren.

Das Hochgericht, wie hier in Bietigheim, auch unter den Begriffen Blutbann, Blutgerichtsbarkeit oder Halsgerichtsbarkeit bekannt, war die Instanz für die schwerwiegenderen Delikte Mord, Raub, Totschlag, Hexerei und andere, die mit einer Todes- oder Leibessstrafe bedroht waren.

Unter Leibesstrafen verstand man Verstümmelungen wie das Abschneiden von Körperteilen, von Ohren, Zunge oder Finger, aber auch das Auspeitschen und Brandmarken. Der Vollzug dieser leidvollen Strafen blieb dem Hochgericht vorbehalten.

Berner war schon häufig in Bietigheim gewesen und hatte die Stadt zumeist von Löchgau aus kommend über das im Norden liegende Schieringer Tor betreten. Doch heute schien ihm alles fremd. Die Stadt wirkte bedrohlich und das Rathaus Furcht einflößend.

Dennoch musste er hier vor die Mitglieder des Gerichts treten und eine erste Aussage tätigen. Er erkannte indes bald, dass zunächst die Aussagen der Zeugen wichtiger waren und er später noch einmal vernommen werden würde.

Wäre es nicht eisiger Winter gewesen, hätte man ihn sicherlich in eine winzige dunkle Zelle des Obertorturmes gesteckt, der, wie manche andere der Bietigheimer Türme auch, schon seit Jahrhunderten die Gefängnisse in Bietigheim stellte. So aber fürchtete man, er würde erfrieren, ehe das Urteil gefällt war und sperrte ihn bis auf weiteres im Rathaus ein.

Das Gericht wollte nun anhand der Zeugen die Hintergründe der bisherigen Geschehnisse sowie die näheren Lebensumstände von Opfer und Tatverdächtigem in Erfahrung bringen und die Leiche besichtigen lassen.

Unverzüglich ließ man daher nach den Zeugen aus dem Löchgauer Flecken schicken, die alle gleichzeitig eintrafen.

Christina Remmel, bei der an besagtem Mittwochabend der Vorsitz stattgefunden hatte, war die Erste, die vor die Mitglieder des Gerichts treten musste und zur Sache vernommen wurde.

Eindringlich wurde die ängstliche Frau darauf hingewiesen, die Wahrheit zu sagen, woraufhin sie mit ihrer Aussage begann und mitteilte, dass Sebastian Berners Weib am vergangenen Mittwoch bei ihr zum Vorsitz gekommen und bis um elf Uhr bei ihr verweilt habe. Alsdann sei die Frau heimgegangen, kurze Zeit später jedoch wiedergekommen und habe ihnen allen erzählt, was passiert sei.

Ihr Mann, der Basti, so habe das Weib verärgert berichtet, sei betrunken heimgekommen, weshalb sie versucht habe, ihn auszuziehen, um ihn ins Bett zu bringen. Er aber habe eine mäßig große Schüssel ergriffen, wie sie zum Händewaschen verwendet würde; und weil sie befürchtet habe, er wolle diese zum Fenster hinauswerfen, habe sie versucht, ihm die Schüssel aus den Händen zu nehmen. Keiner habe jedoch dem anderen den Kübel geben wollen und so habe der Mann ihr die Schüssel an den Kopf geworfen oder gedrückt.

Christina Remmel fürchtete, etwas Falsches zu sagen und erklärte daher, dass sie sich an den genauen Wortlaut der Nachbarin nicht mehr erinnern könne. Sinngemäß habe diese aber gesagt, dass die Schüssel gegen ihren Kopf gestoßen und zerbrochen sei. Aus diesem Grunde habe sie auch geblutet.

Diese Wunde, so erläuterte Christina Remmel, sei anschließend in ihrem Haus gesäubert worden.

Auf die Frage, was Bastis Weib noch geäußert habe, gab Christina an, dass sich die Nachbarin über großes Kopfweh und Leibschmerzen beklagt habe. Auch hätte sie die Meinung vertreten, dass ihr einmal der *Fluss** aufs Herz schlagen und man sie eines Tages tot im Bett finden würde.

Dennoch sei Berners Weib am anderen Abend, also am Donnerstag, wieder zum Vorsitz erschienen, jedoch noch vor zehn Uhr heimgegangen. Sie habe gesagt, dass ihr der Kopf wie Holz sei und sie nicht mehr spinnen könne. Letztlich erklärte Christina Remmel, nicht mehr zu dieser Sache aussagen zu können.

Die nächste Zeugin war Appolonia, Samuel Remmels Weib, welche widerstrebend den Saal betrat. Wie allen Menschen, die nur selten mit der Obrigkeit zu tun hatten, war ihr ein Gerichtssaal fremd und eine Verhandlung nicht geheuer.

Gleichwohl gab sie bekannt, dass sie zum Sachverhalt nicht weiters viel sagen könne, sondern nur wisse, dass der Basti am vergangenen Freitagmorgen um drei Uhr vor ihrem Haus gerufen habe. Sie selber habe dies zunächst gar nicht wahrgenommen, sondern nur ihr Mann. Trotzdem sei sie dann auch aufgewacht und zum Haus des Basti gelaufen, das sie ja kenne. Der Mann habe ihr sogleich die Türe geöffnet und verzweifelt geklagt, dass seine Frau urplötzlich des Todes verblichen sei. Dabei sei sie, als er zu den Nachbarn gelaufen war, noch am Leben gewesen.

Appolonia wurde nun vom Gericht befragt, was sie denn im Haus der Berners vorgefunden habe, woraufhin sie mitteilte, sie habe gehört, wie das große Kind, ein Knabe, gerufen habe. Am Bett der Nachbarin dagegen habe sie festgestellt, dass diese alleweil noch geschnauft habe und deswegen vermeint, sie könne noch Leben in ihr fühlen, weshalb sie die Frau mit Wasser begossen habe. Doch alles sei vergebens gewesen.

Die Richter erkundigten sich nun detailliert bei der Zeugin, was sie über die Vorkommnisse des Vortages wisse.

Appolonia beschrieb daher, wie Berners Frau am Donnerstagvormittag, als sie, Appolonia, ihr ein wenig Salz ausgeliehen und mit heimgegeben hatte, darüber geklagt habe, dass ihr Mann ihr einen *Scherben** an den Kopf geworfen oder geschlagen habe. So ganz genau wisse sie, die Apollonia, das nicht mehr.

Bastis Frau, so erzählte sie weiter, habe außerdem Rat bei ihr geholt, was sie denn über die Verletzung legen solle und sie habe ihr darum *Osterluzeie** in die Hand gegeben.

Auf die Frage der Richter, ob Bastis Weib vorgehabt habe, ihren Mann zu verklagen, konnte dies Appolonia guten Gewissens verneinen und verdeutlichte, dass Bastis Weib vermeldet habe, ihren Mann nicht verklagen zu wollen, sondern sich stattdessen Gott anzubefehlen und seinen Willen geschehen zu lassen. Sie habe dabei die Hände zusammengelegt.

Ansonsten sei ihr aber bekannt, so ergänzte Appolonia, dass die selige Berner häufiger darüber geklagt habe, ihre Menses vor gewöhnlicher Zeit verloren zu haben und dass sie großes Kopf- und Rückenwehe habe. Auch der Fluss mache ihr hart zu sorgen. Sie fürchte gar, dass der Fluss sie ums Leben bringen werde.

Die Richter waren erleichtert. Nach Mord sah dies nun nicht gerade aus. Aber konnte der Tod nicht dennoch eine Folge der Tat sein? Oder war ein Mord geschehen, der durch die Krankheiten der Frau verschleiert würde?

Der nächste Zeuge Peter Mannhardt konnte nichts weiter zur Tataufklärung mitteilen, als dass er zur verblichenen Frau des Berner gerufen worden und dort bis zum Morgen geblieben sei; dort angekommen, habe er kein Leben mehr beim Weib gesehen.

Ein weiterer Zeuge war Samuel Remmel, der als nächster aussagte und beeidete, dass er nicht mehr wisse, als dass die Berner am selben Abend, in deren folgender Nacht sie gestorben sei, bei seiner Mutter im Haus zum Vorsitz gewesen wäre.

Seine Mutter habe gerade eine *Kunkel** mit Flachs angelegt, worüber die Berner gelacht und sich gewünscht habe, dass sie auch so eine Kunkel mit Flachs anlegen könne. Natürlich habe man den Scherz verstanden, wusste doch jeder, dass eine Jungfrau, welche die Kunkel recht zu handhaben wusste, einen guten Ehegatten erhalten würde.

Auf die nächste Frage antwortete Samuel Remmel, er habe wohl wahrgenommen, dass der Kopf der Berner verbunden gewesen sei. Er sei dann aber heimgegangen und wisse nicht mehr darüber zu sagen.

Schließlich wurde der Ehemann der Verstorbenen, Sebastian Berner, vom Stadtknecht aus seiner Zelle geholt. Berner versuchte schnell, seine etwas zerschlissene Kleidung ein wenig zu richten, damit er nicht wie ein dahergelaufener Haderlump vor den feinen Herren stehen müsse, als er auch schon über die breite Rathaustreppe zum Gerichtssaal im zweiten Stock geführt wurde. Die Malefizglocke auf dem oberen Turm läutete, um die Verhandlung anzukündigen und alles, was Beine und Zeit hatte, strömte in der Absicht herbei, der Vernehmung beizuwohnen.

Sebastian wurde vom Vorsitzenden des Verfahrens sachlich aufgefordert, den genauen Verlauf des Mittwochabends zu rekonstruieren, woraufhin der Weber darlegte, wo er an jenem Tag unterwegs gewesen war. Er erklärte, dass er wegen seines Handwerks in Ingersheim und Bietigheim zu tun gehabt habe. Als er anschließend heimgekommen sei, habe er noch bei Jakob Rieckher ein halbes Maß Wein getrunken. Ehe er aber das halbe Maß Wein leer gehabt habe, sei das neulich nach Löchgau gezogene Bauersweib dahergekommen und habe den Rieckher und sein Weib zum Nachtessen gerufen.

Auf des Rieckhers Begehren sei er dann noch nicht heimgegangen, sondern habe sein Halbmaß Kännlein wieder füllen lassen und sei bis nachts, ungefähr um halb elf Uhr, dort geblieben.

Als er dann heimgekommen sei, habe seine Frau sehr mit ihm gehadert, weil er so lange gezehrt habe, und ihm so lange böse Reden gegeben, bis ihn der Zorn gepackt habe. Dabei sei er so zornig geworden, dass er ihr ein kleines Schüsselchen, das sie zum Händewaschen gebrauche, an den Kopf geworfen habe.

Obwohl die Richter durchaus gewillt waren, dem Beschuldigten Glauben zu schenken, galt es doch, einen möglichen Mord aufzuklären. Könnte es sein, dass Sebastian Weber von seiner bisherigen Aussage abwich, wenn ihm mit einer Leibesstrafe gedroht würde?

Doch Sebastian Berner beteuerte weiterhin vehement, dass er am Tod seiner seligen Frau nicht die geringste Ursache habe, da sie schon mehr als hundert mal über ihre Leibesschmerzen geklagt und selbst gesagt habe, dass sie eines Nachts daran sterben werde – was denn auch geschehen sei.

Am Freitagmorgen um drei Uhr, so rechtfertigte sich der Witwer, sei sie ganz unerwartet und jählings verstorben.

Auf die richterliche Frage, wie er sich in jener Nacht verhalten habe, führte er niedergeschlagen auf, dass er vom Schlaf erwacht sei und gleich bemerkt habe, dass seine Frau in Lebensgefahr schwebe. Er sei zwar sofort aufgestanden, habe ein Licht angezündet und die Nachbarn gerufen; bis von denen aber jemand gekommen sei, sei seine Frau schon verschieden gewesen. Er selbst habe bitterlich geweint und bitte nun höchlich um Verzeihung.

Die Richter waren unsicher. Natürlich würde ein Mörder weinen und klagen, um Verzeihung bitten. Wie sollte es auch anders sein, drohte ihm doch die Todesstrafe. Aber war Berner wirklich ein solcher Täter?

Von sicherlich großer Bedeutung mag die Aussage des Löchgauer Schultheißen Christoph Fahrner gewesen sein.

Fahrner, 1616 in Sulz am Neckar geboren, war seit 1642 zuerst als Schulmeister, später als Amts- und Gerichtsschreiber in Löchgau tätig gewesen.

Durch sein außergewöhnliches Chemielabor, das er sich in seinem feudalen Haus in der Oberen Gasse hatte einrichten lassen, sowie seine Erfolge mit Glauber-Salz und Podagra, einem Gicht- und Rheumamittel, war er zu einer weithin bekannten und wohlhabenden Persönlichkeit geworden.

Im Jahre 1656 war er schließlich zum Löchgauer Schultheißen ernannt worden, nachdem er bereits seit beinahe zehn Jahren die Speyer'schen Güter in Löchgau verwaltet hatte.

Selbst Herzog Eberhard III. von Württemberg hatte sich von Fahrner und seiner Arbeit beeindrucken lassen und in diesem Zusammenhang 1663 das kleine Dörfchen besucht, um das Fahrner'sche Labor zu besichtigen.

Christoph Fahrners Beliebtheit hatte es ganz offensichtlich keinen Abbruch getan, dass er selber zehn Jahre vor dem Verfahren gegen Berner des Mordes angeklagt gewesen war, nachdem er den Liebhaber seiner Frau getötet hatte.

Zweifelsohne konnte er dadurch nachvollziehen, was es bedeutete, unter Mordanklage zu stehen …

Fahrner referierte also, dass Anna Berner, Ehefrau des Friedrich Berner und Schwägerin des Angeklagten, dessen jetzt verstorbene selige Frau am vergangenen Sonntag in der Kirche vermisst habe. Auf Annas Frage an die Verwandte nach ihrem sonntäglichen Versäumnis habe diese geklagt, dass ihr ein Fluss im Leib laufe und sie vermeine, man müsse sie irgendwann einmal tot im Bett auffinden.

Weiter äußerte sich Fahrner, dass die Verstorbene ein gutes und gottesfürchtiges Weib gewesen sei.

Sie habe auch über ihren Mann nicht geklagt, außer dass er, wenn er von Zeit zu Zeit zum Wein gekommen sei, seiner hernach nicht mehr mächtig gewesen sei.

Der Schultheiß erklärte, dass sich Berner aber solange dem Wein enthalte, dass er oft in einem halben Jahr in kein Wirthaus gerate und dass die beiden Eheleute zwar mehrmals in Zwietracht geraten seien, dies aber nur aufgrund der bitteren Armut, da der Berner ein armer Geselle und völlig ohne Vermögen sei. Daneben habe er zwei kleine Kinder, die alle daheim lebten und Not und Mangel zu leiden hätten.

Sämtliche Unterlagen wurden schließlich am 14. Februar 1663 mit dem Hinweis, die verstorbene Frau läge noch, bis der fürstliche Befehl eingehe, unbegraben zugegen, an den Herzog nach Stuttgart weitergeleitet.

Unterzeichnet wurde das Schreiben sowohl vom Dekan oder Specialis, wie er gelegentlich betitelt wurde, M. Johann Ulricus Brastberger, als auch von Johann Gerlach, dem Bietigheimer Vogt.

Johann Georg Gerlach vertrat seit 1658 das Amt des Vogtes in Bietigheim. Der ehemalige Oberrixinger Schultheiß war dieser neuen Aufgabe jedoch nicht gewachsen. Man hatte ihn im konkreten Verdacht, er würde heimlich die Amtskasse plündern, um das große Bauerngut finanzieren zu können, das er sich in Löchgau gekauft hatte.

Auch wurde unter den Bietigheimern Bürgern behauptet, seine Frau würde ihn mit einem Bauernknecht betrügen, was ihn unweigerlich zum Gespött der Leute machte, die ihren unglücklichen Vogt im Grunde ihres Herzens aber dennoch mochten und bedauerten.

Am 16. Februar 1663 war derweil der Bericht des Stadtphysikus von Bietigheim, Friedrich Haag, und der zwei Barbiere Johann Leonhardt Muzhaas und Hans Heinrich Preise angefertigt worden, die die Leiche nach Maßgabe der Carolina, Artikel 149, beschaut hatten. Dieser Artikel war auf der Basis der früheren Bambergischen Halsgerichtsordnung, Artikel 229, entstanden, der die Entnahme von Leibzeichen regelte. Dabei wurde den Getöteten einst ein Tuch, der Hut, ein Finger oder gar die ganze Hand zum Zeichen ihres gewaltsamen Todes abgenommen und vor Gericht als Beweis dargelegt. Die Entnahme der Leibzeichen wurde vom Amtmann in Gegenwart zweier oder dreier Schöffen geleitet. Unter der Carolina war nun dieser neue Artikel entstanden, der stattdessen die Besichtigung der Leiche unter Erstellung eines Befundes regeln sollte.

Während es sich bei dem Bietigheimer Stadtphysikus oder Medicus Friedrich Haag um einen Arzt handelte, der sein Wissen durch ein Studium an einer Universität erlangt hatte, war der Beruf des Barbiers oder Wundarztes ein Lehrberuf.

Wundärzte genossen eine Ausbildung bei einem Bader oder Barbier und schlossen diese, ähnlich dem Handwerksberuf, mit einer Gesellenprüfung ab. Das Tätigkeitsfeld der Wundärzte war konkret geregelt. So durften sie bestimmte Verrichtungen nur unter der Aufsicht eines gelehrten, akademischen Arztes vornehmen.

Die Aufgaben von Wundärzten und Medizinern waren streng getrennt.

Hauptaufgabe der Wundärzte war der Aderlass und die Versorgung äußerer Wunden. Aber auch Tumore, Operationen, Brüche, Verbrennungen und das Ziehen von Zähnen gehörten in ihr Fachgebiet.

Barbiere, wie im vorliegenden Fall, waren weniger geachtet als Wundärzte, obwohl sie sich im Gegensatz zu diesen auch mit Medikamenten auskannten. Barbiere übten die „kleine Chirurgie“ aus und betrieben häufig in erster Linie Badestuben.

Die Chirurgie, als mindere Medizin, war aufgrund der damals üblichen handwerklichen Ausbildung verpönt, von den Universitäten ausgeschlossen und in den Verantwortungsbereich der Barbiere und Bader gelegt worden.

Akademischen Ärzten war es somit verboten, chirurgische Eingriffe vorzunehmen, so wie es den Wundärzten nicht erlaubt war, innere Medizin zu betreiben.

Wohl wurde die Chirurgie in der Frühen Neuzeit theoretischer Gegenstand der akademischen Ärzteausbildung, jedoch war die praktische Durchführung noch immer den Wundärzten überlassen.

Abb.: Bader beim Zähneziehen
Gemälde von Johann Liss, 17. Jahrhundert

Friedrich Haag war der einzige studierte Arzt zwischen Lauffen am Neckar und Maulbronn.

Da seine Aufgaben ausschließlich im internistischen Bereich lagen, war es für die Ausübung seiner Tätigkeit zwingend erforderlich, dass ihm eine Apotheke zur Verfügung stand, die seine verordneten Medikamente herstellen und bereithalten konnte. So war Bietigheim eine von nur drei privilegierten Städten im Herzogtum Württemberg, die mit einer derartigen Institution versorgt waren.

Dennoch waren es die ansässigen Wundärzte oder Bader, welche die Hauptarbeit der medizinischen Versorgung in jeder Stadt trugen.

Solch rechtliche Überlegungen waren wohl mit ursächlich dafür, dass bei diesem aktuellen Todesfall sowohl ein Mediziner als auch zwei Bader vor Ort waren, die als Leichenbeschauer an Herzog Eberhardt III. von Württemberg zu berichten hatten.

Alle Drei ließen sich einhellig darüber aus, dass sie sich auf Befehl des Bietigheimer Vogts in der Behausung des Sebastian Berner eingefunden und an dessen verstorbenem Weib festgestellt hätten, dass diese oberhalb der Schläfe, an der Stirn, ein wenig geschürft, jedoch ohne alle Geschwulst sei.

Die Seiten des Gesichts seien jedoch ganz blau befunden worden, die Bläue sei aber erst nach dem Tode dort erfolgt.

Der Streich oder die Wunde mit dem Scherben von ihrem Mann sei in vergangener Mittwochnacht um elf Uhr, als sie von der Nachtkarz heimgekommen sei, geschehen.

Allhier könne jedermann bezeugen, dass das Weib sich während des ganzen Winters über den Fluss beklagt, aber auch am anderen Tag, am Donnerstag, ihr Hausgeschäft verrichtet habe und am selben Abend wieder in den gemeldeten Nachtkarz gegangen sei.

Also lasse sich wohl nichts anderes daraus schließen, als dass durch solchen Streich oder Wunde dem Weib ein Schlagfluss verursacht worden sei.

Offensichtlich herrschte nun beim Bietigheimer Gericht völlige Ratlosigkeit darüber, wie mit Basti Berner weiterhin verfahren werden solle.

Dem Leichenbericht zufolge hatte keine erneute Verletzung im Anschluss an die bekannte Tat in der Mittwochnacht stattgefunden. Die Frau hatte diese Verwundung überstanden, war sogar erneut zur Karz gegangen, dann aber eventuell doch an den späteren Folgen der Tat verstorben.

War der Löchgauer Bürger Sebastian Berner nun ein Mörder oder nicht? Wie sollte in einer derart schwerwiegenden Frage die richtige Entscheidung getroffen werden?

Basti war ein angesehener Mann, ein Handwerker und besaß in Löchgau das Bürgerrecht, das er möglicherweise sogar teuer erkauft hatte. Es handelte sich bei ihm nicht um einen Bettler oder Dieb, welcher der Gemeinschaft Schaden zufügte. Basti Berner war ein Mann, dessen Weib man gerne bei sich im Vorsitz begrüßt hatte. Aber sein Weib war tot – und er womöglich der Mörder …

Zweifelnd über die vorliegende Rechtslage wandten sich die in Angelegenheiten des Strafrechts äußerst unbedarften Herren des Gerichts, wie vorgeschrieben, an die Juristenfakultät Tübingen mit der Bitte, sich des Falles anzunehmen und die rechtliche Lage zu überprüfen. Sie übersandten anbei die bisherigen Akten nach Tübingen und warteten die dortige Entscheidung samt deren Begründung ab.

Unruhig versuchten währenddessen die Angehörigen und zahlreichen Freunde der Familie Berner, sich von ihren beängstigenden Gedanken abzulenken und auf fürstliche Milde zu vertrauen.

Dennoch war die Sorge aller Beteiligten groß. Basti war einer der ihren. Ein Löchgauer, einer aus dem Dorf, den jeder kannte, auch wenn seine frühen Vorfahren nicht von hier gestammt hatten. Und wer hatte nicht schon einmal nach seiner Frau geschlagen? Konnte das nicht jedem Einzelnen von ihnen auch geschehen? Eine Mordanklage! Eine tote Ehefrau, deren Bestattung hinausgezögert wurde. Kein Abschied – nur Verzweiflung, Leid und Todesangst.

Bastis Frau war an einem Freitag, den 13. verstorben. Der Freitag – der Todestag Christi – galt als unglückselig und die Zahl Dreizehn war als unvollkommene, „schräge" Zahl ebenfalls unbeliebt. Auch wenn die Kombination „Freitag, der 13." erst viel später als ultimativer „Pechstag" angesehen werden sollte, mag dies – in einer Zeit, in welcher der Aberglaube eine außergewöhnliche Hochphase verbuchen konnte – der eine oder andere als düsteres Vorzeichen für Bastis Urteilsspruch gedeutet haben.

Inzwischen saß Basti schon vier Wochen im Gefängnis und man fürchtete das Schlimmste für ihn und somit auch für seine Kinder. Würden die Kinder nun als Waisen aufwachsen müssen? Wer sollte für sie sorgen? Wohl gab es Verwandte der Familie in Löchgau, doch wie könnten diese nach so einer Tragödie die Eltern ersetzen?! Und wie erging es dem unseligen Vater im Gefängnis – war er unversehrt, wurde er gut versorgt?

Zumindest konnte man darauf hoffen, dass ihm die Folter im Rahmen der peinlichen Befragung erspart geblieben war; er hatte den Tatverlauf gestanden und dieser war glücklicherweise nicht in Frage gestellt worden. Der Sachverhalt war eindeutig und von dem Medicus bestätigt worden. Aber reichte das aus, um ihn wohlbehalten wieder zu sehen? Die Entscheidung war äußerst fraglich.

Am 13. März 1663 wurde die Antwort der Juristenfakultät Tübingen endlich aufgesetzt.

In sechzehn langen Seiten und einem komplizierten Gemisch aus lateinisch-deutschen Sätzen war die Antwort zunächst bei den geheimen Regierungsräten in Stuttgart erschienen.

Jeder der zuständigen Tübinger Juristen hatte den Sachverhalt noch einmal kurz zusammengefasst, erörtert und die Geschehnisse in Verbindung mit den entsprechenden Artikeln der Peinlichen Halsgerichtsordnung analysiert, bis jeder zu seiner individuellen Schlussfolgerung gelangt war.

Erst nach Berücksichtigung aller Argumente und rechtlicher Beweggründe war eine endgültige Entscheidung gefällt worden, in der es hieß, Basti Berner sei am 11. Februar des Jahres 1663 nachts um elf Uhr nach Hause gekommen und habe seiner Frau im Zorn einen Scherben oder eine Schüssel an den Kopf geworfen, sodass sie davon ziemlich geblutet habe und dann am 13. Februar früh um drei Uhr plötzlich verstorben sei, nur achtundzwanzig Stunden nach der Verwundung.

Der peinlich Beklagte habe seine Frau gezüchtigt. Er habe sein Weib dergestalt verwundet und geschlagen, dass sie davon gestorben sei. Diese Erschütterung oder Wunde sei tödlich gewesen. Dieselbe Verwundung beziehungsweise das üble Betragen habe direkt oder indirekt zum Tod geführt. Es liege daher die Vermutung nahe, dass durch diese Verletzung der Tod infolge eines Schlagflusses herbeigeführt worden war.

Der Beklagte sei nach Artikel 137 der Peinlichen Halsgerichtsordnung wegen der Entleibung seines eigenen Weibes verhört und mit einer Leibesstrafe bedroht worden, worauf er zwar die Tat an sich gestanden, jedoch geleugnet habe, dass die Frau an der von ihm verursachten Wunde gestorben sei. Er habe um Freispruch gebeten.

Näheren Aufschluss habe die medizinische Inspektion der Leiche erbringen sollen. Diese Leichenbesichtigung habe aber in Frage gestellt werden müssen, da die Form der Durchführung nicht eingehalten worden sei.

Laut Vorschrift der Peinlichen Halsgerichtsordnung wurde verlangt, dass die Leichenschau im Beisein gerichtlicher Zeugen sowie des Amts- oder Statthalters durchgeführt und entsprechend protokolliert werden solle. Da dies im vorliegenden Fall offenbar nicht geschehen war, sollte die Leichenschau nicht anerkannt werden.

Die Regierungsräte stutzen. Was hatte das zu bedeuten? Wie sollte man eine Leichenschau nachholen können? Würde sich das Urteil verzögern oder durch diesen Misstand gar anders ausfallen? Betroffen sahen sie sich an. War hier ein eklatanter Fehler während der Ermittlungen geschehen?

Doch dann lasen sie weiter und erkannten, dass die Juristen schließlich festgestellt hatten, dass anstelle des Amts- und Statthalters der Bietigheimer Vogt an der Leichenschau teilgenommen hatte, wodurch der Form nun doch Genüge getan war.

Der Bericht wurde fortgesetzt, die Beschauer seien zu dem Schluss gekommen, dass diese Verletzung durchaus die Ursache des Todes gewesen sein könne.

Zu einer definitiven Zusicherung dessen seien die Medici und Chirurgi jedoch nicht in der Lage, da der Schlag auch die sekundäre Todesursache der Frau gewesen sein könne, die schon zuvor erkrankt gewesen sei. Die Leichenbeschauer, so wurde deklariert, hätten veranschaulicht, dass die Frau sowohl am selben Abend wie auch am nächsten Tag zur Karz da gewesen, dann aber nach Hause gegangen sei. Dies wäre ihr nicht möglich gewesen, wäre die durch ihren Mann verursachte Wunde tödlich gewesen. Auch sei ferner zu erwägen, dass die Frau zuvor gegenüber ihrer Nachbarin geklagt habe, dass sie wüsste, dass sich ihr einmal der Fluss aufs Herz setzen und man sie tot im Bett finden würde.

Es wurde weiter darauf hingewiesen, dass der Medicus in seinem Gutachten davon spreche, die Ursache des Schlagflusses sei in diesem Streich zu finden, woraus zu schließen sei, dass der Beklagte am Tod seiner Frau die Schuld trage. Es gelte daher die Regel:

„Cum causa causae etiam sit causa causati; et qui rei illicite dedit operam, teneatur de omni eo, quod inde sequitur."

(da die Ursache der Ursache auch die Ursache des Verursachten ist, wird auch der, der etwas Unrechtes tut, mit all dem belangt, das daraus folgt)

Latein war in der Frühen Neuzeit eine juristische Sprache. Sowohl Schreibweise als auch Grammatik variierten stark und waren vom jeweiligen Schreiber abhängig. Eine einheitliche Regel war kaum zu erkennen, sodass der oben genannte lateinische Text auch für die Regierungsräte nicht einfach zu verstehen war.

Ungeachtet dessen wurde von den Juristen zur Kenntnis gebracht, es scheine nicht ausgeschlossen, dass der Schlagfluss unvermittelt und aus eigener Kraft aufgetreten sei, da der Medicus die Wunde nicht seziert oder eröffnet habe und er hiermit eigentlich auch nicht habe urteilen können.

„Ut autem quis de homicidio teneatur, maxime ad effectum mortis poena imponenda requiritur, certa Medici et Chirugi assertio, de vulneris lethalitate."

Während die Stuttgarter Regierungsräte mit dem Latein der Juristen noch einigermaßen zurecht kamen, hatten die Bietigheimer Richter bei der Verlesung des Urteils schwer damit zu kämpfen. Dennoch übersetzten sie den Text Wort für Wort: „dazu aber, dass einer des Totschlags beschuldigt wird, besonders für das aufzulegende Strafmaß bei tödlichem Ausgang, wird eine sichere Erklärung des Arztes oder Wundarztes über die zum Tode (führende) Verwundung verlangt“ und erkannten, dass hier der medizinische Bericht offensichtlich von entscheidender Bedeutung war. Doch die lateinischen Zitate aus den Gesetzestexten waren noch immer nicht beendet:

„tunc demum autem ex vulneratione et percussione animus occidendi praesumitur, si illa tali facta fuerit instrumento, quod ad caedem perpetrandum aptum est et quo communiter ac saepissime mors inferri solet, ita ut percutiens ac principio talem eventum necessario cogitare potuerit et debuerit. Caeterum qui alium vulnerat et percutit tali instrumento vel tali modo quo quis perraro interficitur et tamen mors contingit, ut si quis alium ictu lapidis occidat, ille non dolose occidisse censetur.“

(dann schließlich kann auch aus einer Verwundung und einem Schlag der Vorsatz zu töten gemutmaßt werden, wenn jene mit solchem Gegenstand geschah, der geeignet ist, den Totschlag durchzuführen, und mit welchem gewöhnlich und meistens getötet zu werden pflegt, sodass der Schläger, und zwar von Anfang an, an sol-

Abb.: Schreiben der Juristenfakultät Tübingen vom 13. März 1663
Auszug aus dem Originaltext
Hauptstaatsarchiv Stuttgart A 209 I Bü 381, Foto: C. Müller

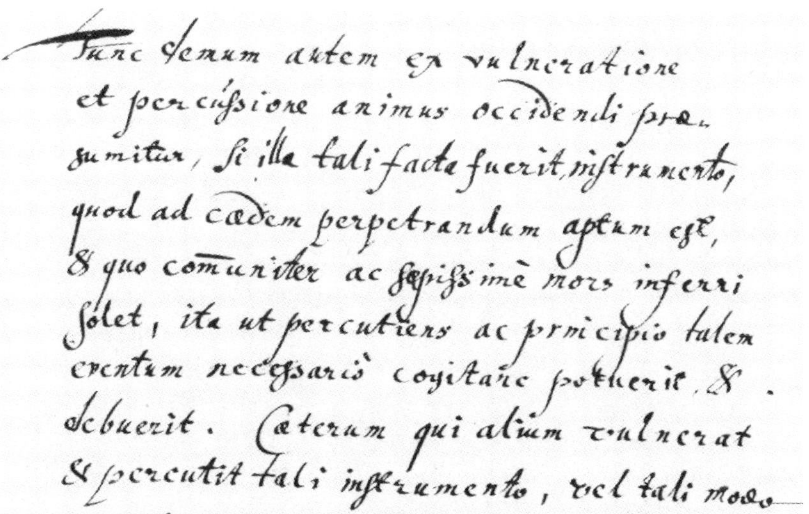
Tunc demum autem ex vulneratione
et percussione animus occidendi prae-
sumitur, si illa tali facta fuerit instrumento,
quod ad caedem perpetrandum aptum est,
& quo comuniter ac sepissimè mors inferri
solet, ita ut percutiens ac principio talem
eventum necessariò cogitare potuerit. &
debuerit. Caeterum qui alium vulnerat
& percutit tali instrumento, vel tali modo
quo quis perrarò interficitur, et tamen
mors contingit, ut si quis alium ictu lapidis
occidat, ille non dolosè occidisse censetur.

chen Ausgang notwendig hatte denken können und müssen. Wer übrigens einen anderen verwundet und schlägt mit einem solchen Instrument oder auf solche Weise, wie einer (nur) selten getötet wird, und (dann) dennoch der Tod eintritt, wie wenn einer einen anderen mit einem Steinwurf tötet, so soll jener nicht gelten als einer, der arglistig habe töten wollen.)

Die Juristen erläuterten ferner in ihrem Schreiben, dass es ihnen scheine, als ob das Weib an den sekundären Folgen der Tat verstorben sei und der peinlich Beklagte auch nicht die Gesinnung gehabt habe, sein Weib mit der Schüssel zu töten, sondern vielmehr die Umstände indirekt und nicht direkt zum Tod geführt hätten.

Außerdem habe der Beklagte noch in der Nacht ihres Todes versucht, Hilfe bei den Nachbarn zu holen, was er nicht getan hätte, hätte er sie töten wollen.
In diesem Sinne gelte hier die Regel *„in dubio autem semper pro reo et in mitiorem sententiam praesumendum"* – im Zweifel (gilt) aber immer „für den Angeklagten" und muss die Strafe auf einen milderen Urteilsspruch aus sein.

Nachdem der Beklagte somit nicht aus Mordlust gehandelt habe, solle er nicht mit der Todes- oder Leibesstrafe belegt werden; und da er bereits einen Monat im Gefängnis gelegen habe und auch ansonsten ein sehr armer Mann mit zwei noch unerzogenen Kindern sei, solle Genüge geschehen, wenn er nach dem ausgestandenen Gefängnisaufenthalt in Seiner Hochfürstlichen Durchlauchtigsten Gebäude einen Monat schaffen und dem fürstlichen Anwalt die angestandenen Kosten erstatten solle.

Von Seiten der juristischen Fakultät, so war zu Papier gebracht worden, bestünden keine Bedenken, dass die Richter das Urteil anerkennen würden.

Es erging daher folgendes Urteil:

„In der Peinlichen Rechtfertigung sich haltend zwischen Ihro Hochfürstl. Durchl. Unseres Gnädigsten Landtsfürsten und Herrn Anwalden, Anklägers einen: sodann Baßti Berner, Burgers und Webers zue Löchgew, Biettigheimer Ambtes, P. beclagter, anderen Theils: Erkhennt ein Ersam Gericht, auff Clag, antwortt, dass P. beclagter selbst eigene bekanndtnus, unnd all anderem gerichtlich fürbringen, nach gethanem rechtsatz, genommenem bedacht unnd gehabtem rhat, mit Urtheil zu recht, dass Peinl. Beclagter, wegen begangenen excess, nach außgestandener gefängnusses, in Ihro Hochfürstl. Durchl. Gebäudes ein Monath schaffen, auch dem Fürstl. Anwaldts die aufgewandten uncosten wider erstatten und bezahlen solle.

Actum in Collegio nostro den 13. Marty Anno 1663

Decanus und anderer Doctores der Juristen Facultät bey gemeiner Universität zue Tübingen." [1]

1 Die Auszüge aus den Kriminalakten sind, auch in den nachfolgenden Kapiteln, nicht ausschließlich original zitiert, sondern wurden zum besseren Verständnis teilweise in ein moderneres Deutsch bzw. in eine aktuellere Schrift übertragen.

Das Schreiben war mit dem amtlichen Siegel versehen und somit rechtsgültig.

Nicht nur die Löchgauer Bürger, auch die Richter in Bietigheim atmeten befreit auf. Diese juristische Maßgabe würden sie gerne anerkennen. Die Entscheidung war getroffen, das Urteil gefällt.

Bastian Berner würde leben und zu seinen beiden Kindern zurückkehren dürfen, wenn auch erst nach Ableistung seiner Arbeitsstrafe.

Nach wie vor blieb jedoch die Frage offen, inwieweit Berner für die Kerkerkosten würde aufkommen müssen, wie solches bei einem Häftling üblich war, und wo er seine Arbeitsstrafe zu erfüllen habe. Er war nur ein Weber mit einem kleinen Einkommen, der zudem mehrere Kinder zu versorgen hatte. Wie sollte er dies alles bewältigen?

Um diese Frage zu klären, wurde am 16. März 1663 von den Geheimen Regierungsräten in Stuttgart, dem Vizekanzler Dr. Daniel Imlin sowie den Räten Goll und Breitschwerdt erneut ein Schreiben an den Herzog mit der Bitte verfasst, hierzu nähere Anweisungen zu erteilen. Gleichzeitig wurde in höflichen Worten darauf aufmerksam gemacht, dass Bastian Berner ein armer Mann mit Kindern sei, der einen solch langwierigen Aufenthalt in einem fürstlichen Gebäude nicht vermögen könne und auch nichts besitze. Es wurde daher angefragt, ob man es denn nicht dabei bewenden lassen könne.

Nur zwei Tage später wurde die Antwort als schriftlicher Entwurf des Herzog Eberhard III. von Württemberg an den Bietigheimer Vogt Johann Georg Gerlach sowie an die Stuttgarter Geheimräte über seinen Schreiber Moser diktiert.

Der Landesfürst hatte entschieden, dass für Berner das von der Juristenfakultät vorgegebene Urteil unverändert übernommen werden solle und der Stabhalter und Richter des Peinlichen Halsgerichts zu Bietigheim das Urteil zu publizieren habe, wonach er *„ernanten Berner an Eides-Statt angeloben lassen solle, sobalden selbiger von seiner jetzigen Leibesohnpässlichkeit werde entledigt sein und gehen könne, er dem Urteil genüge leisten solle.“*

An den Stuttgarter Vogt erging die Anweisung, er solle, *„sobalden unser Vogt zu Bietigheim, Johann Georg Gerlach, Basti Berner, Bürger und Weber von Löchgäw, welcher wegen begangener Excess, über ausgestandener Gefängnis, in unseren Gebäuden ein Monath, neben Bezahlung aufgewandter Ohnkosten, schaffen solle, denselben annehmen und unserem Oberbauinspector D'Avila wissendt machen, damit Er zu solcher arbeit biß zu Ablößung bestimmer Zeit angehalten werden möchte.*

Datum Stuttgart den 18. Marty anno 1663.“

Es fand sich noch der Nachsatz: *„Auch hast du Ihme Berner, in Ansehung seiner Ohnvermögenheit, täglich für die Atzung* 6 Kreuzer zu reichen und zu verrechnen.“*

Sebastian Berner war unsäglich erleichtert. Im ersten Moment vermochte er nicht darüber nachzudenken, wie er für die Anwalts- und Gefängniskosten aufkommen könne oder wie sein Leben künftig verlaufen würde. Er war einfach wie erlöst durch die Nachricht, dem Tod durch den Scharfrichter entkommen zu sein.

Der Herzog hatte ein gnädiges Urteil gesprochen, auch wenn es natürlich in dessen eigenem Interesse lag, genügend Arbeiter aufzubringen, die seine zahlreichen und kostspieligen Bauten errichteten. Sicherlich wäre dem Herzog auch eine satte Geldstrafe des Beschuldigten zupass gekommen, zumal er erst im Mai des Vorjahres gewaltige Summen für ein kostspieliges Feuerwerk aufgebracht hatte und derzeit mit teuren niederländischen Tapeten für sein Schloss liebäugelte. Doch da bei Berner nun einmal kein Geld vorhanden war, konnte der Herzog auch keines von ihm erwarten. Anders verhielt es sich da mit der Arbeitskraft …

Die besorgten Löchgauer, die von Berners Unpässlichkeit erfahren hatten, fragten sich jedoch ernüchtert, ob diese wohl als Folge einer Tortur zu betrachten war? Hatte man Sebastian verletzt, versucht, ein anderweitiges Geständnis von ihm zu erzwingen?

Wohl konnte es durchaus möglich sein, dass Berner einzig an einer in Gefängnissen leicht zu erwerbenden Krankheit litt. Aber würde der Herzog tatsächlich eine oberflächliche Erkrankung erwähnen und Rücksicht darauf nehmen, wenn er den Weber gleichzeitig für seine gewaltigen Bauarbeiten einplante? Deutete dies nicht vielmehr auf eine schwerwiegendere Erkrankung oder Verletzung hin?

Und wie sollte Basti die entstandenen Kosten erstatten? Wie für seine Kinder sorgen, solange er in Stuttgart arbeitete?

Der Weber Bastian Berner führte, wie viele seines Handwerks, ein eher armseliges Leben. Nach einer ein- bis zweijährigen Lehrzeit, bei der er im Gegensatz zu anderen Handwerksberufen einen, wenn auch nur geringen Lohn erhalten hatte, war er zum Gesellen aufgestiegen. In den Städten hätte er nun gut verdienen können. Vor allem in Augsburg oder Köln, wo die berühmten Tuch-, Woll- und Seidenweber ihrer Arbeit nachgingen. Doch hier auf dem Land verarbeiteten die Leineweber nur Flachs oder Hanf, wobei selbst der Hanf seit einhundertfünfzig Jahren nur noch für Säcke, grobe Zeuge und Haustuch zugelassen war. Für den lukrativen Handel war diese derbe Ware völlig ungeeignet.

Um heiraten zu können war beim Weber keine Meisterschaft erforderlich. Es reichte völlig aus, ein Geselle zu sein. Seine Ehefrau, die ihn üblicherweise bei der Arbeit unterstützte, übernahm das Ausraufen des Hanfes, das Riffeln, Rösten im Wasser, Auswaschen, Trocknen, Dörren, Brechen, Klopfen und Hecheln dieses Rohmaterials.

Dennoch war das Einkommen der Weberfamilien und somit das der Familie Berner recht dürftig, weshalb es in diesem Zusammenhang zwischen den Eheleuten gelegentlich zum Zerwürfnis gekommen war. Dabei war Basti keiner, der sein Geld im Wirtshaus versoff – er war einzig, trotz der harten Arbeit, ein armer Mann.

Und nun hatte er also, zusätzlich zu all seiner Trauer über den Verlust der Ehefrau, auch noch deren Arbeitskraft einzubüßen. Außerdem mussten die beiden kleinen Kinder versorgt werden, er selbst war krank, der Ausfall seines Einkommens über die

Zeit seiner Inhaftierung war zu beklagen und der fürstliche Anwalt musste bezahlt werden.

Für einen der wohlhabenden Löchgauer Weinbauern wäre dies vermutlich kein allzu heftiges Problem gewesen, auch wenn größere Geldrücklagen nur selten vorhanden waren. Bei Sebastian Berner, einem armen Weber, sah die Situation völlig anders aus.

Ein Mann in seiner Position hatte im Allgemeinen keine Ersparnisse, ihm gelang es maximal, eine solche Menge an Lebensmitteln einzulagern, dass sie ihn über den harten Winter brachte, und auch an Kleidung besaß die Familie nur das Notwendigste, kaum ein Gewand zum Wechseln. Mehr ließ das magere Einkommen eines Webers nur selten zu.

Während ein Steinmetzmeister, zusätzlich zur obligatorischen Verpflegung, etwa vierundzwanzig Kreuzer am Tag verdiente, so waren es beim Maurermeister gerade einmal an die zweiundzwanzig Kreuzer – und da ein Webergeselle weit schlechter gestellt war, dürfte sich Basti Berners Einkommen, bei einer Sechs-Tage-Woche, auf einen Wochenlohn von sechzig Kreuzern, also einen Gulden, belaufen haben.

Was ihm daher blieb, war einzig die Hoffnung auf eine hilfreiche Unterstützung durch seine Verwandten, Nachbarn und Freunde sowie die Gewissheit und Erleichterung darüber, dem Tod am Galgen mit knapper Not entgangen zu sein.

Quelle: HStAS A 209 I Bü 381

Das Exempel

Besigheim, Herbst 1649

Sie war einfach da. Niemand hatte sich je gefragt, wo sie hergekommen war. Sulzbach? Orte dieses Namens gab es viele, auch außerhalb des Herzogtums. Und wen interessierte das schon …

Eva Rohner war in einer düsteren Zeit geboren worden. Es musste Ende 1632 gewesen sein, als sie in Sulzbach das Licht der Welt erblickt hatte. Mitten im großen Krieg.

Obwohl Württemberg zu dieser Zeit noch nicht viel Leid durch den nun schon vierzehn Jahre andauernden Krieg erlitten hatte, war einem jeden bewusst, dass sich dies bald ändern würde.

Magdeburg, die große, protestantische Stadt, war von den katholischen Habsburgern unter General Tilly am 10. Mai dieses Jahres eingenommen worden, sofern man den julianischen Kalender zugrunde legte. Nach Rechnung der Katholiken, welche die Tage nach dem gregorianischen Kalender zählten, war Magdeburg jedoch am 20. Mai gefallen.

Aber was änderte das schon? Das Ergebnis blieb dasselbe: Die Soldaten hatten gnadenlos geplündert, geraubt, vergewaltigt und getötet. Die Bevölkerung wurde in wenigen Tagen auf den Bruchteil ihrer ursprünglichen Zahl reduziert und die Stadt dem Erdboden gleichgemacht. Wut, Angst und Entsetzten breiteten sich in ganz Württemberg aus.

Und gerade in diesem Jahr hatte die kleine Eva ihren Lebensweg angetreten. Sie war die Tochter des Gastwirtes Georg Rohner, der bereits glücklicher Vater einer älteren Tochter war.

Eva lachte oder weinte, spielte oder schlief und verstand noch nichts von dem, was um sie herum geschah. Auch als ihre große Schwester heiratete, änderte sich für das jüngere Kind nichts Wesentliches. Politik war ihr genauso fremd wie die Gespräche um den allgegenwärtigen Krieg.

Doch die Machtverhältnisse im Land schwankten.

Als Eva ein Jahr alt war, wurde Württemberg von den schwedischen Truppen unter König Gustav Adolf II. besetzt, der die Österreicher zurücktrieb.

Eva registrierte mit ihrem kindlichen Verstand damals nicht, was es bedeutete, dass der schwedische König noch im gleichen Jahr in der Schlacht bei Lützen fiel. Sein Kanzler Axel Oxenstierna setzte den Kampf in Deutschland fort – da Gustav Adolfs Tochter und Thronfolgerin Christina noch ein Kind war – und schloss 1633 den „Heilbronner Bund", der die Schweden mit den fränkischen, schwäbischen sowie den ober- und kurrheinischen *Ständen** verbünden sollte.

Am 6. September 1634 kam es indes zu einer schwerwiegenden Schlacht bei Nördlingen, die diesen Bund wieder auflöste und gerade für Württemberg verheerende

Folgen mit sich brachte. Die Schweden unterlagen den Kaiserlichen und mussten aus Süddeutschland fliehen. Viele der zuvor mit den Schweden sympathisierenden Fürsten wandten sich nun den Katholiken zu. Der württembergische Herzog Eberhard III. floh mit seiner Familie und dem kompletten Hofstaat nach Frankreich, sodass das gesamte Fürstentum Württemberg völlig schutzlos dem kaiserlichen Heer ausgeliefert war, welches wie ein gieriger Heuschreckenschwarm über das Land herfiel und bestialisch wütete.

Abb.: Der geharnischte Reiter; von Hans Ulrich Franck, 1643

Kaiser Ferdinand II. verschenkte große württembergische Gebiete an seine Verwandten und Günstlinge. Die Klöster wurden entsprechend dem Restitutionsedikt wieder mit Mönchen besetzt und rekatholisiert.

Das grenzenlose Leid der Württemberger nahm seinen Lauf. Hunger, Armut und Krankheit waren die Verbündeten des Feindes.

Als Frankreich 1635 an Seite der Schweden in den Krieg eintrat, wurde das Land noch zusätzlich durch Kämpfe, Winterquartiere und durchziehende Soldaten ausgebeutet.

Die Pest brach aus, vernichtete ganze Familien und wütete rasch und gnadenlos in den geschwächten Dörfern und Städten.

Auch Evas Eltern kamen in dieser schweren Zeit ums Leben.

Sie selbst realisierte nicht genau, was geschehen war, doch dass sie die Eltern für immer verloren hatte, begriff auch dieser junge Geist.

Es war vorbei mit dem unbeschwerten, kindlichen Dasein im elterlichen Wirtshaus, vorbei mit der Unterhaltung durch die zahlreichen Gäste und vorbei mit dem geborgenen Familienleben. Das Kind war Vollwaise und hatte dadurch nicht nur die Eltern, sondern auch das heimatliche Anwesen verloren. Evas kleine Welt brach zusammen. Glücklicherweise konnte sich ihre ältere Schwester, die in Sulzbach verheiratet war, der bekümmerten Kleinen annehmen und ihr bis auf weiteres familiäre Obhut gewähren.

1638 endlich erhielt Herzog Eberhard III. einen Teil seines Herzogtums vom katholischen Kaiser Ferdinand III., der seit dem Tod seines Vaters 1637 regierte, zurück und konnte sich wieder in Württemberg aufhalten. Allerdings musste er auf viele seiner vorherigen Klöster und Ämter auch weiterhin verzichten.

Währenddessen hatte Eva stolz das zehnte Lebensjahr erreicht. Das Land war ein klein wenig sicherer, jetzt, nachdem der Herzog wieder in Württemberg weilte, aber dennoch war es nach wie vor gefährlich, eine Reise anzutreten.

Durch die furchtbaren Folgen des Krieges, des Hungers oder auch der immer schwieriger werdenden Versorgung der eigenen Familie war Evas Schwester jedoch, trotz aller Mühen, nicht mehr in der Lage, das Mädchen weiterhin mitzuversorgen, sodass das Kind, wie so viele andere seines Alters auch, endgültig gezwungen war, den Heimatort zu verlassen und sich seinen Unterhalt selbst zu verdienen.

Auf diese Weise gelangte Eva Rohner 1641 nach Esslingen, wo sie, einsam und von Heimweh erfüllt, ihren Dienst beim Wirt zum „Schwarzen Adler" antrat.

Drei Jahre diente die Waise fleißig in Esslingen, bevor sie sich nach Stuttgart zum „Bärenwirt" in den weiteren Dienst begab. Zu ihrer großen Freude lernte sie dort Johannes kennen, in den sie sich in jugendlichem Überschwang hoffnungsvoll verliebte.

Der aus Ulm stammende Knecht war ebenfalls beim „Bärenwirt" tätig und nahm sich ihrer fürsorglich an. Und Eva war glücklich, endlich wieder einen Menschen zu haben, der für sie da war, ein echter Freund, der sie auch dann noch besuchte, als er sich selbst nicht mehr beim „Bärenwirt", sondern beim „Goldenen Adler" verdingte. Eva freute sich stets maßlos, wenn der junge Mann in den „Bären" kam und ließ ihn gerne zu sich in die Kammer – ungeachtet der Tatsache, dass ihnen eine Eheschließung aufgrund ihrer finanziellen Situation wohl niemals würde ermöglicht werden.

Schließlich war auch Evas Dienstzeit beim „Bärenwirt" beendet und sie gelangte zum Schuhmacher Hannß Michel in die Kirchgasse. Der Wechsel störte sie nicht, denn Dienstboten wurden häufig umbesetzt, oft nur für ein Jahr eingestellt und solange Johannes sie weiterhin besuchte, fand sie keinen Grund zur Klage.

Im Sommer 1649 jedoch, ein Jahr nach dem ersehnten Friedensabkommen, konnte sie lediglich noch bei der Ernte helfen, ehe sie gezwungen war, ohne ihren Johannes weiterzuziehen. Es verschlug sie nach Besigheim, wo sie im September eine Stelle als Köchin bei Caspar Hegel, dem „Kronenwirt" antreten konnte.

Besigheim war eine schöne Stadt, auf einer Anhöhe gelegen, umgeben von einer hohen schützenden Mauer, umarmt von den fischreichen Flüssen Enz und Neckar. Burg, Kirche und Rathaus sowie die weithin sichtbaren Türme rundeten das Bild ab, das sich der erwartungsvollen Eva als erster Anblick bot, während sie an dem äußeren Torhäuschen vorbei über die Enzbrücke schritt.

Kaum hatte Eva die Stadt betreten und die erste Biegung der Straße hinter sich gebracht, stand sie auch schon vor dem lang gestreckten, mehrstöckigen Gebäude ihres neuen Arbeitsplatzes.

Das imposante Gasthaus mit seinen Stallungen und geräumigen Scheunen reihte sich, parallel zur Enz und unterhalb der Stadtmauer, ordentlich aneinander, wobei sie nur durch die Straße und einige Häuser vom Fluss getrennt waren.

Eva erfasste sofort, dass sich die „Krone" in der ummauerten Vorstadt befand, wodurch die dort lebende Bevölkerung in Kriegszeiten gezwungen wäre, rechtzeitig Zuflucht hinter der inneren, mächtigeren Stadtmauer zu suchen.

Der leichten Steigung der Straße folgend beobachtete Eva nun das Volk, das am Ende der kleinen Anhöhe mit seinen Fuhrwerken Einlass durch das Stadttor begehrte.

Ihr eigener Weg führte sie jedoch zunächst nicht in die Stadt selbst, sondern ließ sie auf halber Höhe verweilen. Hier, an einer Abzweigung der Straße, befand sich der Zugang zur Gaststätte, über deren Türe das Schild mit der „Krone" verheißungsvoll im Wind baumelte.

Das Gasthaus, so entdeckte Eva erfreut, war eine der wohlhabenden Schildwirtschaften, welche im Gegensatz zu den Gassenwirtschaften Speisen anbieten und Gäste beherbergen durften. Auch schien die „Krone" eine Spannstation zu sein, die es den Durchreisenden ermöglichte, ihre Pferde zu wechseln.

Eva war stolz darauf, ausgerechnet hier eine Anstellung gefunden zu haben, hatte man ihr doch erzählt, dass die „Krone" die größte und älteste Wirtschaft in Besigheim und Caspar Hegel, der diese Gaststätte seit neun Jahren führte, ein angesehener Mann sei.

Ohne zu zögern machte sie sich deshalb auf, ihren Dienst anzutreten. Hier würde es sich gut leben lassen.

Doch auch die Besigheimer hatten in den vergangenen Kriegsjahren schwer gelitten. Sie waren nicht nur verpflichtet gewesen, die eigenen Stadtbewohner durch die schwierigen Zeiten zu führen, sondern sahen sich zudem genötigt, den Bewohnern der umliegenden Dörfer Schutz zu gewähren. Mit diesem Schutz waren aber auch Hunger, Krankheit und Armut in die überfüllte Stadt gelangt.

War es zu Beginn des Krieges kaum möglich gewesen, all die Menschen durchzufüttern, die hier Zuflucht gesucht hatten, so hatte schon bald die um sich greifende Pest die

Menschen einfach so dahingemäht. Manch einen Kranken hätte man möglicherweise retten können, doch es mangelte außer an der lebensnotwendigen Nahrung auch an Doktoren und der erforderlichen Medizin.

Das wertvolle Getreide hatte sich derart verteuert, dass der *Scheffel** Dinkel und Hafer zehn bis vierzehn Gulden kostete. Zudem musste alles außerhalb der Stadt gekauft werden. In Besigheim selbst gab es längst nichts mehr zu essen. Insbesondere die Kontributionen und Einquartierungen der Soldaten brachten die Menschen um das letzte bisschen, das sie noch besaßen. Pferde, Vieh, Getreide – alles, was transportabel war, wurde entwendet.

Die Stadt war gegen Ende des Krieges hoch verschuldet und die Menschen ratlos.

Als im Jahre 1648 schließlich der „Westfälische Friede" verkündet wurde, war auch in Besigheim die Einwohnerzahl der Stadt, infolge des Mangels an Nahrungsmitteln und den daraus resultierenden Krankheiten, stark gesunken. Allein in den Jahren 1634 bis 1648 hatten beinahe eintausendsiebenhundert Menschen in Besigheim ihr Leben gelassen. Dagegen waren in elf Jahren nur etwas über fünfhundert Kinder geboren worden. In der schlimmsten Zeit waren an manchen Tagen sogar bis zu zehn Menschen gestorben, wodurch der Pfarrer Mühe hatte, sie alle ins Totenbuch einzutragen.

Den kaiserlichen Befehl, der verlangte, die Toten im Dämmerlicht, bei Stille und kurzem Glockengeläut zu bestatten, ignorierten die trauernden Besigheimer schlichtweg. Sie bestanden darauf, ihre Verstorbenen weiterhin um zwölf Uhr mittags mit Gesang, Geläut sowie einer Predigt zur letzten Ruhestätte zu geleiten und führten dies auch konsequent durch.

Im Zusammenhang mit den Friedensvereinbarungen wurde den Überlebenden ihre Religionsfreiheit und somit die Ausübung ihres protestantischen Glaubens versprochen; auch die alten württembergischen Grenzen sollten wieder hergestellt werden – eine Aufhebung der immensen Schulden wurde jedoch nicht gewährt. Hunger und Not saßen in jedem Haushalt mit am Tisch.

Ungeachtet all dieser Sorgen waren die Menschen in Besigheim und Umgebung erleichtert. Endlich konnten sie sich wieder freier bewegen, ihre Häuser beziehen sowie ihre Äcker und Weinberge ohne größere Gefahren bewirtschaften.

Der Wiederaufbau konnte beginnen.

Allerdings fehlte es durch die stark dezimierte Bevölkerung überall an regsamen Arbeitskräften. Knechte und Mägde waren äußerst begehrt, sodass diesen die Möglichkeit beschert wurde, relativ hohe Löhne fordern zu können. Trotzdem fackelte man nicht lange, wenn eine gute Magd, die bereits Erfahrung hatte, ihren Dienst anbot.

Für Eva war dies eine Gelegenheit, die sie sich nicht entgehen lassen würde. Arbeitsam wie sie war, würde sie ihr Leben hier sicherlich gut meistern.

Wohl blieb sie zunächst eine Fremde in der Stadt, die sich bewähren und ihren guten Leumund erst einmal unter Beweis zu stellen hatte, aber sie erhielt eine bezahlte Arbeit, reichlich Brot und eine ordentliche Unterkunft. Das war mehr, als die Kriegszeiten einem manchen geboten hatten.

Viele der Besigheimer hatten aufgeatmet, als die Leute aus den umliegenden Dörfern, die sich über die Kriegsjahre im Städtchen eingenistet hatten, endlich in ihre eigenen Häuser zurück konnten und waren daher nicht unbedingt begeistert, dass sich nun schon wieder Fremde, die nicht nur aus dem ferneren Württemberg und den angrenzenden Herzogtümern, sondern auch aus der Schweiz gekommen waren, hier ausbreiten wollten. Doch die Auswärtigen waren für die dringend erforderlichen Arbeiten nötig und so tolerierte man sie zwangsläufig – und manch einer freute sich sogar über sie.

Leider zeigte sich schon bald, wie Recht die Skeptiker unter den Besigheimern mit ihrem Misstrauen den Zugezogenen gegenüber hatten, denn die neue Magd des „Kronenwirts“ Caspar Hegel machte viel zu schnell auf sich aufmerksam. Erst vor wenigen Wochen war die junge Köchin eingestellt worden und schon lieferte sie am viel besuchten Marktbrunnen Anlass zu allerlei Spekulationen.

Man erzählte sich in den Gassen, Eva Rohner sei angeklagt worden. Aber nicht etwa angeklagt vor dem niederen Stadtgericht wegen irgendeines banalen Verstoßes gegen die Kleiderordnung. Nein, sie war angeklagt wegen Kindstötung! Es war absolut erschütternd, einfach ungeheuerlich! Auf dem Markt vor dem Rathaus hieß es gar, Eva Rohner habe ihr eigenes Kind grausam erwürgt!

Als die Geschehnisse in Besigheim die Runde machten, musste manche Frau wehmütig an ihr eigenes Kind denken, das sie in den schweren Kriegsjahren verloren hatte. Ob durch Krankheit, Hunger oder unangepasste Nahrung, das Kind war tot und die anderen Kinder kämpften mühevoll ums Überleben.

Viele der Neugeborenen überstanden die ersten beiden Lebensjahre nicht, sodass grundsätzlich nur etwa die Hälfte aller Kinder das fünfte Lebensjahr erreichte. Der Tod gehörte zum Leben.

Und auch wer das glückliche Alter von fünfzehn Jahren erreicht hatte, musste dennoch, aufgrund der Lebensumstände und der allgegenwärtigen Gefahren, mit einem vorzeitigen Tod rechen – nicht jedoch mit solch einem gewaltsamen Tod! Der war des Teufels und verdammenswert! Sollte Eva Rohner also tatsächlich ihr Kind getötet haben, so hieß es in den Gassen, würde ihre Anklage auf „Mord“ lauten und darauf stand die berechtigte Todesstrafe.

Es war Anfang Oktober des Jahres 1649, als Eva aus dem Haus gezerrt und zunächst in den zur oberen Burg gehörenden, über vierhundert Jahre alten Turm gesperrt wurde, der über den dritten Stock zu begehen war und in dessen Turmhelm der Wärter seine

Wohnung innehatte. In einem der fünf eingewölbten Geschosse des Turmes musste Eva vier Tage warten, bis sie vom Stadtknecht zu ihrer inzwischen vom Herzog angeordneten peinlichen Anhörung abgeholt wurde.

Erschöpft, übernächtigt und blass wurde sie an Kirche und Lateinschule vorbei zum Rathaus geführt. Oft schon war sie diesen Weg gegangen, doch noch nie war ihr die Kirchgasse so endlos erschienen. Vorbei an den mehrstöckigen Häusern, auf deren Dächer sie ihre Augen heftete, um die vielen Menschen nicht anschauen zu müssen, die ihren Weg säumten, sie beschimpften oder ihr auch nur mitleidig hinterher sahen. Doch selbst aus den Fenstern schauten die Leute neugierig auf sie herab, sodass Eva ihren Blick schon bald wieder auf den schmutzigen Boden unter ihren Füßen senkte.

Endlich hatten sie den Marktplatz erreicht, den sie nun eilig zu überqueren suchten, um das Rathaus auf der gegenüberliegenden Seite zu erreichen. Im zweiten Stockwerk befand sich der Saal, in dem der hiesige Vogt Johann Christoph Müntzer, der seit Januar dieses Amt vertrat, die Anklage führte. Mit anwesend waren unter anderem der Bürgermeister Chris Simbler sowie die Mitglieder des Gerichts Michel Felger, Cunradt Stieben, Johann Hinrich und Hannß Jakob Doderer.

Letzterer war sogar der jungen Frau aus Sulzbach bekannt.

Obwohl sie erst kurze Zeit in Besigheim lebte, war ihr die Geschichte des „Doderer-Liedes“ bereits zu Ohren gekommen.

Ein paar Burschen hatten sich den Spaß erlaubt, ein Spottlied auf den Doderer zu dichten und dieses zusammen mit einem Bund Roggenstroh in das Halseisen auf dem Marktplatz zu stecken. Ziel der Burschen war es, allen aufzuzeigen, dass der städtische Gerichtsverwandte beabsichtige, die Waisen um ihre Teilgarben zu betrügen.

Natürlich hatte man in Besigheim diese Anspielung sofort verstanden, auch wenn man ursprünglich unter einer Teilgarbe nur jenen Teil einer Garbe verstand, den der Schnitter oder die Garbenbinderin zunächst mit der Sichel zusammenraffen musste, um anschließend aus zwei bis vier dieser Teilgarben eine vollständige Garbe binden zu können. Inzwischen jedoch galt die Bezeichnung „Teilgarbe“ als Begriff für das *Nahrungsdeputat**, das den zahlreichen Waisen der Stadt zustand, um deren Rechte sich der Besigheimer Waisenrichter zu kümmern hatte.

Die Sache hatte damals einigen Wirbel verursacht, denn obwohl es durchaus üblich war, Dieben am Halseisen oder Pranger ihr gestohlenes Gut umzuhängen, war es doch mehr als unerwünscht, wenn mutwillig ein Mitglied des Gerichts in einer vergleichsweisen Art dermaßen bloßgestellt wurde.

Auch Eva hatte seinerzeit, als ihr die Geschichte erzählt worden war, amüsiert darüber gelacht, doch nun, als sie den Gerichtsverwandten gegenüberstand, war ihr keineswegs mehr fröhlich zumute.

Hatten die Gerichtsverhandlungen früher in der Vogtei stattgefunden, so war dies seit 1631 nicht mehr Brauch. Das Rathaus erfüllte diesen Zweck vollkommen, bot es doch einen geeigneten Saal, in dem die Herren eine ihrem Alter nach strukturierte Sitzordnung einnehmen konnten, die auch ihre Reihenfolge der Stimmabgabe kennzeichnete.

Evas Sachlage war ernst, das wusste sie. Es ging hier nicht um einen übermütigen Streich, sondern um ihr Leben. Ihr war zugetragen worden, dass in den letzten fünfzig Jahren in Besigheim noch nicht einmal eines von hundert Kindern außerhalb der Ehe geboren worden sei, und obwohl Eva ihrer Schulpflicht kaum nachgekommen war und auch dort nur der Katechismus sowie ein wenig Lesen und Schreiben gelehrt worden war, wusste sie doch, dass ihre Situation äußerst bedrohlich aussah.

Wäre eine uneheliche Geburt des Kindes schon verwerflich gewesen und sie deswegen vermutlich mit Schimpf und Schande aus der Stadt gejagt worden, so stand völlig außer Diskussion, wie ein getötetes, uneheliches Kind von den Richtern aufgenommen werden würde.

Bei einer verheirateten Frau hätte man keinen plausiblen Grund für eine solche Tat gesehen und wäre schon deshalb kaum von einer Tötungsabsicht ausgegangen. Bei ihr als lediger Mutter jedoch sah dies völlig anders aus. Auch ohne konkrete Hinweise würde man davon ausgehen, dass sie das Kind absichtlich habe töten wollen, um ihren Fehltritt zu vertuschen und der Schande zu entgehen.

Eva war bestürzt. Gab es denn noch eine Chance, ihr Leben zu retten?

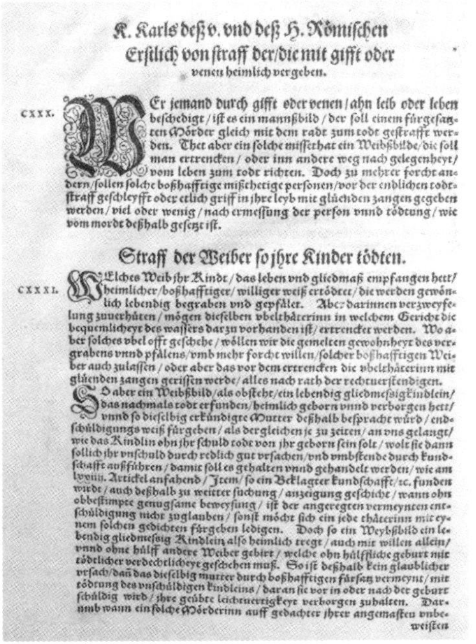

K. Karls deß v. vnd deß H. Römischen

Erstlich von straff der/die mit gifft oder venen heimlich vergeben.

CXXX. WEr jemand durch gifft oder venen/ahn leib oder leben beschedigt/ist es ein mannßbild/der soll einem fürgesatzten Mörder gleich mit dem radt zum todt gestrafft werden. Thet aber ein solche missethat ein Weibßbilde/die soll man ertrencken/oder inn andere weg nach gelegenheyt/vom leben zum todt richten. Doch zu mehrer forcht andern/sollen solche boßhafftige mißthetige personen/vor der endlichen todtstraff geschleyfft oder etlich griff in jhre leyb mit glüenden zangen gegeben werden/viel oder wenig/nach ermessung der person vnnd tödtung/wie vom mordt deßhalb gesetzt ist.

Straff der Weiber so jhre Kinder tödten.

CXXXI. WElches Weib jhr Kindt/das leben vnd gliedmaß empfangen hett/heimlicher/boßhafftiger/williger weiß ertödtet/die werden gewönlich lebendig begraben vnd gepfälet. Aber darinnen verzweyfelung zuuerhüten/mögen dieselben vbelthäterinn in welchem Gericht die bequemlicheyt des wassers darzu vorhanden ist/ertrencket werden. Wo aber solches vbel offt geschehe/wöllen wir die gemelten gewohnheyt des vergrabens vnnd pfälens/vmb mehr forcht willen/solcher boßhafftigen Weiber auch zulassen/oder aber das vor dem ertrencken die vbelthäterinn mit glüenden zangen gerissen werde/alles nach rath der rechtuerstendigen.

SO aber ein Weibßbild/als obsteht/ein lebendig gliedmessig Kindlein/das nachmals todt erfunden/heimlich geborn vnnd verborgen hett/vnnd so dieselbig erkündigte Mutter deßhalb bespracht würd/endschüldigungs weiß fürgeben/als dergleichen je zu zeiten/an vns gelangt/wie das Kindlin ohn jhr schuld todt von jhr geborn sein solt/wolt sie dann sollich jhr vnschuld durch redlich gut vrsachen/vnd vmbstende durch kundschafft außführen/damit soll es gehalten vnnd gehandelt werden/wie am lxxiiii. Artickel anfahend/Item/so ein Beklagter kundschafft/etc. funden wirdt/auch deßhalb zu weitter suchung/anzeigung geschicht/wann ohn obbestimpte genugsame beweysung/ist der angeregten vermeynten entschüldigung nicht zuglauben/sonst möcht sich ein jede thäterinn mit eynem solchen gedichten fürgeben ledigen. Doch so ein Weybßbild ein lebendig gliedmessig Kindlein also heimlich tregt/auch mit willen allein/vnnd ohne hülff andere Weiber gebirt/welche ohn hülffliche geburt mit tödtlicher verdechtlicheyt geschehen muß. So ist deßhalb kein glaublicher vrsach/dañ das dieselbig mutter durch boßhafftigen fürsatz vermeynt/mit tödtung des vnschüldigen Kindleins/daran sie vor in oder nach der geburt schüldig wird/jhre geübte leichtuertigkeyt verborgen zuhalten. Darumb wann ein solche Mörderinn auff gedachter jhrer angemasten vnbeweisten

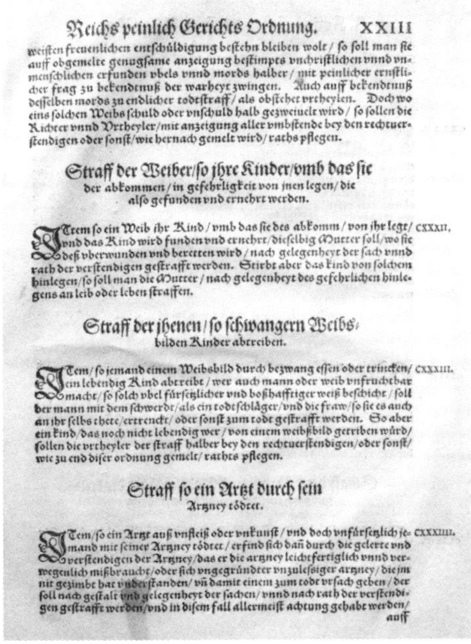

Reichs peinlich Gerichts Ordnung. XXIII

weisten freuenlichen entschüldigung bestehn bleiben wolt/so soll man sie auff obgemelte genugsame anzeigung bestimpts vnchristlichen vnnd vnmenschlichen erfunden vbels vnnd mords halber/mit peinlicher ernstlicher frag zu bekendtnuß der warheyt zwingen. Auch auff bekendtnuß desselben mords zu endlicher todtstraff/als obstehet vrtheylen. Doch wo eins solchen Weibs schuld oder vnschuld halb gezweiuelt wird/so sollen die Richter vnnd Vrtheyler/mit anzeigung aller vmbstende bey den rechtuerstendigen oder sonst/wie hernach gemelt wird/raths pflegen.

Straff der Weiber/so jhre Kinder/vmb das sie der abkommen/in gefehrligkeit von jnen legen/die also gefunden vnd ernehrt werden.

ITem so ein Weib jhr Kind/vmb das sie des abkomm/von jhr legt/ CXXXII. vnd das Kind wird funden vnd ernehrt/dieselbig Mutter soll/wo sie deß vberwunden vnd beretten wird/nach gelegenheyt der sach vnnd rath der verstendigen gestrafft werden. Stirbt aber das kind von solchem hinlegen/so soll man die Mutter/nach gelegenheyt des gefehrlichen hinlegens an leib oder leben straffen.

Straff der jhenen/so schwangern Weibsbilden Kinder abtreiben.

ITem/so jemand einem Weibsbild durch bezwang essen oder trincken/ CXXXIII. ein lebendig Kind abtreibt/wer auch mann oder weib vnfruchtbar macht/so solch vbel fürsetzlicher vnd boßhafftiger weiß beschicht/soll der mann mit dem schwerdt/als ein todtschläger/vnd die fraw/so sie es auch an jhr selbs thete/ertrenckt/oder sonst zum todt gestrafft werden. So aber ein kind/das noch nicht lebendig wer/von einem weibßbild getriben würd/sollen die vrtheyler der straff halber bey den rechtuerstendigen/oder sonst/wie zu end diser ordnung gemelt/rathes pflegen.

Straff so ein Artzt durch sein Artzney tödtet.

ITem/so ein Artzt auß vnfleiß oder vnkunst/vnd doch vnfürsetzlich je- CXXXIIII. mand mit seiner Artzney tödtet/erfind sich dañ durch die gelerte vnd verstendigen der Artzney/das er die artzney leichtfertiglich vnnd verwegenlich mißbraucht/oder sich vngegründter vnzulessiger artzney/die jm nit gezimbt hat vnderstanden/vñ damit einem zum todt vrsach geben/der soll nach gestalt vnd gelegenheyt der sachen/vnnd nach rath der verstendigen gestrafft werden/vnd in disem fall allermeist achtung gehabt werden/auff

Beide Abb.: Constitutio Criminalis Carolina – Peinliche Halsgerichtsordnung Kaiser Karl V. Stadtarchiv Brackenheim (B 2049), Foto: C. Müller

Derweil hatte die Gerichtsglocke auf dem Rathaus geläutet und der Vorsitzende die Verhandlung eröffnet.

Wie allgemein vorgeschrieben, waren die Türen des Saales weit aufgeschoben, sodass jedermann in der Lage war, den spannenden Prozess zu verfolgen. Die Zuschauer schubsten und drängten, in der lauteren Absicht, jedes der Worte zu hören und es am

Abend in aller Ruhe der eigenen Familie offenbaren zu können; denn erst zur Beratung würden die Türen des Gerichtssaales wieder geschlossen werden.

Trotz der zahlreichen Menschen herrschte eine gespenstische Stille im Raum, als Eva zu sprechen begann. Man war sich einig, dass von dieser Magd ein klares Geständnis zu erwarten war.

Zur allgemeinen Empörung der Richter verhielt sich die Angeklagte indes recht verstockt. Wohl erzählte sie ihren gesamten Lebenslauf und auch die Geschichte von Johannes, der sie offenbar geschwängert hatte, stritt dann aber vehement ab, das Kind getötet zu haben.

Heftiges Getuschel entstand vor dem Saal, sodass der Stadtknecht für Ruhe sorgen musste.

Eva Rohner schilderte, dass Johannes und sie um die fünf Jahre beisammen gewesen seien. In der Zeit, als er noch beim „Bärenwirt" gedient habe, habe er sie immer wieder sowohl beim „Bären" als auch später beim Schuhmacher besucht und ihr beigewohnt.

Sie betonte, dass er ihr aber weder die Ehe versprochen noch ihr auch nur das Geringste gegeben habe.

Hätte der Vater des Kindes ihr ein Geschenk überreicht, und sei es auch nur ein wertloses kleines Ringlein oder eine Münze, so hätte dies möglicherweise einem Verlöbnis gleichgestellt werden und eine nachfolgende, unter diesen Umständen sogar von der Herrschaft erwünschte Eheschließung die kritische Situation beenden können. Doch so war Eva weiterhin auf sich alleine gestellt.

Als sie daher näher befragt wurde, teilte sie mit, dass Johannes einzig gesagt habe, dass sie, wenn sie sich schwanger wisse, dies niemandem außer ihm sagen solle. Nur er sei dafür zuständig. Sie habe auch mit niemandem darüber geredet.

Ihres Erachtens nach sei sie in der zehnten Schwangerschaftswoche gewesen, habe dies aber nicht eigentlich gewusst.

Vergangene Freitagnacht wäre dann etwas von ihr gekommen, als sie über dem Kübel gesessen habe. Sie habe Selbiges auf den Misthaufen geschüttet und mit ein wenig Stroh zugedeckt. Sie habe aber kein lebendiges Kind gehabt oder gesehen, sondern es sei nur ein großer Knollen Blut gewesen.

Da Eva Rohner auf dieser Aussage beharrte und nicht weiter mit der Sprache herausrücken wollte, sah man sich gezwungen, im Anschluss an ihre Befragung noch weitere Personen zu vernehmen. Eine Tatsache, die das Gericht zutiefst verdross, war die Sachlage doch offensichtlich und die Zeit knapp, denn immerhin hatten die Richter auch noch anderen Tätigkeiten nachzugehen.

Als die Zeugen erschienen, wurde zunächst Maria Heuschel von Gelmersdorf, Kaspar Hegels Viehmagd, befragt, welche neben der Verhafteten in derselben Kammer, jedoch in einem anderen Bett gelegen hatte.

Maria enthüllte, dass Eva am vergangenen Donnerstag zur Nacht angefangen habe, über einen Zahn zu klagen und sich darüber in das Bett gemacht hätte. Eva habe dann sie, die Maria aufgefordert, in der Küche zu spülen. Als sie nach verrichteter Sache zu Bett gegangen sei, habe die Köchin noch immer über die Zähne geklagt und gefragt, ob sie kein Salz habe, dass sie daran legen könne. Sie, die Maria habe mit „nein“ geantwortet, worüber die Köchin aufgestanden sei und gesagt habe, sie wolle sich selber Salz holen, um es darauf zu drücken.

Das Salz diente, wie allgemein bekannt, der Abwehr von Unheil. Es galt als reinigend und wurde bei katholischen Priestern sogar bei der Vorbereitung des Weihwassers und der Taufe verwendet.

Die Eva sei, so fuhr die Viehmagd in ihrer Aussage fort, dabei ungefähr eine viertel Stunde aufgeblieben, dann wieder in die Kammer gekommen. Sie habe aber nichts gesagt, sich auch nicht vermuckst.

Erst am Sonntag, als sie, die Viehmagd, am Morgen das Bett gemacht habe, habe sie hier und auch anderen Orts so viel gefunden, dass, allen Anzeichen nach, die Rohner ein Kind müsste gehabt haben.

Als nächstes wurde die Wehmutter von Besigheim, Barbara Pfullinger, hinterbliebene Witwe des Hannß Pfullinger, sowie die geschworenen Weiber Maria, Hannß Geßmanns Witwe und Magdalena, Endris Rafins Hausfrau, zur Sache vernommen.

In Besigheim gab es im Allgemeinen zwei geschworene Weiber, die den Hebammen zur Seite standen und von denjenigen Bürgersfrauen in einer schriftlichen Abstimmung auf dem Rathaus gewählt wurden, für die eine Schwangerschaft noch in Betracht kam.

Die drei Frauen, insbesondere die Wehmutter, eröffneten nun, dass die Nachgeburt unter dem Bett gefunden worden sei und daran noch ein Stücklein der Nabelschnur gehangen habe. Das Übrige der Nabelschnur sei verbröckelt gewesen. Man hätte daran erkennen können, dass es sich um ein frühzeitig geborenes Kind gehandelt haben müsse. Auch müssten die Brüste der Mutter Milch gegeben haben.

Dieser Nachsatz bildete eine Anspielung auf Artikel 35 der Peinlichen Halsgerichtsordnung, in dem es hieß, dass die Mutter, deren Kindlein kürzlich getötet worden sei, noch Milch in den Brüsten haben müsse und daher an diesen gemolken werden solle. Solle dabei Milch gefunden werden, würde dies eine peinliche Befragung rechtfertigen, es sei denn, etliche Leibärzte würden eine andere Ursache dafür erkennen.

Im Anschluss an diese Zeugenbefragungen wurde Eva mit der Wehmutter sowie den geschworenen Weibern und deren Angaben konfrontiert; dennoch war sie keineswegs bereit, zuzugeben, dass das Kind bei der Geburt noch gelebt habe. Sie gestand einzig, dass es ein zeitiges Kind gewesen sei und sie es auf den Mist geschüttet und mit Stroh zugedeckt habe.

Abb.: Marterkittel aus Flachs, 17. Jahrhundert
Das „Hexenhemd" wurde 1680 zum Prozessauftakt der Anna Kramer aus Veringenstadt angefertigt. Laut Protokoll wurde es der Beschuldigten bei jeder erneuten Folter an- und danach wieder ausgezogen. Anna Kramer wurde später als Hexe verbrannt.
© Heimatmuseum Veringenstadt
(Stadt Veringenstadt, Foto: Fröhlich)

Die Hausfrau von Balthas Rueff, dem Schuhmacher und von der Stadt eingestellten Torwärter, informierte darüber, dass sie vergangenen Samstagmorgen nach der Torglocke die Verhaftete aus dem Wirtshaus habe gehen sehen. Sie sei zum Wasser gegangen. Was sie dort aber getan habe, wisse sie nicht.

Atemlos warteten die Leute im Saal ab, was sie noch zu hören bekommen würden, denn als nächstes wurde des Metzgers Melchior Stieglers Hausfrau vorgeführt, welche angab, sie habe vergangenen Donnerstag zur Nacht, um ein Uhr, bei ihrem Haus etwas in die Enz werfen hören. Sie habe gedacht, dass einer einen großen Stein hineingeworfen hätte, habe aber niemanden gesehen.

Besigheims Häuser im südlichen Teil der Vorstadt grenzten teilweise direkt an die Enz, vor deren Fluten sie nur durch die Stadtmauer geschützt waren. Ein derartiges nächtliches Geschehen wäre somit von den Bewohnern durchaus wahrnehmbar.

Die Mitglieder des Gerichtes waren mit den Ergebnissen ihrer Ermittlungen dennoch nicht zufrieden. Wohl lagen bislang keine eindeutigen Beweise für die Kindstötung vor, doch waren die Aussagen der Zeugen, insbesondere der Wehmutter, durchaus plausibel und nachdem die im achtzehnten Lebensjahr stehende Eva Rohner noch immer nicht bereit war, die offensichtliche Wahrheit zu bekennen und den tatsächlichen Verlauf des Geschehens zu gestehen, mussten nun härtere Maßnahmen zur Wahrheitsfindung ergriffen werden.

Kindstötung, wie sie hier im Fall der Rohner vorlag, war ein schweres Delikt, bei dem mit einer Todesstrafe zu rechnen war, sodass es im Rahmen der Peinlichen Halsgerichtsordnung durchaus legitim war, den Scharfrichter hinzuzuziehen, um ihn die Folter vorbereiten zu lassen.

Natürlich war die Voraussetzung für eine rechtmäßige Anwendung der Tortur ein konkreter Verdacht, doch dafür reichte gegebenenfalls schon die Aussage eines Zeugen oder das Ertappen auf frischer Tat. Voraussetzungen, die im Fall Rohner durchaus gegeben waren.

Um allerdings sicher zu gehen, dass das Ergebnis einer Folterung auch wirklich der Wahrheit entsprach und nicht nur zwangsläufige Erfindung war, wurden Regeln erschaffen, an die sich die Richter und Henker zu halten hatten.

So war die Dauer der Folter auf eine Stunde begrenzt, mit der Möglichkeit der maximal zweifachen Wiederholung. Es durften zudem keine Suggestivfragen gestellt werden sowie keine Fragen, die mit einem einfachen Ja oder Nein beantwortet werden konnten. Somit reichte ein schlichtes Geständnis, als das Zugeben der Täterschaft, nicht aus. Die Rohner würde die gesamte Tathandlung erzählen, sie öffentlich machen, das Tatgeschehen aufklären und gestehen müssen. Dabei war es erforderlich, dass sie Einzelheiten nannte, die nur sie als Täterin wissen konnte und die auch nachzuweisen waren. Gelang dies nicht, wurde das Tatgeschehen nicht anerkannt und es konnte erneut gefoltert werden.

Ferner bestand die Notwendigkeit, dass sie das Tatgeständnis außerhalb der Folterkammer wiederhole oder ein Zeuge dies für sie übernahm.

Zum Zwecke der Folterung würde sich Eva entkleiden und ein spezielles, schlichtes Kleidungsstück, den so genannten „Marterkittel“, anziehen müssen, der dem Henker im Bedarfsfall auch den Schwerthieb auf die Halswirbel erleichtern würde.

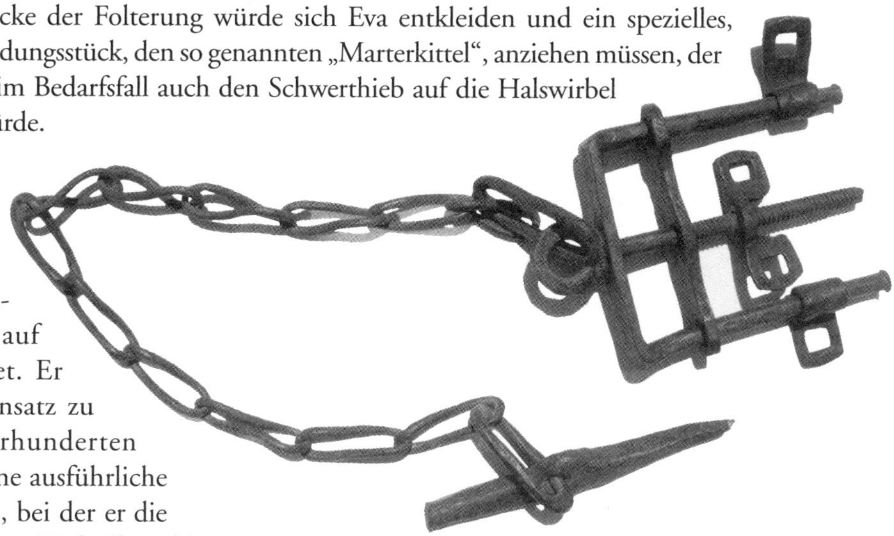

Der Scharfrichter oder Henker war ein Sachverständiger auf seinem Gebiet. Er trat im Gegensatz zu früheren Jahrhunderten inzwischen eine ausführliche Folterlehre an, bei der er die entsprechenden Techniken bis zur Perfektion erlernte. Seine Aufgabe war es, Geräte zu entwickeln, die Schmerzen bereiteten, aber keine Verletzungen herbeiführten; denn blieb die Tortur erfolglos, müsste der Henker die Eva zugefügten Verletzungen heilen.

Das Handwerk der Scharfrichter hatte eine eigene Zunft, die Zunfttage abhielt. Die strenge Ausbildung erforderte unter anderem das Erlernen der Folterung, der Verstümmelungs- und Tötungstechniken sowie das Enthaupten, welches als „Meisterstück“

Abb. oben: Fingerschraube aus Eisen
Seitenlänge des Foltergeräts ca. 15 cm, Kettenlänge ca. 1m
Die Foltergeräte der Frühen Neuzeit waren nicht normiert, sodass sie in den unterschiedlichsten Varianten, je nach Vorliebe des Anwenders, hergestellt werden konnten.
© Heimatmuseum Veringenstadt (Stadt Veringenstadt, Foto: Fröhlich)

galt und anhand eines Zeugnisses bei den Bewerbungen nachgewiesen werden musste. Zudem wurden vom Scharfrichter fundierte Kenntnisse über Tierkrankheiten und Seuchen erwartet.

Seine Bewerbung mit Leumundszeugnis, dem Nachweis seiner ehelichen Geburt und Attesten über durchgeführte Hinrichtungen hatte der Henker dem jeweiligen Stadtgericht vorzulegen. Hatte sich dieses für einen der Bewerber entschieden, wurde der Scharfrichter vom Herzog ernannt und musste einen entsprechenden Eid ablegen. Der Vertrag endete in Württemberg im Allgemeinen erst mit dem Tod des Henkers.

Bei Hinrichtungen in kleineren Städten reisten die Scharfrichter häufig von weit her, um diese durchzuführen. Es konnte demzufolge durchaus geschehen, dass man geraume Zeit auf ihn warten musste – auch in Besigheim, wo einer der beiden in Württemberg fest angestellten Scharfrichter zuständig war, deren Einzugsgebiete sich seit dem 16. Jahrhundert in „ob der *Steig*“ für den Tübinger sowie „unter der *Steig**“ für den Stuttgarter Henker aufteilte. In Heidenheim war das Amt des Scharfrichters nur zeitweise besetzt, während Freie Reichsstädte wie Aalen, Ellwangen, Esslingen, Heilbronn, Reutlingen und Schwäbisch Hall einen eigenen Scharfrichter im Amt hatten.

Die eigentliche Folterung war in drei „Härtestufen“ unterteilt, welche mit dem bloßen Drohen, verbunden mit der Vorführung der Instrumente, der so genannten „territio verbalis“ begann, gefolgt vom Anlegen der Daumenschrauben, ohne dass diese zugezogen wurden, der „territio regalis“, bis zur „tortura“, der schärfsten Form der Folterung.

Diese beinhaltete die Anwendung der Daumenschrauben, bis das Blut herausspritzte oder das Aufziehen an einer Winde, erschwert durch Werfen von brennendem Schwefel auf die Haut, Zwicken mit glühenden Zangen, Auspeitschen, Beschweren der Beine mit Gewichten und vielem anderen.

Der Fantasie des Henkers waren keine Grenzen gesetzt. Für Schienbeine und Gliedmaßen wurden Schrauben entwickelt und die Mundbirne wurde dem Täter zwischen die Zähne gesteckt. Allerdings nicht, um ihn am Schreien zu hindern, denn davon versprach man sich ein Ermatten, sondern um zu verhindern, dass er die Zähne zusammenbeißen konnte. Überdies sollte durch das Erschweren des Atemholens mittels der Mundbirne der Druck auf die Brust und überhaupt die körperlichen Qualen vergrößert werden. Um die Schmerzen in vollem Ausmaße zu erzeugen, wurden die Mundbirnen auch häufig aus Holz angefertigt, da man die Auffassung vertrat, Eisen hätte eventuell, aufgrund der Kälte, Linderung verschaffen können.

Jeder einzelne Scharfrichter hatte bei der Ausübung seiner Arbeit individuelle und für ihn spezifische Qualitäten entwickelt, die ihn zu einem erfolgreichen Henker erhoben.

In der Regel wurde der Betroffene am Abend nach längerem Fasten in die finsteren, unheimlichen Folterkammern geführt, die mit den schaurigen Geräten bestückt waren, um auf diese Weise sein Selbstbewusstsein und seine Widerstandskraft zu schwächen.

Folterungen in kleinen Städten wurden meist im Rathaus durchgeführt, wohin der Scharfrichter seine, in seinem persönlichen Eigentum stehenden, Gerätschaften gebracht hatte.

Taube, Stumme und Geisteskranke durften allerdings nicht gefoltert werden und Kranke, Gebrechliche, Kinder, Schwangere sowie Wöchnerinnen, die ihr Kind noch stillten, lediglich der „territio“ unterzogen.

Außerdem durfte jeder nur so stark und so lange gefoltert werden, wie es seine derzeitige Konstitution zuließ.

Da Eva Rohner für ihr Vergehen mit der Todesstrafe rechnen musste, war die Folter außerdem nicht nur zum Zwecke der Vernehmung legitim, sondern auch als Teil der zu erwartenden Strafe. Nachdem das Gericht ihr daher ernsthaft mit der Folter gedroht hatte, brach der Widerstand der entsetzten Frau zusammen.

Der Besigheimer Vogt Johann Christoph Müntzer notierte den weiteren Verlauf der Vernehmung und die Besichtigung des Tatortes am 9. Oktober 1649:

„Nachdem ich, der Vogt, der Verhafteten Rohnerin ernstlich zugeredet habe, aufzuzeigen, wohin sie das Kind getan hat und ihr auch mit dem Scharfrichter und der Tortur gedroht habe, ist endlich ihr böses Gewissen aufgewacht und sie hat versprochen, aufzuzeigen, wohin sie das Kind gesteckt hat.
Sie hat uns in das Wirthaus geführt und das tote Kind, ein Knäblein, welches in einem Mehlkasten, unter dem Mehl, versteckt gewesen, hervorgezogen.
Das Kind war ganz blass und blos.
Auf meinen Befehl hin haben sowohl der Bürgermeister Chris Simpler, Michael Felger des Gerichts, Wolf Heinrich Wölfing, Barbier und Wundarzt als auch Barbara Pfullinger, Hannß Pfullingers Witwe und Wehemutter, Hannß Hustmanns Witwe Maria und die Hausfrau Magdalena, Endris Rafins Hausfrau, beide geschworene Weiber allhier, das Kind besichtigt.
Sie sagen einstimmig aus, der Knabe sei zwar recht zeitig, aber vollkommen geboren worden.
Sie könnten sicher und kundig aussagen, dass das Kind durch die Mutter erwürgt

Abb. linke Seite, oben: Daumenschraube
Stadtmuseum Großsachsenheim, Leihgabe des Strafvollzugsmuseums Ludwigsburg , Foto: C. Müller

Abb. linke Seite, unten: Mundbirne aus Eisen, 17. Jahrhundert
Folterinstrument, das dem Beschuldigten in den Mund gesteckt und durch Schrauben geöffnet wurde
Mittelalterliches Kriminalmuseum – Rothenburg o. T. (2011)

und ermordet worden sei. Die Würgemale durch die eingedrückten Fingernägel am Hälschen und der Gurgel seien Beweis dafür, dass die Mutter den Daumen in das Hälschen eingedrückt habe."

Nun gab es für die Richter kein Halten mehr. Viele von ihnen hatten selbst Kinder und dachten mit Grauen an das Unglück des Neugeborenen. Hier, in ihrer Stadt, durfte so eine Tat nicht noch einmal geschehen. Nach all den schweren Kriegsjahren war es an der Zeit, wieder Ordnung einkehren zu lassen.

Hinter den verschlossenen Türen des Gerichtssaales wurde zügig abgestimmt. Wie Eva befürchtet hatte, waren die Richter der Meinung, dass der Anspruch auf ihr Leben verwirkt sei und sie mit dem Schwert zum Tode gerichtet werden müsse.

Inbrünstig flehte die völlig aufgelöste Magd um Gnade und bat verzweifelt, man möge ihre Bitten auch an den Herzog weiterleiten – ihre letzte Chance auf Leben!

Eva war sich selbstverständlich der ernüchternden Tatsache bewusst, dass sie als Ortsfremde in Besigheim einen schlechten Stand hatte. Niemand würde sich für sie einsetzen oder ihren guten Leumund betonen. Es gab keine Fürsprecher in einer Stadt, in der man eine Fremde war, eine schlichte Magd, ohne Familie oder Freunde. Zu kurz war die Zeit, die sie hier verbracht und zu schlimm die Tat, die sie begangen hatte. Eva war von allen verlassen.

Doch die endgültige Entscheidung in dieser Sache hatte der oberste Landesherr zu treffen, dem der Vogt deshalb schon am nächsten Tag einen ausführlichen Bericht erstattete und um die Bestätigung des Urteiles bat.

Während die verzagte Eva Rohner weiterhin im Gefängnis einsaß, dauerte das Verfahren den Besigheimer Richtern offenbar zu lange. Der Winter nahte und das Risiko, die Beschuldigte auch weiterhin versorgen zu müssen, war zu groß. Schon jetzt schien es erforderlich, sie aus dem Turm in eine wärmere Unterkunft zu bringen. Doch wer würde sie dort bewachen? Und wer würde für die Kosten aufkommen? Von der mittellosen Eva war diesbezüglich nichts zu erwarten und Verwandte waren keine bekannt.

Der Fall war eindeutig und die Richter mürrisch. Sie waren aufgefordert worden, die Beschuldigte zu vernehmen, der ganzen Sache auf den Grund zu gehen und ein Urteil zu fällen.

Nun jedoch zog sich alles hin und niemand wusste, wann dieses Urteil vollzogen werden konnte – wenn der Herzog diesem überhaupt zustimmen würde.

Erneut wurde daher am 13. Oktober ein Ersuchen an Herzog Eberhard III. mit der Bitte verfasst, in Sachen des Kindsmordes eine Entscheidung zu treffen.

Eva hatte in Gedanken wohl schon mit ihrem Leben abgeschlossen und wäre sicherlich noch einmal gerne in die große Kirche am Ende der Kirchgasse gegangen, doch sie rechnete damit, dass sie den Turm nur noch zum Zwecke der Hinrichtung würde verlassen dürfen.

Sie hatte gehört, dass in früheren Jahren die Kindsmörderinnen häufig ertränkt worden waren und dass die Carolina bei heimlicher, boshafter Tötung eines Kindes sogar die Pfählung und somit das Durchbohren des lebendig Begrabenen mit einem Pfahl, verbunden mit dem Reißen durch glühende Zangen empfahl. Eine Todesart, die in Besigheim und Umgebung glücklicherweise schon lange nicht mehr angewandt worden war. Aber konnte man darauf vertrauen, dass der Herzog sich nicht doch noch an die alten Strafen erinnerte? Konnte sie vielleicht gar auf Milde hoffen und wurde nur des Landes verwiesen?

Der Herzog war manchmal gnädig.

Schließlich ging von den ungeduldigen Besigheimer Richtern abermals ein Brief beim Herzog ein, indem sie nachdrücklich um die Bestätigung ihres Urteils baten und darauf hinwiesen, dass sie bereits zwei Schreiben und Gutachten im Fall der Rohner an die Kanzlei geschickt hätten und daher endlich Bescheid erwarten würden.

Es war offensichtlich, dass die Richter den Vorgang zu einem Abschluss bringen wollten, waren sie doch mit ihren eigenen, häufigen Streitereien mehr denn ausreichend beschäftigt, die in Verbindung mit ihren finanziellen Vergünstigungen dafür sorgten, dass sie beim gemeinen Mann nicht allzu sehr geschätzt wurden. Auch verursachte es im Städtchen allerhand Unmut, dass sich die Herren aufgrund diverser Lappalien gegenseitig beim Vogt anzeigten und in Ordnungshaft genommen werden mussten.

Eva dagegen blieb nichts anderes zu tun, als abzuwarten. Die Tage zogen sich endlos dahin und doch schienen sie zu rasen. Waren es die letzten Tage ihres Lebens? Wohl war sie inzwischen aus dem Turm in ein wärmeres Gefängnis gebracht worden, doch, so schien es ihr, war dies kein Zeichen von Barmherzigkeit, sondern die Sorge des Gerichts, für ihren vorzeitigen Tod zur Rechenschaft gezogen werden zu können.

Ihre bislang nicht abgelehnte Bitte um fürstliche Gnade erlaubte ihr dennoch einen letzten Funken Lebenshoffnung, einen kleinen Strahl Licht im Dunkel.

Endlich, Anfang November 1649 setzen die Herren Oberräte ihren abschließenden Bericht auf und teilten ihr Urteil mit, das von Herzog Eberhard III. zu Württemberg und Teck, Graf zu Mömpelgard und Herr zu Heidenheim genehmigt wurde.

Die Räte fassten wiederholt den gesamten Sachverhalt zusammen und erklärten, dass die zu Sulzbach geborene Eva Rohner, ihres Alters bei achtzehn Jahren, in des Kronenwirts zu Besigheims Behausung, dem sie für eine Köchin gedient habe, ein lebendiges Kind geboren habe.

Der Vater des Kindes sei ein Johannes, aus Ulm gebürtig.

Das Kind sei von der Mutter sogleich ermordet und in das Mehl des Mehlkastens gesteckt worden. Daraufhin sei die Beschuldigte in Haft genommen und peinlich beklagt worden.

Eva Rohner habe den Kindsmord dabei nicht in Abrede gestellt, sondern gestanden und um Gnade gebeten, wodurch die Verkündigung des Urteils durch den Stabhalter und Richter verzögert worden war. Dennoch solle nun die Beschuldigte mit dem Schwert vom Leben zum Tode gerichtet werden.

Es folgte eine lateinische Floskel, die schlicht besagte, dass die Beschuldigte Eva Rohner nach gefasstem Urteil noch in der sechsten Woche hinzurichten sei. Dabei solle man es bewenden lassen.

Unterzeichnete waren unter anderem der württembergische Oberrat Heinrich Achilles Buwinghausen von Wallmersrode, der just in diesem Jahr das Hofgut Ihingen für fünftausendfünfhundert Gulden von der Reichstadt Weil der Stadt erworben hatte.

Ergänzt wurde das Schreiben vom beigefügten Urteil, das keine weiteren Fragen mehr offen ließ:

„In Peinlicher Rechtfertigung sich haltend zwischen des Durchlauchtigsten Hochgeborenen Fürsten und Herrn unseren Gnädigen Fürsten und Herrn Anwalt Herrn Johann Christoph Müntzer, Vogten allhier zu Besigheim, Ankläger einerseits und Eva Rohner von Sulzbach, Peinlich Beklagte andererseits, haben der Stabhalter und Richter auf getaner Anklage darüber in unterschiedlicher Befragung erlanget, […] dass die Peinlich Beklagte wegen solch ihres vorsätzlichen eigenen Kindsmordes, zu der wohlverdienten Strafe und anderen zum abscheulichen Exempel, dem Nachrichter an Hand und Band gestellt, zur gewöhnlichen Richtstatt geführt und allda durch ihn mit dem Schwert vom Leben zum Tode hingerichtet werden soll.“

Das Urteil war gefällt und von der Höhe des Rathauses herunter dem zahlreichen Publikum verkündet worden, wo es Eva, die in Block und Stock dorthin verbracht worden war, unter den Augen der Öffentlichkeit vernahm. Ihre letzte Hoffnung war zerbrochen.

Abermals wurde sie eingesperrt und musste warten. Wenn sie das nächste Mal aus der Haft geholt würde, wäre es ihr Ende.

Man erzählte ihr, dass der Henker aus Stuttgart gerufen würde, der für jede Meile seines Weges einen Gulden erwarten konnte, und als Eva am 31. November 1649 abgeholt wurde, wusste sie, dass es soweit war.

Es war ein eisiger Tag – und doch Eva fror nicht nur aufgrund der Kälte. Es war die nackte Angst, die sie zittern ließ.

Im 17. Jahrhundert lagen die Hinrichtungsstätten normalerweise vor der Stadt. Nur in Kriegszeiten, bei politischen Gegnern oder wenn die Gefahr bestand, dass der Verurteilte von Freunden befreit werden sollte, wurde die Hinrichtung noch wie in früheren Zeiten auf dem Marktplatz vor dem Rathaus durchgeführt. Selten auch, bei besonders schweren Kapitalverbrechen, um der Bevölkerung die Möglichkeit zu verschaffen, dadurch ihre Aggressionen auf den Täter abzureagieren.

Die Kindsmörderin Eva zählte nicht zu diesen seltenen Ausnahmen und wurde daher unter den Augen unzähliger Menschen zur Richtstätte außerhalb der Stadt an die Kiesbänke des Neckars geführt.

Eva konnte nicht anders, sie verstand die Menschen, die sie umgaben. Es war keine simple Sensationsgier, die sie hierher trieb, zumindest nicht bei allen. Es war die wichtige Aufgabe eines jeden einzelnen, zur Wahrung der Gesellschaftsordnung, auf Unrecht in seinem persönlichen Umfeld zu achten, dieses anzuzeigen und zu verfolgen.

Die Menschen wurden Teil der Justiz, indem sie an den Gerichtsverfahren teilnahmen und diese bis zur Vollstreckung begleiteten. Einen derartige öffentliche Kontrolle diente dem Schutz der Gesellschaft, aber auch dem des Beschuldigten.

Würde dies nicht geschehen, so mutmaßte Eva, würde das Zusammenleben von Gewalt, Willkür und Leid bestimmt sein. Nein, im Grunde genommen war der Gedanke an ein derart ausgeklügeltes Rechtssystem durchaus beruhigend, würde es doch auch in ihrem Fall für eine ordnungsgemäße, schnelle Hinrichtung sorgen, bei der sie nicht unnötig leiden müsste.

Während der Besigheimer Galgen auf der Hochfläche, an dem Weg zwischen Besigheim und Ingersheim, wie bei Galgen üblich, seinen festen Platz hatte, wurde der Standort des Schafotts, Blut- oder Schaugerüsts, wie es weiter bezeichnet wurde, in vielen kleineren Städten häufig gewechselt, abhängig davon, ob der Hingerichtete anschließend gerädert, verbrannt oder seine Asche gar ins Wasser gestreut werden sollte. Nicht selten bestanden diese erhöht liegenden Plattformen daher nur aus schnell zusammen gezimmerten Planken, die wenigen Hinrichtungen dienten oder aus einer Anhäufung von Erde, die einen Hügel bilden sollte, um den Zuschauern eine bessere Sicht zu ermöglichen. In manchen Fällen wurde das Urteil jedoch auch auf ebenem Boden ausgeführt.

Abb.: Scharfrichter bei der Vorbereitung (aus „Praxis rerum criminalium iconibus illustrata", 1562)

Konnten sich die Städte einen Rabenstein leisten, der vom Volk auch Köpfstätte oder Hauptstatt genannt wurde, war dies im Allgemeinen eine gemauerte runde oder viereckige, geräumige Plattform, die durch eine Treppe im Inneren, seltener auch durch eine Außentreppe, erreicht werden konnte. Das mit einem hölzernen oder steinernen Fußboden versehene Podest war zum Teil mit Gras bewachsen und so großzügig angelegt, dass neben dem Verurteilten und dem Henker sowohl die öffentlichen Zeugen als auch der Priester Platz darauf fanden.

Durch diese Bauweise war der Hinrichtungsakt für die unruhigen Zuschauer gut sichtbar und konnte dennoch unbehindert von der Menschenmenge vollzogen werden.

Seinen Namen, so mutmaßten die Leute, hatte der Rabenstein möglicherweise durch die Raben erhalten, die sich dort verköstigten, indem sie an den Leichen pickten, die gelegentlich am Rad ausgestellt waren. Aber auch die Seelen der Hingerichteten sollten verdammt sein und die Gestalt der Raben angenommen haben – der Vögel der Unterwelt …

Am Richtplatz wartete bereits der geduldige Henker mit seinem Gehilfen auf die Verurteilte, das scharfe Schwert bereit, dessen unzählige Kratzer von seiner häufigen Verwendung zeugten. Um vor dämonischen Wesen und dem „bösen Blick", den Eva ihm zuwerfen könnte, geschützt zu sein, trug er seine Handschuhe und die Henkersmaske, die ihm ein unheimliches Aussehen verliehen.

Abb.: Henkersmaske aus Eisen

© Mittelalterliches Kriminalmuseum – Rothenburg o. T. (2011)

Als Eva die Plattform erklomm, nahm sie überdeutlich all die Menschen war, bei denen sie sich ein neues Zuhause erhofft hatte. Waren sie alle gegen sie eingenommen – oder gab es vielleicht doch den einen oder andern, der Mitgefühl empfand? Sie wusste es nicht und konnte auch nichts mehr erkennen, denn die Tränen ließen ihren Blick verschwimmen.

Man bedeutete ihr, sich auf den Boden zu knien, wo sie die Möglichkeit erhielt, die Hände zum Gebet zu falten. Der Henkersknecht schnitt ihr die langen Haare ab, ihr Hemd wurde weit vom Hals zurückgeschoben und der Nacken freigelegt.

Diese Entblößung geschah nicht nur zur einfacheren und sichereren Durchführung des Schwerthiebes, sondern auch aus rituellen Gründen. Kleider galten als Objekte, die die Persönlichkeit verändern konnten und geeignet waren, die wahre Natur des Menschen zu verfälschen. Beim Enthaupten wollte man aber den „wirklichen Täter" treffen.

Abgesehen davon stand Evas Kleidung, wie die aller Hingerichteten, dem Henker zu, wobei dieser nicht immer von seinem Recht Gebrauch zu machen schien. Sei es aus persönlichen Skrupeln, aus abergläubischer Angst oder einfach aufgrund seines bestehenden Reichtums – die Verurteilten wurden häufig in ihren eigenen Kleidungsstücken verscharrt, wie es sich bei Ausgrabungen, die Jahrhunderte später stattfinden sollten, herausstellte.

Für Eva war dies alles ohne Bedeutung, es interessierte sie nicht einmal ansatzweise. Für sie war von weit stärkerer Gewichtung, dass sie kein christliches Begräbnis erhalten würde, ja, noch nicht einmal auf einem Friedhof bestattet werden würde – es sei denn, an einem abgesonderten Ort oder in der Nähe der Mauer, beziehungsweise an deren Außenseite.

Viel größer aber war die Wahrscheinlichkeit, dass sie irgendwo im Wald, an der Grenze zur Markung, einer Wegkreuzung oder unter dem Galgen, gemeinsam mit den Tieren, die der Abdecker hier verscharrte, eingelocht und von Gott vergessen werden würde. Man würde ihre Knochen in das Erdreich werfen und den Kopf unter den Armen oder zwischen den Beinen lagern. Die Beine jedoch würden bei ihr noch nicht einmal, wie es auf dem *Gottesacker** üblich war, in Richtung Osten ausgerichtet werden, das Gesicht dem Sonnenaufgang entgegen, sodass es ihr unmöglich gemacht würde, am Jüngsten Tag der Wiederkunft des Herrn entgegen sehen zu können.

Auch in den Kirchenbüchern würde ihr Tod für die Nachwelt nicht erwähnt werden. Niemand würde öffentlich um sie trauern. Sie war für die Menschheit einfach ausgelöscht.

Die Richter jedoch, ebenso der Pfarrer, der sich bei der Hinrichtung um die arme Seele gekümmert hatte, Zeugen und etwaige Fürsprecher der Verurteilten trafen sich nach der Hinrichtung noch einmal im Rathaus, um ein reichhaltiges Mahl einzunehmen. Eine angemessene Verkostung für die erbrachte Mühe – natürlich auf Rechnung der Amtspflege.

Quelle: HStAS A 209 I Bü 318

Wenn der Stab bricht

Rommelshausen/Cannstatt, Sommer 1650

Sanft strich er über ihr kurzes, dichtes Haar – er spürte ihren warmen Atem und flüsterte zärtlich ihren Namen. Sie gehörten zusammen …

Tief in Gedanken versunken verließ Hannß Schneider das Rathaus. Heute hatte er wieder eine der mühseligen Besprechungen hinter sich gebracht, bei der sich alles, wie so häufig in den letzten Jahren, um die Beseitigung der Kriegsschäden drehte. Eine Angelegenheit, die nicht nur ihm als Schultheißen, sondern auch allen anderen im Flecken auf das Gemüt und den Geldbeutel drückte.

Wie sollte es auch anders sein? Die Gebäude waren zerstört, viele Familien weggezogen und die Einwohnerschaft von Rommelshausen um gut die Hälfte auf rund vierhundert Einwohner gesunken. Vor acht Jahren erst hatte der Aussatz in Rommelshausen kursiert, nachdem in den Jahren zuvor bereits Hunderte an der Pest und anderen Krankheiten gestorben waren.

Wer sollte da all die Reparaturen bezahlen, wenn die Menschen auf dem durch die Kriegsjahre viel zu kleinen Kirchhof bestattet lagen, anstatt ihre Felder und Weinberge bestellen zu können?

Kostspielige Einquartierungen waren auch nach der Kriegszeit zu erdulden, das Bettelhaus war überfüllt, Hagel und andere Unwetterkatastrophen hatten ihr Übriges zum Leid der Dorfbewohner beigetragen.

Da nützte es den Menschen wenig, dass der Flecken im weiten, sonnigen Remstal lag, umgeben von üppigen Weinbergen und bewaldeten Hügeln, wenn es niemanden mehr gab, der dieses kleine Paradies am Fuße des Kernen bewirtschaften konnte. Felder und Weinberge lagen öd und wüst. Es würde sicherlich Generationen dauern, bis die Landwirtschaft wieder bestellt wäre und ausreichend Ertrag einbringen könnte.

Einzig die Mauritius-Kirche schien dank Gottes Hilfe vor den Eindringlingen weitgehend verschont geblieben zu sein. Sicher, ein paar der teuren Glasscheiben hatte auch die Kirche opfern müssen, doch bedachte man, dass das heilige Gebäude erst kurz vor dem Krieg vergrößert und erneuert worden war, war dieser Schaden nicht weiter von Bedeutung. Man würde sich bezüglich der Fenster eben provisorisch behelfen müssen.

Völlig anders sah es da mit dem Rathaus und den einst zahlreichen Bauernhäusern im Flecken aus, die teilweise schon gar nicht mehr bewohnbar waren. Die Zehntscheuer am Ortsrand, der Schlegelhof in der Neuschengassse und auch der Predigerhof hinter der Kirche – der Schultheiß hätte noch viele weitere Gebäude aufzählen können, die vom Krieg in Mitleidenschaft gezogen worden waren. Doch hätte es etwas gebracht?

Hannß Schneider, sechsundvierzig Lenze zählend und bereits seit vierzehn Jahren Schultheiß in diesem Flecken, entschloss sich daher zu einem Rundgang durch den

Ort, um die Schäden sowie die nötigsten Baumaßnahmen noch einmal näher in Augenschein zu nehmen.

Ursprünglich stammte Hannß Schneider aus Beinstein, einem Ort, in dem schon sein Vater Schultheiß gewesen war. Er selbst lebte nun aber schon viele Jahre hier in Rommelshausen, in dem er einst die Bürgerrechte käuflich erworben hatte. Er war stolz auf seine Familie, seinen Hof und seinen untadeligen Ruf, dem er vermutlich auch sein Schultheißenamt zu verdanken hatte. Immerhin hatte er nicht nur sich selbst, sondern auch seine Familie und das Gesinde fest im Griff, wie es von einem guten Hausvorstand erwartet wurde. Eine bemerkenswerte Leistung, so freute er sich, gerade in einer Zeit, in der die guten Sitten reichlich aus den Fugen geraten waren.

Er wäre wirklich zufrieden gewesen, hätte er nicht dieses eigenartige Gefühl in sich verspürt, dass sich da etwas Düsteres über seinem Haupt zusammenbraute. Eine Ahnung nur, ein Kribbeln der Kopfhaut …

Dennoch verdrängte er diesen Gedanken und ging die Gemeine Gasse entlang, vorbei am Neuschenhof mit seinen Scheunen und dem gewaltigen Wohnhaus, über den Riethwiesenbach und weiter zur Wette. Sein Ziel war der Schafhof, der Meierhof der württembergischen Herrschaft, etwas außerhalb des Ortes liegend und mit seinem Wohnhaus, den Scheunen und zahlreichen Viehställen für Pferde, Schweine und Schafe der größte Hof des Fleckens.

Überall traf Schneider auf verlassene Häuser und Ställe, zerfallene Scheunen und überwucherte Gärten. Jetzt im Sommer hätten die Felder bestellt, die Gärten blühend und die frische Wäsche zum Trocknen ausgebreitet sein sollen. Stattdessen lag das Land brach. Wohl wurde immer wieder gehämmert, gemauert und ausgebessert, doch schien es, als seien die Aufbauarbeiten gleich einem Fass ohne Boden.

Unter der Linde, an der Wette, hielt Schneider inne. Obwohl er die zahlreichen Schafe des herzoglichen Gutes bereits blöken hören konnte, war es ihm nicht möglich, seine Gedanken auf diesen Kontrollgang zu richten, denn etwas geschah bei ihm daheim, auf seinem Hof – und es war ganz bestimmt nichts Gutes.

Zunächst hatte er diesen ungewöhnlichen Vorkommnissen keine Bedeutung beigemessen, doch nun, nachdem sich die Geschehnisse offenbar bereits seit mehreren Tage wiederholt hatten, machte sich doch ein unangenehmes Gefühl in ihm breit.

Natürlich konnte es viele Gründe dafür geben, weshalb die Stalltüre in den letzten Tagen immer wieder verschlossen gewesen war. Vielleicht hatte einer der Knechte ein Schläfchen gehalten oder sich heimlich aus dem Weinkeller bedient und ein verbotenes Schlückchen im Stall getrunken. Möglicherweise wurde aber auch etwas oder jemand im Stall versteckt – oder sollte gar einer der Knechte oder Mägde ein unsittliches Stelldichein im Stall gehabt haben? Dem müsste er natürlich schnellstens auf die Schliche kommen. Undenkbar, wenn dies unter seinem Dach geschehen würde!

Gedankenverloren kehrte Schneider um und ging seinen Weg zurück. Es hatte heute keinen Sinn, sich mit den Schäden der Hofanlagen zu befassen, wenn es ihm nicht gelang, seine Gedanken beisammen zu halten. Dennoch würde er sich jetzt nicht weiter verrückt machen, sondern der Sache auf den Grund gehen.

Vielleicht wäre es auch schon ausreichend, einen Zettel mit einem Bibelspruch an die Stalltüre zu heften, wie es viele taten, um Schaden abzuwehren. Oder half es mehr, wenn er sich dazu einen schwarzen Ziegenbock anschaffte? Seine Nachbarn waren von der Wirksamkeit dieser Mittel überzeugt, wenngleich auch sie eingestehen mussten, dass nur Schaden, der von Hexen verursacht wurde, damit gebannt werden konnte und nicht der von Menschen verursachte.

Seufzend beschloss Hannß Schneider daher, sich am nächsten Tag sowohl um den Zettel, als auch um die verschlossene Türe zu kümmern.

Doch am nächsten Tage war der Schultheiß derart in Eile, dass er sich mit der abermals verschlossenen Stalltüre zunächst nicht befassen konnte. Sein Tagewerk war angefüllt mit Arbeit und zudem hatte er seinen Rundgang durch das Dorf noch nicht vollendet. Wie so oft zog es ihn auch heute das Heidengässle zum imposanten Glockenhof hoch, auf dem bis zur zweiten Hälfte des vorigen Jahrhunderts die Familie Glock gelebt hatte. Inzwischen waren die Bauersleute jedoch, wie viele andere in Rommelshausen, aufgrund ihrer religiösen Glaubenseinstellung verfolgt worden und hatten den Ort verlassen müssen. Dabei, so war ihm überzeugend berichtet worden, seien die Dissidenten wahrlich gottgefällige, gute und fromme Leute gewesen, die sich um ihre Arbeit gekümmert und niemandem ein Leid getan hätten. Paul Glock, so erfuhr der Schultheiß, sei beinahe neunzehn lange Jahre in Hohenwittlingen inhaftiert gewesen, habe letztlich aber vom Herzog die Genehmigung sowie das Geld für die Auswanderung erhalten.

Schneider genoss diesen weiten Blick auf die dem Gässle angrenzende Heidelandschaft, die umliegenden Hügel und Weinberge, den man vom reichlich desolaten Glockenhof aus hatte. Beinahe hätte man hier oben die Sorgen vergessen können.

Aber nur beinahe! Instinktiv wanderten seine Gedanken wieder zurück zu seinem Stall, in dem offenbar schon seit Tagen merkwürdige Dinge vor sich gingen. Er nahm sich fest vor, noch heute mit Pfarrer Johann Konrad Hitzler darüber zu sprechen, der ein Jahr nach seinem, Schneiders Amtsantritt als Schultheiß, seine Pfarrstelle in Rommelshausen übernommen hatte. Pfarrer Hitzler stammte aus Linz in Österreich und war Sohn des Theologen und Geistlichen Daniel Hitzler, der in den Kriegsjahren mit Eberhard III. nach Straßburg geflohen und dort verstorben war.

Wenn er nicht weiter wusste, wer dann?

Der Schultheiß nahm seinen Rückweg über die leicht abschüssige Hintere Gasse, um zumindest noch nach dem Lenzenhof zu sehen. Wann immer ihm Dorfbewohner begegneten, wechselte er ein paar Worte, hatte es im Grunde genommen aber eilig, zum Pfarrhaus gegenüber der Kirche zu gelangen.

Im Pfarrgässle vor dem Spitalhof traf er auf Hans Cost, den zweiunddreißigjährigen Schulmeister, der mit Jerg Ilg und dem neu zugezogenen Jakob Heckeler beisammen stand und über die Vor- und Nachteile der Dreifelderwirtschaft debattierte.

Obwohl sich Hannß Schneider ansonsten stets gerne mit dem Schulmeister unterhielt, grüßte er die Gruppe heute nur freundlich, und eilte weiter zum Pfarrhaus am Ende der Gasse. Pfarrer Hitzler war einer derjenigen, die Verständnis für die menschlichen Schwächen hatten, und wüsste sicherlich, was zu tun wäre, wenn das Schlimmste eintraf. Das Schlimmste, das, was sich Schneider nicht einmal vorzustellen wagte.

Doch Pfarrer Hitzler war nicht daheim. Dem Schultheißen wurde mitgeteilt, dass sich der Geistliche gerade am Schlienzenhof aufhalte, und obwohl der Hof des Hans Jerg Schlienz nur am anderen Ende der Pfarrgasse lag, hatte Schneider kein Bedürfnis, sein Problem vor dem Bauern darzulegen.

Somit kehrte er unverrichteter Dinge zu seiner Arbeit zurück, in der festen Absicht, noch einmal am Abend mit dem benachbarten Pfarrer zu sprechen.

Aber dazu kam es nicht mehr, denn noch am selben Tag, nachdem der Schultheiß erneut hatte feststellen müssen, dass die besagte Türe verschlossen war, brach er diese kurzerhand auf, betrat den Stall und schnappte fassungslos nach Luft, als er erkannte, was sich wohl schon seit Tagen hier im Stall abgespielt hatte. Hier wurde kein Schläfchen gehalten und auch nicht der Völlerei gefrönt oder Diebesgut versteckt. Noch nicht einmal eine Magd hielt sich hier auf. Es war viel schlimmer! Georg Katz, der junge Bauernknecht, den er eingestellt hatte, stand da in eindeutiger, unzüchtiger Position und verging sich an dem jungen Kalb!

Hannß Schneider wusste später nicht mehr zu sagen, wie er im ersten Moment auf diesen Schock reagiert hatte, denn noch lange Zeit später wirbelten seine Gedanken durcheinander.

Sodomie war eines der schlimmsten Verbrechen, zu dem außer der Unzucht mit Tieren auch die Homosexualität und die Selbstbefriedigung zählen konnten. Zur eindeutigeren Unterscheidung wurde der Sodomie mit Tieren das Wort „bestialitas“ angehängt. Aber alle drei Vorgehensweisen waren wider die Natur und Schneider verabscheute diese Perversionen zutiefst. Er bereute, den jungen Katz nicht besser im Auge behalten zu haben.

Nach seinen Angaben müsste dieser nun achtzehn Jahre alt sein und fiel somit durchaus in die Altersgruppe, von der man bereits einiges über diese Taten vernommen hatte.

Meist waren es diese jungen Burschen, die dieser Straftat angeklagt waren – der Kindheit gerade entwachsen und unfähig, mit ihrer aufkeimenden Sexualität umzugehen.

Allerdings hätte Schneider nie gedacht, dass gerade bei ihm ein solcher Knabe Unterschlupf finden könnte. Gut, welche Alternativen hatten die jungen Leute? Eine Ehe kam für einen armen, besitzlosen Knecht niemals in Frage, die Masturbation war, gleichsam der Unzucht mit Tieren, höchst strafbar und eine Liaison mit einer Magd hätte auch schwere Folgen nach sich gezogen. Ein Badehaus, wie es dieses im manchen Orten gab, in dem sich oftmals die Huren verdingten, gab es in Rommelshausen nicht; abgesehen davon hätte sich der Junge eine der Bademägde sicherlich nicht leisten können. Zudem waren die meisten Badehäuser im Anschluss an die Reformation und dem Auftreten der *Franzosenkrankheit** geschlossen worden.

Und auch wenn die Selbstbefriedigung unauffälliger hätte vonstatten gehen können als die Unzucht mit dem Kalb, so schien es dennoch von nicht unwesentlicher Bedeutung zu sein, den Akt mit einem zweiten lebenden Wesen durchführen zu können, dieses gewissermaßen zu personifizieren. Bedingt wurde dies sicherlich durch die alltägliche Nähe zu dem Tier und dem gemeinsamen, eng miteinander verbundenen Leben. So wurden die Tiere im Stall wie Familienmitglieder, gleichsam den Knechten und Mägden, behandelt, was sich schon darin äußerte, dass häufig auch die Tiere unverzüglich darüber informiert wurden, wenn der Hausvorstand das Zeitliche segnete.

Der Pfarrer hätte vielleicht Rat gewusst, so sinnierte der Schultheiß weiter. Wohl war dieser evangelisch und verheiratet, doch sicherlich hätte er gewusst, wie sich die einstigen katholischen Mönche in der ihnen auferlegten Keuschheit beholfen hatten. Immerhin sollte es da dieses Kraut geben, das man früher in den Klostergärten angebaut hatte und das, wenn man es aß oder im Bett verstreute, den Geschlechtstrieb dämpfen sollte – den Mönchspfeffer.

Doch dazu war es nun zu spät. Unwillkürlich begann sich der Schultheiß zu fragen, ob gar das Verhalten des Georg Katz die Ursache für all die Plagen, Seuchen und Unglücke darstellte, die in den letzten Jahren über sie hereingebrochen waren. Schließlich wusste man, dass Gott die Sodomiten strafte – und mit ihnen die Menschen, die um diese lebten. Hatte es nicht sowohl am 15. November des Jahres 1642, nachmittags um ein Uhr, als auch am 7. Dezember, in Cannstatt und Umgebung helles, klares Blut geregnet und drei Tage später ein entsetzliches Erdbeben gegeben? Es waren sicherlich warnende, göttliche Zeichen gewesen, die von dem Katz einfach ignoriert worden waren; denn wer konnte schon wissen, wie lange dieser Kerl sein Unwesen bereits getrieben hatte. Und auch die Frau, die sich in Rommelshausen erst vor kurzem zu Tode gestürzt hatte, als sie durch ihren oberen, von den Soldaten beschädigten Hausboden gebrochen war, würde möglicherweise noch leben, hätte der Sodomit den Allmächtigen nicht so stark herausgefordert.

Der völlig überraschte Georg Katz wurde zunächst vom Schultheißen überwältigt und festgehalten. Anschließend galt es, den Vogt des Oberamtes Cannstatt unverzüglich zu informieren und den Jungen, mangels eines hiesigen Gefängnisses, sofort dorthin zu bringen.

Georg Katz wusste, dass die Richter kein Verständnis für ihn würden aufbringen können, und doch hoffte er auf ein mildes Urteil. Wem hatte er denn geschadet? Er hatte nicht gemordet oder gestohlen, niemanden beraubt oder betrogen – und hatten nicht viele der jungen Burschen schon einmal etwas mit einem Schaf oder Fohlen, manche sogar mit einem Huhn, gehabt? Er war sich sicher, dass er nicht der einzige im Herzogtum Württemberg war, den man der Sodomie beschuldigen konnte. Das

müssten auch die Richter einsehen. Dennoch war ihm äußerst beklemmend zumute. Auf Sodomie stand der Tod. Gab es da wirklich noch ein Entkommen?
Man brachte ihn aus Rommelshausen hinaus, auf der holprigen Straße durch Fellbach hindurch, vorbei am Kappelberg mit seiner kleinen Wallfahrtskapelle und schließlich durch das Waiblinger Tor in die Stadt seines Gerichtes. Zunächst sollte er in den Turm des Neckartores gebracht werden, bis der Schultheiß vernommen und seine Verhandlung vorbereitet wäre.

Für Georg Katz bedeutete dies, dass er auf der alten Römerstraße, die noch immer eine wichtige Handelsstraße zwischen Speyer und Ulm darstellte, durch die ganze, gaffende Altstadt gebracht wurde und zu guter Letzt all die riesigen, mehrstöckigen Häuser passierte, die die Straße säumten. Häuser, die so eng beieinander standen, dass kein Ochse dazwischen gepasst hätte. Georg Katz hatte so etwas noch nie gesehen. In Rommelshausen waren die Anwesen groß und die Gebäude mit geräumigen Höfen versehen, hier jedoch standen die Häuser eng beisammen gepresst. Wenn es einen Stall gab, so lag dieser unterhalb des Wohnraumes, die kleinen Höfe und winzigen Gärten hinter dem Haus. Zwischen den Häusern gab es diese schmalen Winkel, in denen sich die Aborterker befanden, die im Winter geleert wurden. Jetzt, im Sommer stank es fürchterlich.

Trotz seiner misslichen Lage konnte Georg Katz nur staunen. Vor dem Rathaus wurde Markt abgehalten, sodass der Junge von dem Marktgeschehen abgelenkt war und das Amtsgebäude und die daneben liegende Kirche erst spät entdeckte. Schon hörte er den Lärm, der von der stark besuchten Zollstätte am Stadttor alles übertönte, da hatten sie den runden Turm bereits erreicht. Georg wurde über eine Treppe nach oben gebracht und von dort, durch eine Falltüre, in das Verlies im darunter liegenden Stockwerk hinab gelassen. Es war finster und kühl. Durch ein kleines Fensterloch konnte er die Geräusche der Stadt vernehmen und erkennen, dass noch immer die Sonne schien, auch wenn er jegliches Gefühl für die Zeit verloren hatte.

Auch Hannß Schneider hielt sich derzeit in Cannstatt auf. Er war zum Vogt berufen worden und befand sich nun auf dem Weg zum Rathaus. Wie Georg Katz, besah sich auch der Rommelshausener Schultheiß die Häuser dieser großen Stadt und musste feststellen, dass die Kriegschäden enorm waren. Durch Cannstatt, so wurde ihm erzählt, seien bereits 1629 die ersten wallensteinischen Truppen mit achtzehntausend Mann durchgezogen. Im Jahre 1643, nach der Schlacht bei Nördlingen, wären dann nicht nur die Flüchtigen durch Cannstatt gekommen, sondern auch die kaiserlichen Verfolger, die dabei hemmungslos gewütet hätten. So sei es immer weiter gegangen, bis letztlich die Pest die Stadt heimgesucht habe. Und erst vor fünf Jahren hatte das französisch-weimarische Heer mit zwölf Generälen und drei Brigaden Fußvolk sein Hauptquartier in der Stadt aufgeschlagen, sodass zudem viertausend Pferde unterzubringen waren.

Die Bevölkerung war damals schon am Verhungern gewesen, doch ein Jahr später hatte bereits das nächste Heer gewaltige Zahlungen erpresst, wodurch Cannstatt allein in fünf Kriegsjahren einen Schaden von über zehn Millionen Gulden erlitten hatte; mehr als alle anderen württembergischen Städte.

Hatte es zudem vor dem Krieg noch gut dreieinhalbtausend Seelen in Cannstatt gegeben, so wurde Schneider weiter aufgeklärt, so war die Zahl in diesen harten Jahren um gut eintausend zurückgegangen.

Auch verschiedene Hochwassermarken, die auf massive Überschwemmungen im Jahre 1618 hinwiesen, waren an den Häusern zu erkennen und zeigten die Risiken, die diese Stadt trotz ihrer wirtschaftlich günstigen Lage für ihre Bewohner barg. Es schien Schneider so, als müssten damals nicht nur die Straßen, sondern annähernd alle Keller und Ställe hoffnungslos überflutet gewesen sein.

Als Hannß Schneider schließlich das Rathaus erreicht hatte und die linker Hand liegende, beinahe zweihundert Jahre alte Kirche bewunderte, musste er an Pfarrer Hitzler denken, der ihm am Morgen noch erklärt hatte, wie er den nächsten Gottesdienst zu halten plane.

Er wollte die Rommelshausener Bürger und insbesondere die jungen Burschen darauf aufmerksam machen, dass die Sodomie bereits im Buch Moses verdammt wurde, indem es hieß: *„Verflucht sei, wer bei irgendeinem Tier liegt … und bei keinem Vieh sollst du liegen, so dass du dich an ihm unrein machst. Und eine Frau soll sich nicht vor ein Vieh hinstellen, damit es sie begattet: es ist eine schändliche Befleckung … Denn jeder, der etwas von diesen Gräueln tut, soll ausgerottet werden aus der Mitte des Volkes …"*

Pfarrer Hitzler hatte noch weitere Stellen aus der Bibel zitiert, doch Hannß Schneider hatte sie in der Aufregung wieder vergessen. Der Pfarrer hatte ferner erläutert, dass im Neuen Testament diese mosaischen Strafen zwar durch Jesus aufgehoben und das Bußwesen an dessen Stelle gesetzt worden war, die Peinliche Halsgerichtsordnung sich aber dennoch an den alten Vorgaben orientierte.

Abgesehen davon hatte sogar Martin Luther in seinen Schriften die Sodomie aufs Schärfste verurteilt, wenngleich er damit mehr auf die damaligen klösterlichen Zustände in Form von Homosexualität gezielt hatte. Doch schon allein das Streben nach sexueller Lust galt für Luther als eine boshafte Einflüsterung des Teufels, der es generell zu widerstehen galt.

Schließlich hatte der Pfarrer dem Schultheißen aber auch anvertraut, dass es in den Zeiten des Ablasshandels unter Papst Leo X. gegen eine Bezahlung von zwölf Dukaten den Geistlichen erlaubt war, Ehebruch, Blutschande, Hurerei und Sodomie mit Tieren zu betreiben.

Für Hannß Schneider war es an der Zeit, das Rathaus zu betreten. Der Vogt, der seinen Wohnsitz im gegenüberliegenden Haus innehatte, war sicherlich bereits zugegen und würde die Befragung leiten.

Als Schneider endlich vor den Mitgliedern des Gerichtes stand, berichtete er in knappen Worten, wie er Georg Katz, der bei ihm als Bauernknecht gearbeitet hatte, in eindeutiger Situation im Stall erwischt hatte und dass bereits in den acht Tagen zuvor die Stalltüre immer wieder verschlossen gewesen sei. Das Ziel der Begierde des Burschen sei eine viereinhalb Monate alte Kalbin gewesen.

Allein damit gaben sich die Richter nicht zufrieden. Entscheidend für die Urteilsfindung war die Frage, ob es seitens des Katz zur Einführung seines Gliedes, dem „immissio membri", gekommen war und die Auslassung des Samens, „emissio seminis" oder die Einlassung desselben, „immissio seminis", vonstatten gegangen war, denn einige der Richter hielten die Einlassung des Samens für die Vollstreckung der Todesstrafe für unabdingbar, während andere die Meinung vertraten, einzig der Versuch und der Vorsatz zur Tat würden eine Todesstrafe rechtfertigen.

Dabei war es in Württemberg durchaus üblich, den Versuch, sofern noch keine immissio seminis stattgefunden hatte, nicht mit der Todesstrafe, sondern mit Pranger, Ohrenabschneiden, Stäuben oder Landesverweis zu ahnden.

Schneider gab sich daher alle Mühe, den Vorfall genau zu schildern und war erleichtert, als er das Rathaus endlich wieder verlassen durfte.

Auf eine Vereidigung des Schultheißen war zunächst verzichtet worden; allerdings sollte er sich weiterhin zur Verfügung halten.

Schneider hatte mit dieser Auflage des Gerichtes bereits gerechnet und daher beschlossen, die Nacht in Cannstatt zu verbringen. Da nicht alle Gasthäuser in der Stadt berechtigt waren, Fremde übernachten zu lassen, wollte er versuchen, außerhalb der Stadt im Gasthof „Roter Ochsen" zu nächtigen. Der Weg dahin führte ihn über die Marktstraße, durch das Neckartor und auf die hölzerne Brücke, unter der die Flößer ihrer Arbeit nachgingen. Gleich im Anschluss an die Brücke befand sich links der Gasthof, ein Eckhaus, in dem man schon seit dem Mittelalter nächtigen und seine Pferde wechseln konnte. Besonders bekannt war der Gasthof jedoch durch seinen Brunnen in der Gaststube geworden, in dem lebende Fische schwammen, die sich der Kunde heraussuchen und zubereiten lassen konnte. Diesen Genuss wollte sich Hannß Schneider heute gönnen.

Währendessen brütete Georg Katz in seinem Turm vor sich hin. Die Stunden verstrichen. Man hatte ihm Wasser mit reichlich eigenartigem Geschmack gebracht, woraufhin ihm der Wächter erklärt hatte, dass das Wasser in Cannstatt aus einer Quelle entspränge, die ganz besonders gutes Wasser führen würde, das sogar die Römer schon zu nutzen gewusst hätten.

Die Römer jedoch waren für Georg Katz nicht von Bedeutung. Er selbst stammte aus Rexingen, einem Flecken, der gut fünf *württembergische Meilen** südwestlich von Stuttgart in einem Seitental des Neckars lag und eine *Kommende** des Johanniterordens darstellte – und da wurde über die heidnischen Römer nicht geredet. Georg Katz glaubte sich zu erinnern, dass es in Rexingen ein altes Komtureigebäude gab, das mit dicken Mauern umgeben war und einen Turm besaß. Über dem Portal des Gebäudes befand sich ein Gedenkstein mit dem Wappen der Johanniter. Dasselbe Wappen zierte das 1609 renovierte Meiereigebäude. Früher hatten wohl die Komture ihren Sitz in Rexingen gehabt, aber bereits seit Mitte des 15. Jahrhunderts war dieser nach Hemmendorf verlegt worden und Rexingen wurde nur noch durch einen Amtmann betreut.

Georg Katz hatte Rexingen schon früh verlassen. Dennoch entsann er sich, wie er dort einst darüber belehrt worden war, sein Familienname könne jüdischen Ursprungs sein – eine Zusammenziehung des hebräischen *Kohen-zedek*, was soviel wie „Priester der Gerechtigkeit" bedeutete. Alternativ stellte die Katze aber auch ein Belagerungswerkzeug, also eine Steinschleuder oder ein bewegliches Schutzdach für Belagerer dar. Wenn er die Wahl hätte, so entschied Georg Katz, würde er diesen zweitgenannten Namensursprung für sich selbst bevorzugen. Aber letztlich wusste er die Herkunft nicht, denn schon in jungen Jahren war er mit den Soldaten herumgezogen. Er hatte allerhand erlebt, bis er schließlich in Rommelshausen gelandet war.

Längst war die Nacht hereingebrochen und Stille lag über der Stadt. Nur das Blasen des Turmwächters war hin und wieder zu vernehmen, das die vollendete Stunde verkündete. Der Stadtknecht hatte Georg zugetragen, dass der Turmwächter die Rolle des in anderen Städten üblichen Nachtwächters übernommen hatte. Er lebte mit seiner Familie in einer kleinen Wohnung auf dem vor Jahren aufgestockten Kirchturm und bewachte von dort aus die Stadt.

Ein Treppenturm führte zu der Wohnung hoch, die von einem Freigang und einem Geländer umgeben war. Anscheinend war im Turmausstieg das Symbol der Stadt, die Kanne, auf einer kupfernen Platte eingearbeitet, sodass man darauf stand, wenn man den Freigang betrat.

Georg Katz blieb in dieser Nacht lange wach.

Völlig übermüdet wurde er deshalb am nächsten Tag vor die Gerichtsverwandten im Oberamt gebracht. Sein Weg führte ihn dabei hinter das Rathaus an die Quelle der Sulz, die sich noch in der Stadt teilte, um anschließend in den außerhalb der Stadt liegenden Graben zu fließen und im Neckararm zu enden.

Kleine Knaben spielten hier mit Fröschen, die sie offensichtlich gefangen hielten und in das Gewässer der Sulz warfen. Zu Georgs großer Verblüffung lagen viele der Frösche jedoch tot im Wasser, sodass er sich entsetzt fragte, ob dieses außergewöhnliche Wasser vielleicht doch vergiftet sei.

Georg Katz konnte nicht wissen, dass dieses Quellwasser Mineralien enthielt, die für diese Tiere unverträglich waren. Außerdem hatte er keine Zeit, länger darüber nachzugrübeln, wurde er doch äußerst unwirsch weiter gezogen. Er schalt sich selbst, dass er sich auf solch unwesentliche Dinge konzentrierte, anstatt über sein eigenes Schicksal nachzudenken.

Wie kritisch die Lage für ihn stand, wurde ihm erst so richtig bewusst, als er sich im hellen Saal des Oberamtes befand. Aller Augen waren auf ihn gerichtet. Unabhängig von den Richtern befanden sich weitere sieben Männer im Saal, die seiner Befragung zuhörten. Es war die so genannte „Besiebnung", eine Befragung durch sieben ehrbare

Bürger der Stadt, die ihren Ursprung in alter Zeit fand, als es möglich war, den Täter anhand von sieben direkten Tatzeugen zu verurteilen.

Georg Katz beantwortet alle an ihn gestellten Fragen ehrlich und höflich. Ja, er hieß Georg Katz und stammte aus Rexingen. Ja, er hatte Unzucht mit dem Kalb getrieben und ja, er hatte dazu auch die Türe verschlossen.

Die Richter entschieden daraufhin, den Fall schon jetzt an die Juristenfakultät in Tübingen zu senden und um weitere Weisung zu bitten.

Würden noch zusätzliche Ermittlungen erforderlich sein?

In miserablen Zeiten wie diesen hatten die Oberen der Stadt genügend anderes zu tun. Für sie war die Täterschaft offensichtlich und sie wünschten sich ein hartes Durchgreifen, um endlich wieder für Ordnung sorgen und die Leute zu Moral und Sitte anhalten zu können. Nicht umsonst hatten sie den Bürgern der Stadt Tanz und Aufspiel verboten und Strafen verhängt, als manch einer glaubte, dieses Verbot bei einer Hochzeit ignorieren zu können. Nein, die Leute mussten fest an die *Kandare** genommen werden.

Doch die Juristen waren nicht bereit, eine derart schnelle Entscheidung zu treffen, sondern forderten in einem Schreiben auf, noch einmal das Alter des Täters zu überprüfen und den Rommelshausener Schultheißen auf seine getane Aussage hin zu vereidigen.

Zwar stellte sich bei näherer Betrachtung tatsächlich heraus, dass Georg Katz nicht, wie von ihm selbst angegeben, achtzehn Jahre alt war, sondern erst sechzehn, doch waren sich die Richter darin einig, dass dieser Umstand keine weitere Bedeutung hatte.

Von wesentlich größerer Tragweite war die Vereidung des Schultheißen. Wieder wurde er von Rommelshausen herbeizitiert und auf den Stellenwert seiner Aussage hingewiesen. Seine Angaben würden entscheiden, ob Georg Katz leben oder sterben würde.

Hannß Schneider kämpfte mit sich. Durfte er zu Gunsten des Jungen eine falsche Aussage leisten und somit selbst eine schwere Straftat, eine Sünde begehen? Nein, die Antwort war klar: Er musste die Wahrheit beeiden und noch einmal aussagen, was er gesehen hatte.

Erneut wurde nun die Akte zur Entscheidung an die Juristenfakultät eingereicht und Hannß Schneider nach Hause entlassen.

Die Tübinger Juristen sahen, ebenso wie die Cannstatter Richter, in diesem Fall jedoch nicht nur das Problem der Verurteilung des Georg Katz, sondern auch das Dilemma mit dem Kalb.

Bereits in der Bibel wurde geboten, dass *„du nicht zweierlei Vieh sich begatten lassen sollst und dein Feld nicht mit zweierlei Samen besäen, und kein Kleid auf deinen Leib kommen soll, das aus zweierlei Fäden ist"*.

Grund für diese Anordnung war die auch im Fall des Georg Katz vorherrschende Meinung, dass Mensch und Tier gemeinsame Nachkommen zeugen könnten – die so genannten Mischwesen, vor denen sich die Menschen maßlos fürchteten. Man wusste aus der Geschichte, dass schon immer Tiere gezeugt worden waren, deren Körper der eines Kalbes, der Kopf hingegen der eines Mannes war. Wie anders als durch Sodomie hätte dies geschehen sollen?

Es wurde daher im Alten Testament gefordert, ein solches Tier zu töten und auch die Peinliche Halsgerichtsordnung machte hierin keine Ausnahme. Das Tier als Mittäter, dem ein verbrecherischer Wille unterstellt wurde, müsste gewissermaßen einem eigenen Prozess unterworfen, gegebenenfalls verurteilt und öffentlich hingerichtet werden.

Die biblische Anordnung zur Tötung des Tieres galt ferner der Sorge um die Verunreinigung des Kalbes durch die männlichen Spermien. Außerdem sollte absolut jede Erinnerung an das Verbrechen ausgelöscht werden, weshalb diese Tiere auch häufig lebendig begraben, wenn nicht gar verbrannt wurden. Das Land sollte auf diese Weise von der sündhaften Befleckung befreit werden. Es war ein Relikt aus uralten Zeiten, in denen auch bei der Vergewaltigung einer Frau die anwesenden Tiere getötet und das Haus, in dem der Missbrauch stattgefunden hatte, zerstört worden war.

Es stand somit für die Cannstatter Richter außer Frage, dass das Kalb hingerichtet werden musste, zumal Ankläger, Eigentümer und Geschädigter in Hannß Schneider identisch waren und es folglich auch in seinem Interesse lag, ein derart beschmutztes Tier aus der Welt zu schaffen; obwohl natürlich bekannt war, dass die Eigentümer solcher Tiere, die gerade in jenen Zeiten äußerst kostbar waren, diese nicht selten noch vor dem Gerichtsverfahren an Unwissende verkauften oder in eine entfernte Region eintauschten, um den materiellen Schaden gering zu halten, wenn sie den sodomitischen Akt nicht gar gänzlich verschwiegen. Denn mit einem, wenn auch rechtlich anerkannten Schadensersatz für das Kalb, war von den Delinquenten nur selten zu rechnen – der inhaftierte Knecht Georg Katz stellte da sicherlich keine Ausnahme dar.

Nun galt es abzuwarten, wie die Juristenfakultät reagieren würde.

Am 2. Juli 1650 hatten sich die Juristen schließlich entschieden und ihr Urteil begründet. In ihrem Schreiben begrüßten sie die Richter zunächst in aller Form und erwähnten noch einmal kurz

„… dass Georg Katz von Rexingen bei Horb gebürtig, seinem Vorgeben nach 18 jährigen Alters, nicht allein seiner gütlichen Examination, sondern auch in der Besiebnung gutwillig bekennt, auch ob der Tat ergriffen worden, dass er mit einer anderthalb viertel jährigen Kälbin abscheuliche unnatürliche Unzucht getrieben, zu welchem er auch die Türen hin und her verschlossen und dieses acht Tage lang continuiert …“

Es wurde berichtet, wie sein Meister Hannß Schneider den Bauernknecht bei dieser Tat erwischt und dies zunächst mittels summerischer, ohne Eid getaner Aussage erläutert und dann auch beeidigt habe.

Es wurde auf die Peinliche Halsgerichtsordnung Art. 116 verwiesen, in dem es hieß: *„So der Mensch mit einem Viehe, Mann mit Mann, Weib mit Weib, unkeusch treiben, die haben auch das Leben verwirkt. Und man soll sie der gemeinen Gewohnheit nach mit dem Feuer vom Leben zum Tode richten.“*

Die Abweichung vom Feuertod war nach gültigem Rechtsgebrauch nur dann gestattet, wenn die mögliche Alternative im Verhältnis zur Feuerstrafe stand. Gebräuchlich waren hierbei die Strafe der Vierteilung oder das Rädern. Nur konkrete Milderungsgründe konnten diese Strafen verhüten.

Insoweit war es von enormer Bedeutung, was die Juristen weiter erläuterten: *„... So haben wir doch dieser Tags angesehen, dass Peinlich Beklagter in seiner Jugend von den Soldaten weggeführt worden war, allerlei Schand und Laster, wie es beim Kriegswesen geschieht, gesehen und gehört hat und zu dergleichen verleitet worden ist. Auch wird beachtet, dass er erst 16 Jahre alt sein soll und somit minderjährig, wodurch ihm die Strafe um etwas zu mildern seie.“*

Es war nicht unbedingt von juristischer Bedeutung, ob Georg Katz sechzehn oder achtzehn Jahre alt war, denn die Volljährigkeit war im Allgemeinen erst im Alter von fünfundzwanzig Jahren erreicht, sofern der oder die Betreffende nicht schon vor Erreichen dieser Altersgrenze heiratete beziehungsweise den elterlichen Hof übernahm und somit vorzeitig den Status des „Erwachsenseins“ erreichte.

Georg Katz würde somit aufgrund seiner schwierigen Kindheit und seiner Jugend durchaus auf Milderungsgründe hoffen können, wenngleich diese wohl nicht in einem solchen Maße ausfallen würden, wie es ihm sicherlich viele gewünscht hätten.

Und obwohl Art. 104 der Peinlichen Halsgerichtsordnung dem Richter verbot, peinlich zu strafen, wenn das kaiserliche Recht solche Strafen, wie im Falle der Sodomie, nicht vorsah, entschieden nicht nur die württembergischen Richter, sich in Fällen der Sodomie auf die Bibel anstatt auf weltliche Gesetze zu berufen.

Es erging daher folgendes Urteil:

„In Peinlicher Rechtfertigung sich haltend zwischen unseres gnädigsten Landesfürsten und Herrn Anwalten, Klägern eins, entgegen und wider Georg Katzen von Rexingen bei Horb, Peinlich Beklagten andern Teils, ist auf Klag und Antwort einkommener Kundschaft, des Peinlich Beklagen eigener Bekenntnis, auch all anderer gerichtlich geschehenen Fürbringen, nach genommenem Rechtssatz, genommenem Bedacht und gehabtem Rat mit Urteil zu Recht erkannt, dass Peinlich Beklagter wegen begangener abscheulicher Missetat, dem Scharfrichter an sein Hand und Band geliefert, vom selbigen an gewöhnlicher Richtstatt geführt, mit dem Schwert vom Leben zum Tode gerichtet, nachgehends sein toter Körper zu Aschen verbrannt werden solle, alles ihm zur wohlverdienter Strafe und anderen zum abscheulichen Exempel.“

Hannß Schneider, Pfarrer Hitzler und der Schulmeister Cost waren unter den vielen Zuhörern, die vor dem Rathaus standen und das Urteil, das der Stabhalter mangels einer Treppe aus dem Erker auf der linken Rathausseite verkündete, mit ernsten Gesichtern vernahmen.

Abb.: Richtschwert
© Heimatmuseum Veringenstadt
(Stadt Veringenstadt, Foto: Fröhlich)

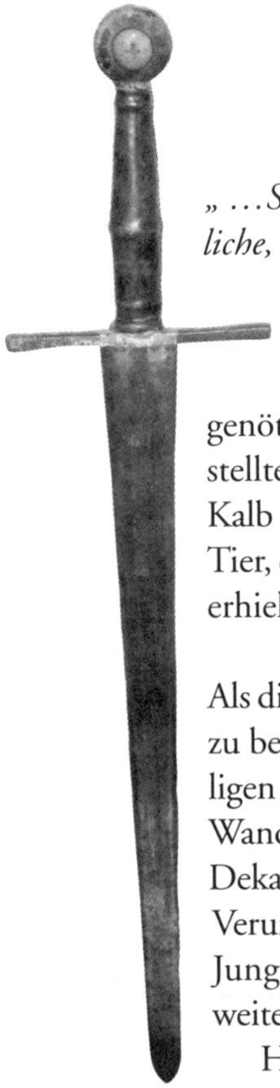

Georg Katz konnten sie, aufgrund der großen Menschenmenge, nicht entdecken, aber sie ahnten, wie er sich fühlen musste.

Allerdings wartete die Menge vergeblich darauf, dass der Stabhalter den Stab brechen und das Urteil somit rechtsgültig würde. Was war nur los? Doch da fuhr der Redner bereits fort:

„... Schließlich ist auch jenige Kalbin, damit peinlich Beklagter die abscheuliche, widernatürliche Unzucht vollbracht hat, durch den Nachrichter umzubringen und zugleich mit dem Beklagten zu verbrennen."

Ein Raunen ging durch die Menge und auch Hans Cost fühlte sich genötigt, den Schultheiß darüber aufzuklären, welch enorme Gunst es darstellte, dass Georg Katz zunächst mit dem Schwert gerichtet und auch das Kalb nicht lebendig verbrannt wurde, wie es ansonsten gebräuchlich war. Das Tier, das üblicherweise exakt dasselbe Schicksal des Sodomiten teilen musste, erhielt nun offenbar in diesem Falle auch dessen Strafmilderung.

Als die Menschenmenge sich langsam vom Rathaus hinweg auf das Neckartor zu bewegte, konnte Hannß Schneider einen kurzen Blick auf seinen ehemaligen Bauernknecht werfen und bemerkte dabei, wie dieser gebannt auf das Wandgemälde über der Kirchentüre starrte. Der Cannstatter Pfarrer und Dekan Magister Fredericus Kies, der in Begleitung seines Diakons Andrae den Verurteilten auf seinem letzten Gang begleitete, sagte daraufhin etwas zu dem Jungen, das diesen veranlasste, weiterzugehen.

Hannß Schneider, der inzwischen selbst im dichten Gedränge auf Höhe der Kirche angelangt war, erkannte dort, was Georg Katz so beeindruckt hatte. Auf dem Bild war Christus zu sehen, der sein Kreuz schwer in Richtung des Cannstatter Galgens schleppte, umgeben von der weinenden Maria, den Schergen des Gerichts, einem Hohenpriester, Johannes und Veronika mit ihrem Schweißtuch.

Abb.: Enthauptung auf einem provisorischen Schafott aus dem „Weisskunig" Maximilians I., erste Hälfte des 16. Jahrhunderts

Die neugierige Menschenmenge zog es indes aus Cannstatt hinaus an die Ufer des Neckars, vorbei an der kleinen Insel mit dem *Wasen** der Sailer und weiter zur Richtstätte.

Für den Galgen, der oberhalb Cannstatts, an der Prager Landstraße und in direkter Sichtweite zum Stuttgarter Galgen auf der Feuerbacher Heide zu sehen war, interessierte sich heute niemand. Eben sowenig für den zweiten Galgen an der Waiblinger Grenze, der, wie überall, weithin sichtbar zur Abschreckung des Gesindels aufgestellt war.

Cannstatt, direkt am Kreuzungspunkt wichtiger mittelalterlicher Fernhandelsstraßen gelegen, bedurfte zweier Galgen, um dem zahlreichen unliebsamen Gelichter, das in die Stadt drängte, von beiden Richtungen drohen zu können. Doch heute würden die Galgen keine Verwendung finden.

Als Hannß Schneider am Neckarufer stand, wanderte sein Blick von der Mühle zu seiner Rechten hinüber zum Badehaus auf der linken Seite. Wenn der Junge doch nur ... Aber es war zu spät.

Der Henker stand mit seinem Knecht auf der Köpfstätte am steinigen Flussufer[2] bereit und der Pfarrer sprach mit dem Jungen ein letztes Gebet. Das Holz war aufgeschichtet. Irgendwo hörte man das verstörte Kalb hilflos muhen.

Die Unterscheidung zwischen der Enthauptung mit dem Schwert, im Vergleich zu Hängen, Verbrennen, Ertränken und Lebendigbegraben bestand darin, dass nicht den Naturkräften die Tötung des Verbrechers überlassen wurde, sondern der Mensch direkt und mit von ihm gefertigten Gegenständen den Tod verursachte. Abgesehen davon vertrat man die Auffassung, die Lebenskraft habe ihren Sitz im Kopf und könne auf diese Weise zerstört und vom Körper getrennt werden.

Manche Todesurteile verlangten bei der Enthauptung ausdrücklich, dass aus dem Verurteilten zwei Stücke zu machen seien und beide Teile so voneinander separiert werden sollten, dass ein Zwischenraum entstand; das heißt, dass der Tod auch wirklich eingetreten war. Nur auf diese Weise konnte man absolut sicher sein, dass der Verurteilte nicht als „Wiedergänger“ oder „Untoter“ Rache an seinen Richtern nehmen könnte.

Das meistgebrauchte Instrument des Enthauptens war schon seit dem 16. Jahrhundert der so genannte Zweihänder, der dem Scharfrichter höchste Fertigkeit abverlangte. Mit einem einzigen Hieb musste er zwischen zwei Halswirbeln hindurch treffen und den Kopf vom Rumpf trennen. Ein Akt, der allerdings relativ häufig misslang, sodass Vergeltungsmaßnahmen der Hinterbliebenen zu fürchten waren, wie es vor gut zwanzig Jahren in Breslau geschehen war. Damals hatte der Henker die Verurteilte zunächst in die Achsel getroffen, dann in die Schulter und erst mit dem dritten Hieb in den Hals. Dies wiederum nur so leicht, sodass er den Kopf schließlich hatte abschneiden müssen. Und obwohl der Henker sich nach dieser Tat zunächst versteckt hatte, wurde er dennoch von der aufgebrachten Bevölkerung verfolgt und selbst zu Tode gesteinigt.

2 Im 19. Jahrhundert soll es „auf dem Kieswasen, über der Neckarbrücke beim Wasserhaus“ eine Hinrichtung gegeben haben, sodass an dieser Stelle möglicherweise auch das Schafott für Georg Katz aufgebaut worden war.

Um ähnliche Folgen einer Hinrichtung zu vermeiden, wurde darum die Unverletzlichkeit des Henkers immer wieder betont und dessen Missachtung unter schwere Strafe gestellt.

Eine Vielzahl an Menschen drängte sich zwischenzeitlich um den mit einer kleinen Mauer umzogenen Platz. Bürger und Tagelöhner, Kinder, Alte und Kranke – aber auch Bettler und Diebe, die eine günstige Gelegenheit darin sahen, sich in diesem Gedränge zu bereichern, mischten sich unter das erwartungsvolle Volk.

Sie alle hoben ihre Blicke zum Richtplatz, als man leise die beruhigenden Worte des Pfarrers vernahm, Georg Katz wandte sich noch einmal an den Henker, der hinter ihm stand, um vor dem „bösen Blick" des Verurteilten gefeit zu sein, wenn er den tödlichen Hieb ausführte. Wie erbeten, verzieh der Junge dem Scharfrichter in aller gegebenen Form seine todbringende Handlung.

Nun hob der Henker das Schwert, atemlose Stille setzte ein, dann ein Knirschen – der Rumpf erschlaffte und der blutende Kopf rollte auf die Plattform.

Das Volk schrie begeistert auf. Nur Vereinzelte starrten betroffen auf die Richtstätte, ein unangenehmes Gefühl im Nacken.

Doch erst als das Feuer entzündet war, die Flammen gierig am Holz leckten, um endlich rußig gen Himmel steigen zu können, kamen auch die weiter hinten Stehenden in den Genuss des Spektakels.

Hannß Schneider wandte sich ab. Er wollte es nicht sehen, den Geruch nach Blut und verbranntem Horn nicht riechen. Er hatte schon zu viele Tote erlebt.

Der Rommelshausener Pfarrer Johann Konrad Hitzler hielt jedoch bis zuletzt durch. Er wollte dem Verurteilten in seinen Gedanken beistehen, auch wenn sich der Anblick der Hinrichtung in seine empfindsame Seele brannte.

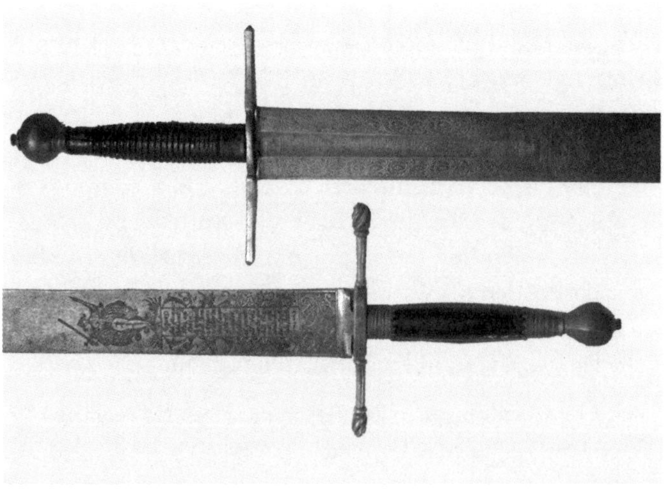

Abb.: Richtschwert oben, um 1600; Richtschwert unten, 17. Jahrhundert
Städtisches Museum im Kornhaus, Bad Waldsee
Stadtarchiv Bad Waldsee

Schließlich, an einem Sommertag des Jahres 1661, verschwand Hitzler gänzlich unerwartet und für immer aus seiner Gemeinde, in der er dreiundzwanzig Jahre lang sein Pfarramt vorbildlich geführt hatte. Es stellte sich heraus, dass ihm die Sünde des Ehebruchs mit Agnes, der Tochter des Schultheißen Hannß Schneider, nachgesagt worden war – eine „Tod"-Sünde.

Quellen: HStAS A 209 I Bü 753

Abb.: Inschrift Richtschwert Bad Waldsee, 17. Jahrhundert
Vorderseite – nicht abgebildet - :
„Wenn ich thue mein Schwert aufheben,
so wünsche ich dem Armen Sünder Das Ewige Leben.
Dieses Schwert ist gewäzt und Ich darzu gesäzt
Von gott und oberkeiten zu straffen boßse Leutte."

Rückseite:„Ihr verfluchte mensche Kinder
unbusfärtige frävel Sünder
schau aufs Ende was für Straffen träffen wird Dich Sünden Schlaff
Ich Das wärck Züg glaube mir
treibe keinen Spaß mit Dir
Ich muß straffen das verbrächen
als wie Recht und Richter sprächen"
Stadtmuseum Großsachsenheim, Leihgabe des Städtischen Museums Bad Waldsee, Foto: C. Müller

Familienbande

Stockheim, Frühjahr 1590

Sie lag auf dem Boden, zu schwach, sich zu erheben. Die Schmerzen lähmten sie, nahmen ihr den Atem. Das einst glänzende Haar wirr und stumpf. Ihr Blick irrte ziellos umher, erfasste die Menschen nicht, die sie zu erreichen suchten…

Helles Entsetzen breitete sich in Windeseile in dem kleinen Flecken aus. Die Nachricht war unfassbar! Nicht hier, nicht hier in Stockheim, dem Bollwerk des Katholizismus.

Es konnte, durfte nicht sein! Die Gerüchteküche brodelte und kochte.

Ursache der grenzenlosen Bestürzung waren die Geschehnisse um Dietrich Müller, einem hiesigen Familienoberhaupt, der mitsamt seiner Tochter urplötzlich verschwunden war.

Es hieß im Flecken, die beiden hätten sich auf eine längere Reise begeben – aber wer begab sich schon auf eine Reise, wenn daheim die Arbeit drängte, zumal es jetzt, Anfang des Sommers 1589, für jeden anständigen Bürger unabdingbar war, sich um seine reifenden Felder und die grünenden Weinberge zu kümmern?

Allerdings, wenn die Gerüchte tatsächlich zutreffen sollten, gab es für den Müller natürlich Wichtigeres als die landwirtschaftliche Arbeit.

Stockheim war ein kleines Dorf im Zabergäu, am Fuße des Heuchelberges. Einst hatte es den Herren von Stockheim gehört, war dann aber, ebenso wie das etwas erhöht liegende Schlösschen Stocksberg, im 14. Jahrhundert in den ausgedehnten Besitz des Deutschen Ordens gelangt. Dieser Orden, dessen Aufgabe ursprünglich karitativen Zwecken gedient hatte, war später zum geistlichen Ritterorden erhoben worden. Er hatte unter anderem den Osten kolonisiert und dort den Deutschordensstaat gegründet. Doch auch hier, im Heiligen Römischen Reich, vor allem in Süddeutschland, besaß der Orden erheblichen Grundbesitz.

So war Stocksberg und mit ihm der Flecken Stockheim schon bald zur Kommende, einer ritterlichen Niederlassung, erhoben worden, dessen Oberster neben der Vermögensverwaltung auch alle Befugnisse wie Landverteilung, Steuerwesen und Gerichtsbarkeit ausübte.

Bereits 1375 wurde Stocksberg jedoch mit der aufstrebenden Kommende Horneck, einer Deutschordensburg in Gundelsheim am Neckar, vereint und im Amt Stocksberg ein Amtmann eingesetzt.

Ordensoberer des Deutschen Ordens war der Hoch- und Deutschmeister, ein Reichsfürst, der seit 1525 im Ordensmittelpunkt Mergentheim residierte. Seine Einkünfte bezog er aus dem so genannten Meistertum, einem Gebiet, das ihm direkt unterstand und zu welchem sowohl die Gegend um Mergentheim, als auch die um Neckarsulm und Gundelsheim zählte.

Untergliedert war das Meistertum in einzelne Ämter wie Neckarsulm oder Stocksberg mit dem Flecken Stockheim.

Stockheim war somit eine Ordensenklave inmitten des großen, inzwischen reformierten Herrschaftsbereichs der Württemberger und von diesem weitgehend unabhängig, da nach allerlei Differenzen schon zu Beginn des 15. Jahrhunderts festgelegt worden war, dass die Stockheimer künftig keine Steuern, Schatzungen oder Dienste für Württemberg mehr zu leisten hätten, mit der einzigen Ausnahme von sechs *Malter* Haber** pro Jahr, die die Stockheimer Herrschaft an Württemberg zu liefern hatte.

Das Leben in Stockheim unterschied sich nicht wesentlich von dem der angrenzenden Dörfer oder dem des nahen Städtchens Brackenheim. Die Ortschaften lagen eng beieinander und die Probleme waren dieselben. Krankheiten, Klima und Hungersnöte kannten keine regionalen Grenzen. Die Bauern lebten hier wie dort zu großen Teilen vom Weinbau und hatten dieselben Wetterverhältnisse.

Was trennte, war einzig die Herrschaft mit ihren unterschiedlichen Gesetzen und die Religion.

Und ausgerechnet hier sollte nun der Tatort eines derart obszönen, widerlichen Geschehens gewesen sein?

Das ganze Dorf stand Kopf. Jeder tuschelte hinter vorgehaltener Hand mehr oder weniger deutlich. Die Meinungen klafften weit auseinander. Dennoch waren sich darüber alle einig: Blutschande war eines der abscheulichsten Verbrechen, das sie jemals hier im Ort erlebt hatten!

Doch konnte es wirklich wahr sein? Warum hatte man nichts davon bemerkt? Warum hatte das Mädchen nie etwas darüber verlauten lassen?

Argwöhnisch wurde der im Ort verbliebene Teil der Familie beäugt. Hatten Mutter und Bruder tatsächlich nichts von der Tat gewusst?

Die Ansichten schwankten, die Stimmung im Dorf war aufgewühlt. Es gab kein anderes Thema mehr, sodass selbst die unbändigen Kinder in den Gassen „Gericht" spielten, bis sie von den erbosten Müttern ein paar kräftige Ohrfeigen verpasst bekamen. Der ganze Ort war außer sich.

Es währte nicht lange, da bekam der nachbarliche Klatsch neue Nahrung. Man hatte erfahren, dass Vater und Tochter nicht nur Inzest getrieben hatten, sondern Margaretha bei dieser schändlichen Tat sogar geschwängert worden sei – und bevor man der beiden hatte habhaft werden können, waren sie völlig überraschend aus dem Flecken verschwunden, lediglich eine heftige Summe Schulden zurücklassend, die nun von der Ehefrau und Mutter beglichen werden sollte.

Zu diesem Zweck wandte sich die energische Frau an den zuständigen Amtmann des Deutschordens Dieterich Conradt, der auf dem Stocksberg residierte. Sie bat ihn, ihr den Verkauf eines Teils ihrer Güter zu gewähren, damit sie in der Lage sei, die Schulden in Höhe von zweihundert Gulden begleichen zu können.

Der Amtmann, der das Vermögen der Müllerin auf insgesamt sechshundert Gulden schätzte, erkundigte sich deshalb bei dem Komtur zu Horneck, ob ein derartiger Handel erwünscht sei.

Anfang August erhielt er die Nachricht, er solle den Verkauf zwar tätigen lassen und die Schulden begleichen, das übrige Geld aber hinterlegen. Bis auf weiteren Bescheid sei weder dem Mann, noch dem Weib oder dem Sohn etwas davon auszuhändigen.

Die Müllerin musste sich widerwillig damit zufrieden geben.

In den kommenden, arbeitsamen Monaten legte sich im Flecken die Aufregung um Dietrich Müller und seine Tochter schließlich ein wenig. Der Wein musste gelesen und die Ernte eingebracht werden. Der Alltag verdrängte die Gedanken der Stockheimer an den Müller und die Sorgen um die kleinen Dinge des Lebens gewannen die Oberhand.

Doch Dietrich Müllers Weib ließ nicht locker. Zwar hatte sie ihre kostbaren Güter längst verkauft, hingegen noch immer keinen einzigen Gulden davon erhalten. Also stieg sie erneut den steilen Weg zum Schloss hoch und drängte den Amtmann aufgebracht zur Herausgabe ihres Geldes.

Conradt wagte allerdings auch diesmal nicht, eine eigene Entscheidung zu treffen und suchte Rat im vorgesetzten Mergentheim, von wo ihm Mitte November die Anordnung erteilt wurde, das Geld nach wie vor einzubehalten. Eine Weisung, die Dietrich Müllers Hausfrau zutiefst erzürnte.

Doch noch im selben Monat brachte die Ankunft des Hannß Mahler, eines Einwohners aus Zaisenhausen, die Frau auf andere Gedanken und neues Licht in den ungeklärten Fall.

Zaisenhausen war ein befestigtes Dorf an der Geleitstraße zwischen Bretten und Eppingen, auf dem Weg nach Heilbronn gelegen. Aufgrund der hohen Bedeutung dieser Handelsstraße hatten die Landesherren den Reisenden Bewaffnete zur Seite gestellt, die diese beschützen und begleiten sollten. In Zaisenhausen selbst hatten die Fremden Gelegenheit zur Übernachtung und gingen gerne durch eines der beiden Tore in den Flecken mit seinen rund fünfhundert Einwohnern, seinen zwei Mühlen und den beiden Kirchen.

Der Ort stand hauptsächlich unter württembergischer Herrschaft, obwohl auch die Kurpfalz noch alte Rechte ihr Eigen nannte.

Der Deutschorden allerdings besaß keinerlei Hoheitsgewalt in dem Flecken, was möglicherweise, so rätselte man nun in Stockheim, mit ein Grund war, weshalb sich Dietrich Müller mit seiner Tochter dort aufgehalten hatte, wie Mahler zu berichten wusste. Außerdem war der Flecken bekanntermaßen hervorragend dafür geeignet, eine längere Rast auf dem Weg in die Reichsstadt Heilbronn einzulegen.

So mancher fragte sich deshalb, was Dietrich Müller denn wohl weiter vorhabe …

Hannß Mahler jedenfalls war im November des Jahres 1589 in Stockheim erschienen und hatte sein Anliegen dem derzeit tagenden Gericht vorgebracht.

Doch nicht nur er, auch Margaretha Müllers Mutter hatte diesen Tag zum Anlass genommen, um beim Gericht vorzusprechen.

Der Stockheimer Amtmann berichtete deshalb am 28. November 1589 an seinen Komtur zu Horneck, wie an vergangenen Tagen, als er auf Befehl seines gnädigen Herrn Statthalters, Melchior Jäger, etliches Geld nach Stuttgart habe liefern sollen und deshalb von Stockheim abwesend war, ein Hannß Mahler aus Zaisenhausen im Flecken eingetroffen sei. Mahler habe dort berichtet, dass sich Dietrich Müller mitsamt seiner Tochter an die sechs Wochen lang bei ihm aufgehalten habe und dadurch zehn Gulden schuldig geworden wäre. Er wolle diese Schulden nun beim ohnedies derzeit versammelten Gericht in Stockheim einklagen.

Unter anderem habe der Mahler dem Stockheimer Gericht mitgeteilt, dass gedachter Dietrich Müller mehrmals ohne Scheu habe verlauten lassen, er wolle diesem Flecken alles Leid zufügen und womöglich in Brand stecken.

Daraufhin habe sich das Gericht im Namen des ganzen Fleckens bei ihm, dem Amtmann, höchlich beschwert, beklagt und die Bitte angebracht, dem Komtur dies untertänig zu berichten, damit Unglück mit zeitigem Rat vorgebeugt werden möchte.

Es habe damals auch des genannten Müllers Weib das Gericht versammeln lassen und von demselben endlich Bescheid begehrt, ob man ihr das ihrige Vermögen zukommen lassen wolle oder nicht, damit sie sich darauf einrichten könne.

Daraufhin habe das Gericht erklärt, dass es mit der Sache nichts zu tun habe, sondern dies eine Angelegenheit der Obrigkeit sei. Das Gericht habe aber nicht unterlassen wollen, ihretwegen bei ihm, dem Amtmann, anzuhalten.

Dieterich Conradt führte weiter aus, er könne sich durchaus vorstellen, dass das Weib das Geld nicht ohne Grund einfordern würde und möglicherweise über den Aufenthalt ihres Mannes Bescheid wisse.

„… alß habe ich solches an e. e. vnnd hrn. Unnderthenig berichten vnnd vmb gönnstigen beschaidt pitten sollen, thue dieselb hiemit den gnaden Gottes zue langwüriger glückhlicher gesundthait vnnd deren zue gunsten mich alzeit vnndethenig empfellen.
Datum den 28.ten Novembris 1589
E.e. vnnd hr. vnndertheniger gehorsamber vnnd gantz williger amptmann
vf Stockhsberg Dieterich Conradt.“

In der Zwischenzeit schien auch der Hauskomtur zu Horneck zu diesem Schluss gekommen zu sein, denn nun bat er selbst Ende November bei seinem Vorgesetzten um Rat, wie mit der Hausfrau umzugehen sei, da gleichwohl die starke Vermutung bestehe, dass des Müllers Weib um das hochsträfliche Leben der beiden Wissen gehabt und ihnen noch dazu Hilfe und Vorschub geleistet habe.

Derweil hatte sich herausgestellt, dass der gesuchte Dietrich Müller wahrhaftig in der Freien Reichsstadt Heilbronn Unterschlupf gefunden hatte; einer Stadt, die nicht nur direkt dem Kaiser des Heiligen Römischen Reichs unterstand, sondern auch erhebliche

Besitzungen des Deutschen Ordens aufwies. Der Orden nannte hier eine Kommende sein eigen, was insbesondere seit der Reformation zu ständigen Rivalitäten zwischen der Stadt und dem Deutschen Haus geführt hatte.

Der Kommende Heilbronn übergeordnet war die Ballei Franken, eine der zwölf Ordensprovinzen und somit oberste Verwaltungseinheit, deren Landkomtur in Ellingen seinen Sitz hatte.

Doch obwohl die Landkomture ihre Balleien relativ selbständig verwalteten, unterstanden auch sie dem Hoch- und Deutschmeister in Mergentheim.

Auch die Gerichtsbarkeit des Deutschhofes lag seit jeher, sehr zur Verärgerung der Heilbronner Bürger, beim Orden. Einem Straftäter, der demnach von der Stadt Heilbronn verfolgt wurde, war es ohne Weiteres möglich, im Territorium des Ordens Asyl zu finden – aber auch umgekehrt.

Um diesbezüglichen Missbrauch zu verhindern, hatte König Karl IV. bereits im 14. Jahrhundert bestimmt, dass lediglich Schuldner oder Täter ohne Vorsatz das Asylrecht der Stadt, beziehungsweise des Ordens, in Anspruch nehmen durften, Schwerverbrechern, wie Dietrich Müller einer war, sollte es dagegen verweigert werden.

Möglicherweise hatte jener, als er sich nach Heilbronn absetzte, von dieser bedeutenden Klausel nichts geahnt oder er hatte von den Diskrepanzen zwischen der Stadt und dem Orden erfahren, die schon seit vielen Jahren gärten, und sich deshalb vor etwaigen strafprozessualen Maßnahmen völlig sicher gefühlt.

Vermutlich war er in diesem Gefühl noch durch das Gerede über den aktuellen Streit zwischen dem Orden und der Stadt bestärkt worden, die gegen den Willen des Komturs einen Bau am Neckar mit Gewalt und der Hilfe von zweihundert Bürgern durchgesetzt hatte. Eine Vorgehensweise, die allerdings in Heilbronn üblich war und auch vom Komtur in dieser Form betrieben wurde.

Dennoch hätte Müller wissen müssen, dass gerade 1589 die Stadt viel für den Orden getan hatte.

Der abgesetzte Heilbronner Komtur Konrad von Knipping hatte in der Nacht des 18. Februars die Unverfrorenheit besessen, das Deutsche Haus in Heilbronn mit einer ganzen Reitertruppe zu überfallen, zu besetzen und das Barvermögen sowie Wertgegenstände und Papiere auf ein Schiff bringen zu lassen. Als die Stadt letztlich auf Befehl Kaiser Rudolfs II. beherzt eingriff und Knipping aus dem Deutschen Haus warf, konnte durch diesen Einsatz das beträchtliche Vermögen des Ordens gerettet werden.

Heilbronn, zwar einige Meilen von Stockheim entfernt, war daher für Dietrich Müller kein allzu günstiges Versteck.

Das Asylrecht, auf das er möglicherweise spekuliert hatte, stand auf wackligen Beinen, denn der Orden war keineswegs bereit, einen Straftäter mit derart hohem kriminellem und unmoralischem Hintergrund ungestraft entkommen zu lassen. Noch dazu, wenn er dem Orden gewissermaßen vor der Nase herumtanzte.

Auch grenzten die Gebiete des an der Ostseite des Neckars und südlich des Flüsschens Sulm gelegenen Amtes Neckarsulm, das seit beinahe einhundert Jahren als Verwaltungssitz des Deutschen Ordens diente, direkt an die Heilbronner Markung an.

In diesem nahe gelegenen Verwaltungssitz des Ordens beschloss man infolgedessen, ein Schreiben an den Hoch- und Deutschmeister Maximilian III. von Österreich mit der Bitte um Unterstützung aufzusetzen. Erzherzog Maximilian war der drittälteste Sohn des Kaisers Maximilian II., der vor über zwanzig Jahren verstorben war, und der jüngere Bruder des derzeit regierenden Kaisers Rudolf II.

Maximilian III. hatte lange Zeit die Polnische Krone getragen, übte nun aber die Regentschaft in Innerösterreich und Tirol aus, wo er konsequent die Gegenreformation vertrat.

Mit dem Zugeständnis dieses Ordensoberhauptes wurde am 21. Februar 1590 ein Schreiben an die Stadt Heilbronn aufgesetzt und um deren Amtshilfe gebeten:

„Ehrsame, liebe Besondere, unlängst vergangener Tagen hat unser Amtmann zum Stocksberg und getreuer lieber Dieterich Conradt aus empfangenen Befehl, unseren ausgetretenen und flüchtigen Untertanen Dietrich Müllern, um seiner Misshandlung und Übeltaten willen bei euch auf recht gefänglich einziehen gedacht. Wir haben jetzt in Erfahrung gebracht, dass er außer seinen Missetaten auch etliche Drohworte gegen die Unsrigen ausgesprochen hat und letztlich noch mehr Übels hinter ihm stecken möchte. Wie es dann im Heiligen Reich gebrauch, dass in dergleichen Fällen eine Obrigkeit der anderen solche misshältige Personen, aus Nachbarschaft und auf gewöhnliche Rückbestätigung, folgen lassen, begehren wir gnädiglich, ihr wollet angeregten Dietrich Müllern uns ausliefern und folgen.

Wir bieten auch, in dergleichen Fällen, wiederum auf euer Ersuchen, uns nicht weniger willfährig und nachbarlich zu erweisen.

Wir erwarten eure Antwort in Gnaden und euch gnädig willig zu erzeigen geneigt …"

Nur wenige Tage später erhielt man in Neckarsulm die Antwort, die an den *„Durchleuchtigsten hochwürdigsten hochgeborenen fürsten und herrn herrn Maximilian, erwölten zu könig in Poln, ertzherzogen zu Österreich, hertzogen zu Bürgündt & c., administratorn deß hochmeisterthumbs in Preussen, maister Theutsch Ordens, in Theutschen und welschen landen, graven zu Habspurg und Tyrol & unserm gnedigsten herrn"* gerichtet war.

Bürgermeister und Rat der Stadt Heilbronn erklärten sich hierin einverstanden, den Beschuldigten Dietrich Müller auszuliefern, sofern der Deutschorden sich, im Gegenzug und bei derartigen Straftätern, künftig gleichsam entgegenkommend verhalten würde.

Der gänzlich überrumpelte Müller konnte somit innerhalb kürzester Zeit festgenommen und im Bergfried des Deutschordensschlosses an der südwestlichen Ecke der Neckarsulmer Stadtmauer festgesetzt werden.

Bei seiner körperlichen Durchsuchung war jedoch ein Mannrechtsbrief entdeckt worden, der im dringenden Verdacht stand, gefälscht zu sein.

Ein solcher Mannrechtsbrief konnte von der jeweiligen Dorf- oder Stadtherrschaft unter anderem dann ausgestellt werden, wenn ein Einwohner den Wohnort wechseln wollte. Er galt sowohl als Leumundszeugnis wie auch als Bescheinigung seiner ehelichen Geburt. Bei Frauen wurde ein solches Schreiben deshalb auch „Geburtsbrief" genannt.

Ein Mannrechtsbrief war für einen Handwerker, insbesondere in den Städten, die unabdingbare Voraussetzung zur Ausübung eines ehrlichen Handwerks, denn ohne den Nachweis einer ehelichen Geburt war die Aufnahme in einer Zunft nahezu ausgeschlossen.

Wir Schulthaiß Bürgermaister Vnnd Gericht

Abb.: Mannrechtsbrief des Dietrich Müller (gefälscht); Auszug aus der Originalakte
Staatsarchiv Ludwigsburg B 269 Bü 83

„Mannrechtsbrief des Dietrich Müller von Stockheim:
Wir schulthaiß bürgermaister vnnd gericht deß fleckhens Stockhaim im Zabergay vnnder dem theütschen herrischen gebiet gelegen, bekhennen offenntlich vnnd thun khundt jedermeniglichen mit disem brieffe, das vff heüt dato als wir gerichts weiß, bei vnd mit ein ander versamlet gewesen vor vnns personlich erschinen vnnd khommen ist, der ersame Dietterich Müller, vnnser mit burger vnnd gemeinßman, weiser diß erzelendt, nachdem er vorhabens vnnd willens, vmb besserung seines nutzen vnnd zeittlicher nahrung zu gutem sich inn frembde ohrt vnnd landen, beneben seiner haußfraw vnnd khindern zu begeben vnnd niderzulassen, derowegen die notturfft erfordern würde seiner ehelichen geburt, sampt deren mit seiner haußfraw ehelichen gemeinschafft, auch erlichen halltens thun vnnd lassens urkhundt vnnd abschidt mitzubringen dessen halben für zu legen, hiemit dienstlichs fleiß gepetten haben wölle ime solches mit zu thailen, wan dan dise seine vleissige pitt, wir nit für uhnzimblich geacht, auch zu befürderung

der warhaitt kheinem solches abgeschlagen, sonder dem begerenden mitgethailt werden solle. Also sagen vnnd bekhennen wir derowegen bey vnnsern ampts vnd gerichts pflichten, auch so hoch vnns billich ein warhait zu sagen vnnd außzuschreyben gebürt, das ernandter Dietterich Müller von dem ersamen Hannsen Müllern vnnd Elisabetha beeden eheleüthen seeligen, die bei vnns zu kirchen vnnd strassen gangen, bürgerlichen bey vnns gewondt. auch in wehrender ehe, ine mitt ein ander erzeugt vnnd christlich erzogen, das er derowegen von meniglichen für ein recht ehekhindt gehalten würt, er Dietterich Müller hatt sich auch, so lang er bei vnnd vmb vnns gewont in ledigem vnnd burgerlichem standt jeder zeit uffrecht, redlich, fromblich, ehrlich, auch durchauß vnnd dermassen also erzaigt vnnd gehallten, das wir ime nichzit arges noch übels, sonder alle ehre, liebs vnnd guts nach zu sagen wissen, hetten ime auch waver es verrer sein glegenhait bey vnns zu wohnen gewesen, trew ehr vnnd aydt, vertraut, glaubt, vnnd thetten das auch noch, wie einem andern uhnversprochenen biderman, sintten mahl es aber dise glegenhait erlangt, so seyen wir herzlich genaigt, schuldig vnnd willig ine zu seiner wohlfarth nach vnnserm besten vermögen zu befürdern, welcher auch mit gegenwerttiger seiner haußfraw Elisabetha Joann Brentzlins Dochter von Gemerigkheim wie es sich christlicher ordnung nach gebürt bei vnns zu kirchen vnnd strassen gangen, das also von meniglichen für ein rechte ehe gehallten werden solle, er Dietterich Müller ist auch kheinem herrn mit der laib aigenschafft verwant noch zu gethon, sonder allerdings frey ledig vnnd loß, welcher auch mit guttem wissen vnnd bewilligen vonn vnnns abgeschiden, vnnd disen abschiedt erbarlich vnnd redlich mit sich genomen hatt, Gellangt derowegen ahn alle vnnd jede oberkhaitt, was würden, wesens, condition oder standt die seyen, vnnser underthönig dienstlich freündtlich vnnd fleissig pitten, die wollen obgenanten Dietterich Müllern, vmb seines besonders gelaisten wolhalltens wegen, inn hoher vnnd mehrer befürderung günstig lassen befollen sein, auch zu wasser vnnd landt, durch steht, dörffer, clausen vnnd passen, frei sicher vnnd unverhindert durch khommmen vnd passieren lassen, das begeren wir hinwider vmb eines jeden standts der gebür nach, unnderthönig dienstlich vnnd freündtlich zu beschulden vnnd zu verdienen. Dessen alles zu wahrem uhrkhundt, haben wir obgenante schulthais, Burgermaister vnnd gericht, weil wir aigens insigels nit gebreüchig, mit besonderm ernnst vnnd vleis gepetten vnnd erpetten, den ehrnhafften vnnd führnahmen Jonas Roth vnnserer gnedigen herschafft amptman vff dem Stockhsberg, das er sein aigen secret insigell offentlich hier ahn gehangen hatt, welches ich obgenanter amptman vmb fleissiger beschehenen pitt wegen (doch mir, meinen erben vnnd ampts nachkhommen inn allweg ohne schaden) gethon haben hiemit bekhennen thue. So geben vnnd beschehen montags den ersten tag monatz Septembris, nach Christi unsers ainzigen erlösers und seeligmachers geburtt zelendt fünffzehenhundert, achtzig und neun jahre."

Die Urkunde des Dietrich Müller wurde deshalb zunächst mit größter Skepsis betrachtet, letztlich jedoch eingehend überprüft und schließlich, obwohl das Schriftstück durchaus überzeugend gewirkt hatte, definitiv als Fälschung erkannt.

Inzwischen hatte der 25. Februar anno 1590 begonnen – ein Tag, der das Leben des Dietrich Müller grundlegend beeinflussen sollte.

Im Beisein des Doktors Dieterich Roth, des Stocksberger Amtmannes Dieterich Conradt, des vom Deutschorden eingesetzten Neckarsulmer Schultheißen Heinrich Rodenwaldt, des Bürgermeisters Jerg Metz sowie der Gerichtsverwandten Conradt Tromer und Hanß Zintzenhöffers wurde die Vernehmung eröffnet. Der Amtsschreiber Wolf Adam Reuß war ebenso anwesend, wie der Komenturschreiber zu Horneck, Dietrich Schaidt.

Dietrich Müller wurde von den Anklägern zunächst gütlich befragt und die Antwort, wie befohlen, fein säuberlich, schriftlich festgehalten:

Auf den ersten Frageartikel gab er sogleich an, mit seiner Tochter nichts Unzüchtiges getan zu haben; einzig die Anfertigung des falschen Mannrechtsbriefes gab er zu. Und dann verstummte er.

Dietrich Müller war zur Überraschung aller Anwesenden und trotz guten Zuredens nicht bereit, auf weitere Fragen einzugehen. Es war unfassbar!

Da die ihm vorgeworfenen Straftaten jedoch schwer wogen und die Anwesenden nicht gewillt waren, sich von dem Delinquenten zum Narren halten zu lassen, boten sie ihm die Möglichkeit einer ernsten Entscheidung an: Natürlich hatte er durchaus das Recht, auf seiner Aussage zu beharren, wenngleich mit dem Erfolg, dass die rechtmäßige Folter würde angewandt werden müssen; er konnte aber auch sofort aussagen und die ganze Angelegenheit dadurch vereinfachen und verkürzen.

Im Protokoll stand dazu:

„Dieweil er dann nicht mit der Sprach herausgewollt, ist er dem Nachrichter zur Tortur befohlen worden."

Für die Richter gab es aufgrund der kompletten Aussageverweigerung des Beschuldigten keine weitere Alternative, als diesen letztlich der peinlichen Tortur zu unterziehen. Es war die einzige gesetzliche Möglichkeit, einen verstockten Täter dazu zu bringen, seine geplante oder vollbrachte Tat zu gestehen. Eine Prozedur, die folglich für jeden durchaus verständlich und eine gerechte Vorgehensweise war.

Eiligst wurde der viel beschäftige Henker herbeizitiert, der mit seinem schwierigen Handwerk begann und dem Beschuldigten ausführlich die einzelnen Instrumente vorstellte und erklärte.

Schon bald war der widerspenstige Müller bereit, eine erste, vernünftige Darstellung zu tätigen.

Er unterbreitete, dass er während der Haferernte, als seine Hausfrau mit der Stocksberger Amtmännin nach Neckarsulm gefahren sei, bei seiner leiblichen Tochter gelegen habe. Seither sei dies aber nicht mehr geschehen.

Abb.: Folterung des Hans Spieß, 1503
aus der „Luzerner Chronik" des Diebold Schilling von 1513

Seine Aussage schien die Vernehmenden nicht sonderlich zu überzeugen, sodass der Henker angewiesen wurde, seine Tätigkeit fortzusetzen, bis der eigensinnige Vater weiter gestand, dass er noch einmal bei seiner Tochter in der Stube gelegen habe und es wohl sein könne, dass er sie mit einem Kind geschwängert und beladen habe.

Nach Ausweitung der Folter teilte der Gequälte unter Schmerzen zudem mit, dass er ein drittes Mal bei ihr zu liegen begehrt habe, sie dies aber nicht habe tun wollen.

Die Tortur wurde fachmännisch weitergeführt, stets darauf achtend, dass der Delinquent nicht vorzeitig das Bewusstsein verlor oder gar verstarb, bis schließlich alle wesentlichen Fragen der Richter beantwortet waren.

Das Protokoll lieferte später eine genaue Aufzeichnung der weiteren Erklärungen, die Dietrich Müller seinen Peinigern gegeben hatte.

So stand zu lesen, dass er zum vierten dem Flecken gar nicht gedroht, viel weniger zu beleidigen oder Schaden zu tun begehrt habe.

Zum fünften habe er bekannt gegeben, dass ihm Hanns Waller, ein Knabe aus Zaisenhausen, die Anleitung gegeben habe, das Mannrecht bei dessen Schwager Jonas Rott zu Untereisesheim machen zu lassen, welches geschehen sei. Dasselbige habe ihn mehr denn zehn Gulden gekostet. Gleichwohl habe der Jonas damals gesagt, er habe

Abb.: Gewichtsstein (10kg), der während der Streckfolter an die Füße des Angeklagten gehängt wurde
© Heimatmuseum Veringenstadt (Stadt Veringenstadt, Foto: Fröhlich)

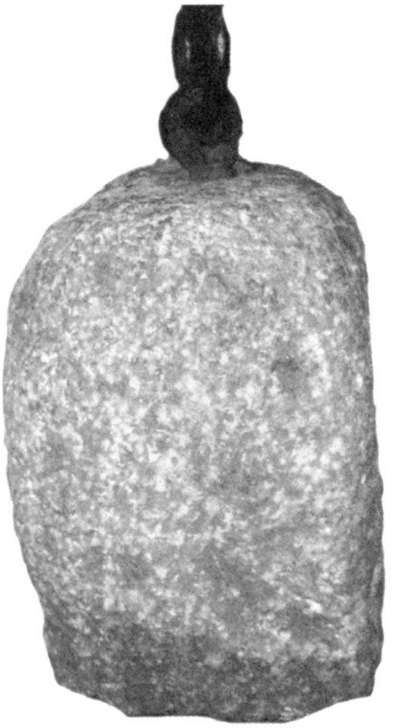

auch einmal eines gemacht, auf welches ihm aber Leib und Leben darauf gestanden habe. Darum solle er es geheim halten.

Zum sechsten habe er ausgesagt, dass ungefähr vor acht Jahren ein Wendell Franckh zu Stockheim erstochen worden sei und die Vermutung bestanden habe, dass ihn Michel Güntner entleibt habe, welcher dann des Fleckens verwiesen worden sei. Er, Dietrich Müller, habe sich auch mit der Witwe des Entleibten vertragen, sodass er deswegen bezichtigt worden sei. Damals wäre ihm aber Unrecht geschehen.

Im weiteren Verlauf der Vernehmung stellte sich durch die Antwort auf die siebte Frage heraus, dass sich Dietrich Müller tatsächlich mit seiner Tochter, wie in Stockheim schon lange vermutet wurde, in Mähren, einem häufigen Zufluchtsort der Dissidenten, aufgehalten hatte.

Wohl hatte man immer wieder darüber gemunkelt, dass die Müllers Dissidenten seien, aber sicher war sich diesbezüglich keiner gewesen. Die Anschuldigung wäre auch viel zu gefährlich gewesen, in einer Zeit, in der diese Glaubensanhänger oft verfolgt und verhaftet wurden.

Zweifeslohne wusste man hier in Stockheim nicht viel über diese Glaubensrichtung, doch was man gehört hatte, empfanden die Leute mehr als eigenartig.

Die Artikel dieser Andersgläubigen, so wurde zum Besten gegeben, befassten sich angeblich mit Themen wie der Verweigerung des Eides und der aus dem Eid resultierenden sozialen Abhängigkeit gegenüber ihrer Obrigkeit, insbesondere Kriegsdienst und Leibeigenschaft. Thema war aber auch der Aufruf zu einem Leben in Abgeschiedenheit, die Bildung einer Gemeinschaft der wahrhaft Gläubigen in Verbindung mit einer Aberkennung der Kirche als Staatsmacht und natürlich die Ablehnung der Kindestaufe. Selbstverständlich tauften auch sie, doch teilten sie die Auffassung, dass die Kindestaufe unbiblisch und daher ungültig sei und erst die Taufe, die persönlich begehrt werde, zu einer Aufnahme in die Gemeinde Gottes führen könne. Sie wehrten sich deshalb strikt gegen die Bezeichnung „Wiedertäufer", denn auch sie tauften jeden Menschen nur einmal – allerdings nicht im Säuglingsalter.

Für die Stockheimer war die Lehre der absoluten Gewaltlosigkeit und strengsten Ethik besonders interessant, die sie in Anbetracht der aktuellen Umstände ein wenig in Zweifel zogen. Unwillkürlich stellte man sich die Frage, was die Dissidenten unter diesem Gebot verstanden, wenn der Müller tatsächlich zu dieser Gemeinschaft gehören sollte und dennoch mit seiner Tochter Blutschande getrieben, diese möglicherweise gar vergewaltigt hatte.

Nachdem sich die Täuferbewegung in den letzten Jahrzehnten stark ausgebreitet hatte, war den „Brüdern in Christo", wie sie sich auch nannten, schon bald vorgeworfen worden, sie würden die Obrigkeit missachten und Aufruhr stiften. Infolgedessen kam es besonders in der Schweiz zu vielen Inhaftierungen und Vertreibungen.

In Württemberg dagegen wurden sie meist geduldet, solange sie nicht öffentlich in Erscheinung traten. Auch allzu grausame Sanktionen unterblieben hier in der Regel.

Dennoch fanden in Stockheim die erregten Gespräche kein Ende. Konnten die Müllers dieser Gemeinschaft angehören? Sollte das Mädchen in Mähren das Kind zur Welt gebracht und dieses womöglich ermordet haben? Vorstellbar wäre es – und letztlich ein plausibler Grund, weshalb die beiden ausgerechnet nach Mähren gereist waren.

Der Schreiber notierte hierzu, Dietrich Müller sei ungefähr elf Wochen mit seiner Tochter im Mährenland umhergezogen, wolle aber nicht gestehen, dass er sie in dieser Zeit beschlafen habe, noch bei ihr gelegen oder in Unehren mit ihr zu tun gehabt habe, aus Ursachen, weil sie krank und nicht wohlauf gewesen sei.

Zum achten und letzten habe er auch nicht gestehen wollen, so gab der Bericht preis, dass er seinem Kind ein Leid getan, noch viel weniger, ihm zum Sterben Ursache gegeben habe. Er habe auch gegenüber seiner Tochter Margaretha keine Andeutung getan, sie solle die empfangene Frucht verderben oder umbringen. Man solle seine Tochter darum fragen, sie sei zu Stuttgart bei einem Gipssieder.

Die Tat war gestanden und die Akte wurde weitergeleitet.

Doch Heinrich Rodenwaldt, der Neckarsulmer Schultheiß, hatte noch völlig andere Probleme.

Die Folterarbeit des Henkers und seines Knechtes war nicht günstig gewesen und auch die Unkosten für die Verpflegung des Häftlings mussten getragen werden. Wie lange sollte der Müller noch in Neckarsulm verbleiben und auf Kosten der Stadt leben? Wann würde das Urteil gefällt werden?

Noch einmal nahm er also die Feder zur Hand und schrieb nach Mergentheim mit der Bitte, ihm Weisung zu erteilen, wie mit dem Übeltäter zu verfahren sei.

Ferner bat er, da dieser Gefangene in das Amt Stocksberg gehörig war und der Amtmann selbst berichtet habe, dass die Kosten solcher Personen von der Obrigkeit bezahlt würden, dergleichen auch hier vorzunehmen und den Befehl ergehen zu lassen, dass dieselben durch den Stocksberger Amtmann erstattet würden, damit den Neckarsulmern und anderen Untertanen des Amtes Scheuerbergs hierdurch keine beschwerliche Neuerung aufgetragen werden würde.

Derweilen war man auch der Tochter Margaretha Müller habhaft geworden. Im Gegensatz zu ihrem Vater wurde sie jedoch nicht nach Neckarsulm in das Gefängnis des Deutschordens verbracht, sondern im württembergischen Städtchen Brackenheim, das in direkter Nachbarschaft zu Stockheim lag, im Obertorturm eingesetzt und dort an die Kette gelegt.

Ein Austausch der Ereignisse oder gar eine Absprache der beiden war dadurch völlig ausgeschlossen.

In Stockheim begann nun das Rätselraten von neuem. Zwar hatte man erfahren, dass der Vater in Neckarsulm peinlich befragt worden war, doch außer vagen Gerüchten war bislang nicht viel bekannt worden.

Was würde nun mit der Tochter geschehen? Würde auch sie der Folter unterzogen werden oder würde man sie als das unwillige Opfer ihres verderbten Vaters betrachten? Galt Margaretha als mutwillige Täterin oder als hilfloses Opfer?

Auch in der Oberamtsstadt Brackenheim sorgte die Inhaftierung des Mädchens für heftige Diskussionen in den Häusern und auf den Gassen. Alles wartete spannungsgeladen auf neue Informationen.

Am Samstag, dem 7. März 1590 war es schließlich soweit. Margaretha wurde vom Brackenheimer Untervogt sowie dem Stockheimer Amtmann vernommen und der schriftliche Bericht am nachfolgenden Tag an den Komtur zu Horneck, Hans Michael von Obendrautt, mit der ihm gebührenden förmlichen Anrede gesandt:

„Ehrwürdiger, gestrenger und edler, euer ehrwürden und herr, seien mein untertänig verpflicht schuldig gehorsam und ganz williger dienst jederzeit äußersten meines Vermögens voran …"

Der Amtmann veranschaulichte die Vernehmung und teilte mit, dass das Mädchen ernstlich bespracht worden sei, deren Aussage in der Güte aber nicht anders gewesen sei, als dass ihr Vater sie zum dritten Mal genotzüchtigt habe. Alles dies sei in Abwesenheit ihrer Mutter geschehen. Seit Margaretha von der Geburt des Kindes genesen sei, habe sie aber weder mit ihrem Vater, noch mit anderen zu tun gehabt.

Von dem Kind, das sie und ihr Vater miteinander gezeugt hätten und das sie umgebracht haben solle, wolle sie gar nicht geständig sein.

Margaretha habe auch bekannt, dass ihre Mutter um die Beiwohnung ihres Vaters nichts gewusst habe, bis sie, die Tochter, des Kindes niedergekommen und sich wieder von der Geburt erholt habe.

Dies, so der Amtmann, widerspreche jedoch der Aussage der Mutter, die behauptet habe, sie habe erst neulich, sechs oder sieben Wochen vor ihrer Vernehmung, vom Kind erfahren – dabei sei es nunmehr über ein halbes Jahr her, dass das Kind verstorben sei.

Nachdem von der Tochter in der Güte nichts mehr zu erfahren gewesen sei, so ergänzte der Amtmann, habe der Untervogt das Mädchen nicht weiter besprechen mögen.

Im Schreiben baten nun der Brackenheimer Untervogt und der Amtmann Dieterich Conradt um den Befehl des Komturs zu Horneck, wie sie ferner mit der unzüchtigen Tochter zu verfügen hätten.

Das Unbehagen in Stockheim und Brackenheim wuchs. Sie alle kannten den Müller und seine Tochter und ein jeder machte sich deshalb so seine Gedanken. Vielen von ihnen tat die Angeklagte leid. Sie war ein einfaches, unauffälliges Kind gewesen, das mit den anderen Buben und Mädchen des Fleckens aufgewachsen war, mit ihnen gespielt, gestritten und sich wieder vertragen hatte. Sie war krank gewesen, wie alle Kinder, hatte Hunger und Durst wie diese gehabt und war auch wie diese älter geworden und herangewachsen. Es war nie etwas Ungewöhnliches an ihr gewesen. Zumindest hatte es niemand bemerkt oder wahrhaben wollen. Vielleicht war sie sogar eine Wiedertäuferin, aber dies mit Sicherheit zu behaupten wagte man nun doch nicht.

Trotzdem konnte niemand darüber hinwegsehen, welch schauderhafte Untat sie begangen hatte. Einem jeden war klar, welch einzig richtige Strafe das Gesetzbuch auf diese Verfehlung vorschrieb: Margaretha musste mit der Todesstrafe rechnen.

Indes stellte sich die Frage, ob man bei so einem jungen Mädchen tatsächlich derart konsequent sein würde. Konnte der Übeltäterin die volle Schuld angelastet werden? Wie würden die Richter urteilen?

Die Lage war schwer einzuschätzen, zumal dieses Urteil nicht vom Herzog gefällt werden würde, der in Württemberg bei derartigen Verfahren im Allgemeinen die endgültige Entscheidung traf und gelegentlich Milde walten ließ. Margaretha unterstand nach wie vor den Deutschherren und nur sie konnten über die Angeklagte abschließend urteilen. Es war daher gänzlich unsicher, wie dieses Urteil ausfallen würde.

Manch einer mag sich gefragt haben, ob es vorteilhafter für Margaretha gewesen wäre, wenn noch immer der in diesem Jahr abgesetzte Heinrich von Bobenhausen Hoch- und Deutschmeister gewesen wäre. Es war zwar allgemein bekannt, dass er sein Amt mehr schlecht als recht ausgeführt hatte, aber immerhin hatte er das Stocksberger Schloss oberhalb des Dorfes im Jahre 1574 wieder herrichten lassen und damit ein Zeugnis des üblen Verhaltens der Stockheimer beseitigt.

Sie alle sahen noch immer mit schlechtem Gewissen zu diesem Kennzeichen ihres Fleckens hoch. Hatten doch die Bauern selbst am 17. April 1525 unter ihrem Pfaffenhofener Anführer Hans Wunderer das Schloss während des deutschen Bauernkrieges gestürmt, geplündert und in Brand gesteckt. Nicht umsonst wurden sie damals der „Haufen von Stocksberg" genannt.

Wie ein Mahnmal hatte die Ruine beinahe vierzig Jahre lang oberhalb des Dorfes gewacht und die Menschen an ihre unrühmliche Tat und ihr klägliches Versagen erinnert.

Ungeachtet dessen nahmen die Gerichtsverfahren ihren unausweichlichen Lauf.

Während der Vater in Neckarsulm vor Gericht gestellt wurde, war man sich gänzlich uneinig darüber, wo über die Tochter verhandelt werden sollte. Da sie nun schon einmal in Brackenheim einsaß, war man von Seiten des Deutschordens nur allzu gewillt, auch dort die weiteren Verhandlungen durchführen zu lassen.

Doch zunächst wurde der Gerichtstag für den Vater Dietrich Müller angesetzt. Seine Taten waren eindeutig, hatte er doch unter der Tortur ein umfassendes Geständnis abgelegt. Der Vorwurf der Blutschande und das Fälschen des Mannrechtsbriefes waren von ihm bestätigt worden, sodass einer gerechten Urteilsfindung nichts mehr im Wege stand.

Die Richter hatten sich folglich schnell darauf geeinigt, dass das einzig fundierte Urteil der Tod durch das Feuer sein könne und zögerten nicht, diesen Rechtsspruch zu verkünden.

Obwohl man in Stockheim durchaus mit einem solchen Gerichtsentscheid hatte rechnen müssen, war der Schock darüber dennoch gewaltig. Natürlich übte das Feuer eine reinigende Kraft aus und die Seele des Unglücklichen würde dadurch zumindest ein wenig geläutert, doch insgeheim fragte sich mancher, ob dies die entsetzlichen Qualen aufwog, die man in den lodernden Flammen erlitt, bevor der grauenvolle Erstickungstod eintrat; denn noch ehe die Flammen den Leib des Verurteilten erreichen konnten, drangen Rauch und Russpartikel in dessen ungeschützte Atemwege und begannen, ihn langsam und erbarmungslos zu ersticken. Die unerträgliche Hitze versengte die Haare, bis schließlich die ersten Feuerzungen die Kleidung erfassten. Die Schmerzen steigerten sich ins Unermessliche und das Opfer konnte nur noch auf einen schnellen Tod oder gnädige Bewusstlosigkeit hoffen.

Aber war dies wirklich leichter zu ertragen als die Qualen der Hölle, die Hitze des Fegefeuers? Auszusprechen wagte diesen Gedanken niemand. Nicht einmal ernsthaft zu Ende zu denken, hatte man doch nicht nur den Zorn Gottes bei diesen blasphemischen Überlegungen zu fürchten, sondern viel näher noch den der Kirche.

Aber Dietrich Müller hatte Glück. Offenbar befanden sich trotz all seiner ungeheuren Missetaten noch Menschen um ihn, die bereit waren, sich für ihn einzusetzen. Und sei es auch nur aus christlicher Nächstenliebe.

Gemeinsam baten seine Fürsprecher um die Gewährung einer Gnade für den Hinzurichtenden. Natürlich würden sie ihm das Leben nicht erhalten können, aber möglicherweise die Vergünstigung, schon vor dem Verbrennen von den Lebenden zu den Toten befördert zu werden.

Erfreulicherweise zeigte sich der Deutschorden großmütig, wenngleich er ausdrücklich betonte, dass ein vorhergehendes Töten den zweifachen Lohn für den Henker und höhere Kosten bedeuten würde. Dennoch war man bereit, den Verurteilten Dietrich Müller zu einem schnellen Tode durch das Schwert zu begnadigen. Erst im Anschluss daran sollte er verbrannt werden.

Das Urteil wurde verkündet und der Tag der Hinrichtung festgelegt.

Der Scharfrichter verstand sein Handwerk und trennte den Kopf unter den Augen der aufmerksamen Bevölkerung mit einem einzigen Hieb vom Rumpf des Müllers. Der kräftige Henkersknecht packte den noch warmen Leichnam und schleppte ihn zur Feuerstelle.

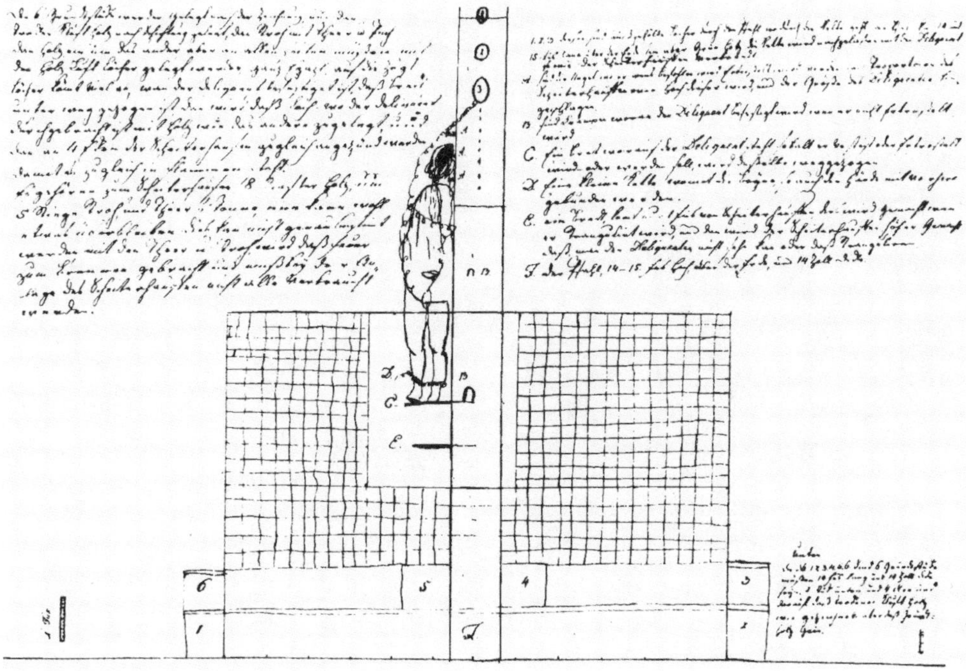

Abb.: Entwurf zum Aufbau eines Scheiterhaufens vom Lemgoer Scharfrichter Johann H. E. Clausen (1763–1842)

Der Scheiterhaufen war längst vorbereitet, die Holzstämme längs und quer, im Wechsel mit Ästen, Reisig und Stroh, aufgeschichtet. Bei gutem Wetter und einer entsprechend großen Menge an Brennmaterial würde das Schauspiel in einer guten Stunde beendet sein.

In vielen Fällen wurde das Brennmaterial um den in der Mitte stehenden Pfahl mit dem Verurteilten angehäuft, doch manchmal wurde auch eine Leiter, mit dem an ihn geketteten Körper, in den bereits brennenden Haufen hinein gestoßen beziehungsweise der Täter mit gebundenen Gliedmaßen auf das Feuer geworfen – sinnvoll, wenn man Zeit sparen wollte im Anschluss an eine andere Todesart. Kam es zu einem Gnadenerlass, hatte der Delinquent die Chance, dass er vor der Hinrichtung erdrosselt oder ihm ein Säckchen Schießpulver um den Hals gehängt wurde. In seltenen Fällen soll gar der Scharfrichter Erbarmen mit den Tätern gehabt und diese unauffällig am Pfahl erwürgt oder erstochen haben, um ihnen den langsamen Erstickungstod und die unmenschlichen Schmerzen zu ersparen.

Auch Dietrich Müller hatte heute seine Gnade erhalten.

Der Richtplatz war ein einziger Jahrmarkt. Menschen, wohin man sah. Gerüche nach Schweiß, Speisen und Getränken vermischten sich mit Kindergeschrei und dem Wiehern der weiter entfernt angebundenen Pferde. Hunde rannten zwischen

Abb.: Verbrennung auf dem Scheiterhaufen

den Menschen hindurch auf der Suche nach einem Essensrest und die Mütter fürchteten, im Gedränge ihre kleinen Kinder zu verlieren. Längst waren die besten Plätze besetzt, sodass manch einer versuchte, sich mit seinen Ellenbogen nach vorne zu drängen.

Schließlich wurde das Feuer an mehreren Stellen entzündet und, als die Flammen nicht sofort aufloderten, mit dem Blasebalg und einer brennbaren Flüssigkeit nachgeholfen. Es knisterte und prasselte. Die Zuschauer reckten die Köpfe, bis der bestialische Gestank nach verkohltem Fleisch, den der beißende Rauch über den Platz wehte, den einen oder anderen zum Erbrechen brachte.

Das Volk, das nahe am Richtplatz gestanden hatte, erzählte jedoch später, wie grausig es gewirkt hatte, als die Muskeln des Verbrannten durch die unglaubliche Hitze geschrumpft und die Gliedmaßen dadurch in eine halbgebeugte Stellung gezogen worden waren. Es hätte beinahe so ausgesehen, als würde der Mann noch leben – wenn da nicht der Kopf gefehlt hätte. Das Volk hatte sein Schauspiel gehabt.

Doch wie würde es nun in Brackenheim weitergehen?

Margaretha war an einem Samstag im März, um acht Uhr, in Brackenheim das erste Mal vor das Gericht gestellt und eine Beschreibung der Verhandlung zum Sitz des Ordensoberhauptes gesandt worden.

Aber in Mergentheim wollte man nach wie vor keine Entscheidung über die junge Frau treffen. Man vertrat sogar gegenüber dem Hauskomtur zu Horneck, Hans Michael Obendrautt, die Auffassung, da Margaretha nun schon einmal in Brackenheim inhaftiert sei, könnten sich auch die dortigen Vögte darum kümmern. Man solle diesen anheim stellen, sich der Angelegenheit anzunehmen, sich mit dem Orden zu verständigen und diesen nachbarlich über die Entscheidung der Vögte zu unterrichten.

Im selben Brief erinnerte man den Komtur daran, dass der Nachrichter zurzeit sehr überlastet sei. Der Meister habe gerade erst zwanzig Personen verbrannt, müsse inzwischen aber noch weitere vierzig gleichermaßen auf den Scheiterhaufen bringen, sodass man sich mit einer erneuten Hinrichtung sicherlich eine geringe Zeit würde gedulden müssen.

Der Oberamtsstadt Brackenheim blieb nun nichts anderes übrig, als sich selbst um das unangenehme Verfahren zu kümmern. Wohl war Margaretha Müller eine Untertanin des Deutschen Ordens, aber da sie derzeit in Brackenheim in Haft saß und die Deutschordensritter offenbar nicht gewillt waren, eine verbindliche Entscheidung zu treffen, wandten sich die Vögte, Rat suchend, an die Juristenfakultät Tübingen. Sie erhofften sich von dort ein Urteil, dem sie zustimmen und das auch auf Stockheim angewandt werden konnte.

Die Peinliche Halsgerichtsordnung stellte das Strafmaß bei Blutschande in das Ermessen der Richter. Dennoch waren Todesstrafen wie Enthaupten, Erhängen, Ertränken und Verbrennen im 16. Jahrhundert allgemein gebräuchlich und es war durchaus vorstellbar, dass diese Strafe nicht nur bei Margarethas Vater, sondern auch bei ihr selbst angewandt werden würde.

Ungeachtet dessen wünschten viele dem Mädchen einen gnädigeren Ausgang des Verfahrens.

Am 25. März 1590 schließlich wurde in Tübingen das Antwortschreiben aufgesetzt.

Aber auch den dortigen Juristen war es offenbar äußerst schwer gefallen, zu einem einhelligen, rechtlich einwandfreien Urteil zu gelangen. Gleichwohl war nun entschieden worden.

Die Juristen verwiesen auf die eingegangene Akte, in welcher der offenbar kurze Peinliche Prozess gegen die Beklagte Margaretha Müller, eheliche Tochter, die mit ihrem Vater abscheuliche Blutschande getrieben hatte, zügig beschrieben wurde.

Weiter erklärten sie, dass die erste Zusammenkunft der Juristen vor zwei Tagen zu keinem Urteil hätte führen können, da sich die Juristen wegen der vorgefallenen, hochbedenklichen Geschehnisse nicht hätten einigen können. Sie hätten bis zum gestrigen Nachmittage über den Büchern bedacht und gesessen, lange geredet und die Sache eingehend besprochen.

Es wurde mitgeteilt, dass sie ein herzliches Bedauern mit dieser gefangenen jungen Tochter hätten, die solch elenden Jammer tragen müsse. Auch sei es erbärmlich zu hören, wie ein junger Mensch von seinem leiblichen Vater so schändlich und abscheulich verführt worden sei.

Sie gingen ferner davon aus, dass das Mädchen bei der ersten Tat möglicherweise durch den Vater gezwungen worden war, diese die Tat aber ihrer Mutter oder einer anderen Person ihres Vertrauens hätte berichten und um Hilfe und Rat bitten können, sodass weitere Taten hätten verhindert werden können.

Nachdem sie aber solchen, jetzt erst zugegebenen Zwang, zuvor niemandem geklagt noch angezeigt habe, sondern danach wiederholt – ihrer eigenen Bekenntnis und Antwort nach – solche Schande mit sich habe treiben lassen, wenn ihre Mutter nicht daheim war, könne ihr wohl nicht geglaubt werden, dass es aus Zwang geschehen sei. Auch in Anbetracht ihres mannbaren Alters hätte sie sich wohl mit Schreien und anderen Mitteln wehren können.

Zudem sei sie nachher mit dem Vater nach Mähren gezogen, was sie in ihrer Vernehmung auch nicht abgestritten habe. Dies alles lasse stark vermuten, dass sie die

Blutschande auch dort fortgesetzt, sich auf der Reise vielleicht sogar für Eheleute ausgegeben hätten.

Es wurde dargelegt, dass sich die beiden mit dem Ziel nach Mähren begeben hatten, mit dem Kind dort niederzukommen. Stets seien beide zusammen geblieben und auch anschließend wieder gemeinsam zurückgekommen.

Auch ging man davon aus, dass es wohl seinen Grund gehabt habe, weshalb die Beklagte im Brackenheim und der verhaftete Vater zu Neckarsulm zum Fall peinlich befragt und zur Bekennung der Wahrheit angehalten worden seien. Allen Vermutungen nach habe sich die Wahrheit wohl noch schlimmer befunden, als es bei dem gelinden und sehr kurzen Prozess bei der Beklagten zu erfahren gewesen sei.

Ungeachtet dessen sei es doch offensichtlich, dass die Beklagte Margaretha mehrmals solche abscheuliche, widernatürliche Blutschande mit ihrem leiblichen Vater getrieben habe, bis sie schließlich geschwängert worden war. Diese Schwängerung wäre ohne ihren eigenen Mutwillen nicht erfolgt. Auch sei sie mit ihm nach Mähren gegangen und habe den jetzt angegebenen Zwang niemals angezeigt noch irgendjemandem geklagt. Folglich könnte sie von den Juristen der Fakultät nicht von der Todesstrafe freigesprochen werden.

Gleichwohl sei diese Blutschande nicht in ihrer landesfürstlichen Obrigkeit begangen worden, die Beklagte auch keine württembergische, sondern deutschherrische Untertanin, sodass bei ihrer Bestrafung mehr auf die Statuten und Gewohnheiten desselben Ortes zu achten seien, da dazu bestimmt einige vorhanden wären, welche den württembergischen Juristen nicht bekannt sei.

Dennoch, so erklärten die Juristen weiter, ließe sich vermuten, dass solch abscheuliches, widernatürliches und allerhöchst ärgerliches Laster, sofern es bekannt würde, auch letztendlich unter deutschherrischer Obrigkeit nicht geringer als mit Todesstrafe gebüßt werden könne, zumal auch die Juristen keine hohe Obrigkeit, Kurfürsten, Fürsten, Grafen oder andere Stände in Deutschland wüssten oder von ihnen gehört hätten, bei denen solches Laster nicht mit Todesstrafe angesehen würde.

Auch das kaiserliche Recht, nach allgemeiner Auslegung und Verständnis der Lehrer, setze die Todesstrafe darauf, da solches Laster zwischen Personen in auf- und absteigender Linie der Blutsverwandtschaft, zudem wissentlich begangen und kein Notzwang, noch solche Jugend oder Unverstand bei einem Teil vorhanden sei, der von Rechts wegen Entschuldigung und Milderung erfordern würde und zuließe. All diese Gründe seien bei der Beklagten nicht gefunden worden, noch aus den überschickten Akten oder Berichte zu vernehmen. Nach solcher Betrachtung nun wüssten die Juristen von Rechts wegen nichts anderes zu erkennen, als das nachfolgende Urteil.

„Urteil:

In der peinlichen Befragung zwischen unseres gnädigen Fürsten und Herrn Anwalt Kläger einerseits und Margaretha, Dietrich Müllers von Stockheim eheliche Tochter andererseits, erkennt ein ehrsames Gericht, auf Klage, Antwort, Rede und*

Widerrede, der leidigen Sachen offenbarte Kundlichkeit* und alles gerichtlich darlegen, nach getanem Beschluss, genommen Bedacht und gehörtem Rat, mit Urteil zu Recht, dass Beklagte Margaretha, wegen ihrer schweren hochärgerlichen Verwirkung, durch den Scharfrichter an sein Hand und Bann genommen und an üblicher Richtstätte, mit dem Wasser vom Leben zum Tode gestraft werden solle."*

Es wurde den Deutschherren freigestellt, ob sie diesem Urteil folgen wollten ...

Im Zabergäu sorgte diese Nachricht für Unruhe und Schrecken. Sicherlich gab es niemanden, der auch nur im Geringsten für die Blutschande Verständnis aufgebracht hätte; doch Tod durch Ertränken war eine grausame Strafe – auch wenn man damit gerechnet hatte.

Bei dieser Art der Hinrichtung wurden der Verurteilten üblicherweise Hände und Füße zusammengebunden und die so Gefesselte anschließend in den Fluss geworfen. Mangelte es an einem solchen Gewässer, war es üblich, einen Weiher oder Teich als Richtstätte zu verwenden. Sollte die Wasserstelle dennoch zu flach sein, wurde die Missetäterin so lange mit Gegenständen wie Stangen oder Gabeln unter Wasser gedrückt, bis der Tod eintrat.

Teilweise wurde das Ertränken jedoch auch in großen, hölzernen Zubern vollzogen. Die Delinquentin wurde dabei in einen zum Teil mit lebenden Schlangen oder Katzen versehenen Sack gesteckt und der Scharfrichter drückte diesen, über den Rand des Zubers hinweg, solange unter Wasser, bis jegliches Leben aus ihr entwichen war.

Margaretha wurde nach der Urteilsverkündung zurück in ihr kaltes Verlies geführt. Ihre letzte Hoffnung war zerbrochen. Das Urteil der Juristenfakultät Tübingen war bindend. Wohl unterstand sie selbst dem Deutschorden und nicht dem Herzogtum Württemberg, aber auch dort würde man mit Sicherheit kein gutes Wort für sie einlegen und Gnade walten lassen; der Orden hatte ihr Schicksal an Brackenheim übergeben.

Doch die Wochen vergingen, ohne dass das Urteil vollzogen wurde, denn Margaretha war inzwischen schwer erkrankt. Es war Mitleid erregend zu sehen,

Abb.: Ertränken des Peter Wunderlich in Zürich aus der „Luzerner Chronik" des Diebold Schilling von 1513

wie sie sich quälte. Offensichtlich litt sie unter großen Schmerzen, die es ihr unmöglich machten, aufzustehen oder sich gar fortzubewegen. Ihre Bettstatt war blutig und ihr geistiger Zustand schwach.

Elf Wochen hatte sie nun insgesamt im Kerker verbracht, davon waren sieben seit ihrer Urteilsverkündung verstrichen und es war noch immer unsicher, wann das Urteil vollstreckt werden würde – sofern das schwer erkrankte Mädchen nicht schon zuvor dem Tode erlag.

Voller Erbarmen wurde sie schließlich eines Mittwochnachts ihrer Kette entledigt und in ein Bürgerhaus gebracht.

Die Nachtwächter konnten sich noch lange daran erinnern, denn auf ihrer Streife durch die Stadt waren sie plötzlich vor einem Seil gestanden, das vom Fenster des Bürgerhauses zur Stadtmauer gereicht hatte. Auf dem blutverschmierten Boden waren der Schleier und die Schürze eines Weibes gelegen, die nur eine Vermutung zuließen: Margaretha Müller war geflohen!

Sofort schlugen die Wächter Alarm, durchsuchten alle Gassen und bemühten sich, auch außerhalb der Stadt die Verfolgung der Flüchtenden aufzunehmen. Aber es war vergeblich. Margaretha blieb verschwunden.

Erneut wurden in Brackenheim die Ermittlungen aufgenommen und der aufgebrachte Stockheimer Amtmann von dem beschämenden Vorfall unterrichtet.

Die Vögte waren sich einig, dass das Mädchen eine derartige Flucht mit Sicherheit nicht allein hatte durchführen können. Im Gegenteil, offenbar war die ganze Sache von langer Hand geplant und die ominöse Krankheit einzig zum Zwecke der Flucht vorgetäuscht worden.

Man vereinbarte deshalb, zunächst innerhalb der Stadt nach den Mittätern zu forschen und begann unverzüglich mit der Suche.

Schon zwei Tage später zeigte sich ein erster Erfolg. Margaretha Müller war gefunden. Wider Erwarten hatte sie die Stadt gar nicht verlassen, sondern sich im Hause eines Brackenheimer Bürgers versteckt gehalten, in der Absicht, sich erst dann aus der Stadt abzusetzen, wenn die Fahndung nach ihr beendet sei. Im weiteren Verlauf der Angelegenheit wurde nun nicht nur die junge Frau, sondern auch der Fluchthelfer festgenommen. Wie sich herausstellte, war er jedoch nicht der einzige, der sich bemüht hatte, der Verurteilten zu helfen.

Dieterich Conradt offenbarte die ungewöhnlichen Vorgänge rückblickend in seinem Bericht vom 19. Mai 1890 an die Obrigkeit:

„Gebietend großgünstiger Herr Komtur. Des verbrannten Müllers Tochter, die in württembergischer Haft zu Brackenheim nunmehr elf Wochen gelegen hat und vor ungefähr sieben Wochen zum Wasser verurteilt worden war, wurde von mehreren Brackenheimer Bürgern dazu angestiftet, eine große Schwachheit und weibliche Blödigkeit anzuneh-

men. Die ermelten Bürger haben ihr dazu Ochsenblut gebracht und damit der Verhafteten Gewand und Bett besprengt. Dadurch haben mir sowohl der Ober-, als auch der Untervogt und verschiedene Weiber angegeben, dass die Verhaftete an sehr großen Schmerzen und Leibsgefährlichkeit erkrankt sei. Auch würde sich dies darin zeigen, dass sie weder gehen, stehen oder sich im wenigsten erheben noch bewegen könne, sondern sich von einem Ort zum anderen wie ein Holzklotz wälzen lassen müsse (ohngeachtet, dass sich doch keine Krankheit, sondern alles Leibs Gesundheit bei ihr befunden), dass man also nicht anders vermeint, als dass die Krankheit so beschaffen sei, wie angegeben. Auch meine Person hat Mitleid mit ihr gehabt, wie dann das Urteil aus diesem Grunde bisher nicht habe vollzogen mögen."

Conradt veranschaulichte die weitere Suche und fügte an, dass die Vögte in der selbigen Nacht um drei Uhr durch die Wächter unterrichtet worden seien und den Fluchtweg in Augenschein genommen hätten. Sie hätten auf alle Orte Leute ausgeschickt und stark streifen lassen, aber die Flüchtende nicht finden können.

Nachgehens habe ihn der oben genannte Untervogt nachbarlich ersucht und gebeten, die Mutter der Abtrünnigen in Gefangenschaft zu nehmen, dieselbe mit allem Ernst zu besprechen, ob von ihr zu erfahren sei, wo die Tochter hingeraten sei. Die Mutter habe aber nichts bekennen noch etwas darüber wissen wollen.

Nachdem aber fünf verdächtige Bürger, die die Verhaftete befreit und in betrügerischer Weise eine falsche Spur gelegt hatten, in Haft genommen worden waren, habe sich durch deren Aussage herausgestellt, dass die Mutter der Verhafteten ihnen Geld gegeben habe, um die Tochter zu befreien und in der Stadt in eines Bürgers Behausung zu führen. Dort habe man die Verurteilte nach zwei Tagen gefunden und wieder in bessere Verwahrung gelegt.

Unter anderem sei auch von der Tochter und dem verhafteten Bürger bekannt worden, dass die Mutter einem Bürger zu Brackenheim, Hannß Weißhardt genannt, der sich gleichwohl flüchtigen Fußes befinde, anderthalb Gulden versprochen habe, wenn er nach Erledigung der Flucht mit ihrer Tochter nach Mähren zöge.

Conradt schrieb weiter und bat um Rückmeldung, wie er mit der inzwischen verhafteten Mutter verfahren solle, die die Ursache für all die Unruhe und die Anstifterin für das böse Verhalten der Bürger gewesen war und empfahl sich untertänigst.

Die Antwort aus Mergentheim wurde in den Akten, die Jahrhunderte später noch in den Archiven zu finden waren, nicht mehr aufgeführt. Es scheint jedoch durchaus im Bereich des Möglichen zu liegen, dass auch die Mutter für ihre Tat streng bestraft wurde. Ob sie diese Strafe überhaupt noch interessiert hatte, steht allerdings auf einem anderen Blatt.

Eine Frau, die innerhalb kürzester Zeit miterleben musste, wie die Familie und der ehrliche Ruf ruiniert, der Ehemann und Hausvorstand enthauptet und verbrannt sowie die eigene Tochter ertränkt wird, mag auch in damaliger Zeit mit diesen Tatsachen nicht zurechtgekommen sein, zumal sie bis zuletzt, ohne Rücksicht auf das eigene

Risiko, um das Leben ihres Kindes gekämpft und wohl auch gutgläubige Hoffnung für deren Rettung gehegt hatte.

Das Urteil an Margaretha Müller war vermutlich am Brackenheimer Hochgericht, westlich der Straße nach Botenheim, vollzogen worden.

Dort im Tal, unterhalb des Galgenberges, konnte sie schon von weitem den Scharfrichter erkennen. Er stand auf einer Art Insel, die durch die Zaber gebildet wurde, welche sich oberhalb des Hochgerichts teilte und weiter unten mit dem ursprünglichen Gewässer wieder vereinigte. Unter anderen Umständen, so schoss es Margaretha durch den Kopf, hätte diese blühende Wiese wunderschön sein können …

Das „Armesünderglöckle", das als Dämonen vertreibend galt, läutete, als Margaretha hier, unter den Augen der von weit her angereisten Bevölkerung, hingerichtet wurde.

Während der Henker bei der Urteilsvollstreckung an ihrem Vater durch Maske und Handschuhe den „bösen Blick" abgeschirmt hatte, schien diese Gefahr hier etwas geringer zu sein, da die reinigende Kraft des Wassers entgegenwirkte und dem Henker Schutz bot.

Es mag sein, dass die Zaber im Mai 1590 genügend Wasser mit sich geführt hatte, um einen Menschen darin ertränken zu können, es ist aber auch nicht auszuschließen, dass der Henker bei dieser Vollstreckung, wie so oft, mit seinen Stangen hatte nachhelfen und das Mädchen damit unter die Wasseroberfläche hatte drücken müssen.

Erst als sich im Wasser nichts mehr regte und auch keine Luftblasen mehr emporstiegen, löste sich die Menschenmenge langsam wieder auf. Vereinzelte Grüppchen zogen schwatzend in die Stadt oder auf das Feld. Es lag noch viel Arbeit vor ihnen an diesem Tag, denn die Kinder mussten trotz des Schauspiels versorgt, das Vieh gefüttert und das Feld bestellt werden.

Quellen: HStAS A 209 II Bü 567
StAL B 269 Bü 83

Kalte Angst

Stockheim, Frühjahr 1629

Aus seinen dunklen Höhlen starrte er sie an. Sein weit aufgerissener Mund schien sie zu verhöhnen. Dennoch griff sie zögernd zu …

Anna legte ihre Hände auf die Taille und drückte ihren schmerzenden Rücken durch. Müde dachte sie darüber nach, wie es war, damals vor sechs Jahren, als sie ihr erstes Kind zu Welt gebracht hatte.

Die Geburt war gut verlaufen, das Kind gesund und christlich getauft. Sie alle hätten jeden Grund zur Freude gehabt, wären da nicht die düsteren Ereignisse in Stockheim gewesen, die das junge Elternglück überschatteten.

Anna und ihr Mann Hannß Caspar Linckh[3] machten sich große Sorgen, ob sie ihr neugeborenes Kind in solch schlechten, Unheil verkündenden Zeiten überhaupt durchbringen könnten oder ob es vorzeitig, wie so viele andere auch, sein Leben würde lassen müssen.

Seit 1618 herrschte Krieg im Reich. Der katholische, habsburgische Kaiser kämpfte mit seinem Heer unter dem Vorwand des Religionskrieges gegen die Protestanten, die, unter anderem bei den Schweden, starke Unterstützung fanden.

Bereits im folgenden Jahr war es dadurch in Stockheim zu ersten nennenswerten Beeinträchtigungen durch den Krieg gekommen, als einhundertfünfzig niederländische und württembergische Reiter das kleine Dorf belagert und die Leute zur Herausgabe ihrer Nahrungsmittel gezwungen hatten. Schon wenige Wochen später wurde der Flecken gar durch mehrtägige Einquartierungen belastet, die das Dorf wiederum über dreihundert Gulden kosteten.

1622 war es im nahe gelegenen Wimpfen zu einer ersten großen Schlacht in unmittelbarer Umgebung von Stockheim gekommen, die der katholische General Tilly für sich verbuchen konnte und die den Auftakt zu weiteren Repressalien im Land darstellte.

Ein Jahr darauf, als Anna gerade glücklich von ihrem ersten Kind entbunden worden war, wurde die Situation der Bevölkerung in Stockheim noch kritischer.

Allein im Februar hatte sich eine Kompanie Soldaten mitsamt ihren Pferden hier im Dörfchen einquartiert, deren Obrist Lorenzo del Maestro sich zwar zur katholischen Liga zählte, was ihn aber nicht daran hinderte, seine Soldaten im gleichsam katholischen Flecken wüten, rauben und plündern zu lassen. Sie ließen sich mit Fleisch, Wein und Brot verköstigen, erpressten Geld von den wehrlosen Einheimischen und

3 Anna Linckhs Ehemann wird in der Malefizakte des Stuttgarter Hauptstaatsarchivs sowohl unter Hannß, als auch unter Caspar geführt, weshalb er im weiteren Verlauf hier als Hannß Caspar Linckh bezeichnet wird.

verprassten sämtliche Lebensmittel. Schon bald gab es im ganzen Flecken kaum ein Stück Vieh mehr. Auch die Getreide- und Weinvorräte waren zur Neige gegangen.

Die hilflosen Bewohner des Dorfes wurden Tag und Nacht gnadenlos aus ihren Häusern verjagt, sodass viele befürchten mussten, am Bettelstab zu enden.

Die Beschwerden des Schultheißen, Bürgermeisters und Gerichts bei der deutschordischen Regierung in Mergentheim erbrachten keinen Erfolg. Wohl machte der Hoch- und Deutschmeister, Erzherzog Karl von Österreich, den Kaiser auf diese Missstände aufmerksam, doch konnte auch dies die Situation nicht wirklich entschärfen.

Um weitere Einquartierungen abzuwenden, musste der Flecken im gleichen Jahr zudem einen großen *Fuder** Wein, zwei Rinder, zwanzig Malter Hafer und einen *Zentner** Schmalz zur Verfügung stellen.

Als es schließlich noch zu einer Teuerung kam, die den Wert der Münzen um das Sechs- bis Achtfache ansteigen ließ, kostete der Eimer Wein im benachbarten Brackenheim inzwischen schon vierundsechzig, anstatt der bisherigen sechs bis zwölf Gulden.

Die Stockheimer wussten nicht mehr ein noch aus.

Getreide gab es längst keines mehr zu kaufen. Hatte man in früheren Jahren mit dem Wein gut gewirtschaftet und alle Felder zu gewinnbringenden Weinbergen umgestaltet, so erkannte man nun, wie kurzsichtig dies gewesen war. Wein konnte man nicht essen, er brachte den Kindern keine Sättigung und den Bauern keine Kraft. Doch Getreide war nirgends zu erhalten oder schlichtweg unerschwinglich.

Wie alle in dieser Zeit hatten auch Anna und ihr Mann schwer damit zu kämpfen, ihre kleine Familie zu ernähren.

Als letztlich 1626 unter der hungernden Bevölkerung auch noch die Pest ausbrach, mussten viele der Stockheimer ihr Leben lassen. Es gab bald niemanden mehr, der nicht einen geliebten Menschen in der Familie oder im Freundeskreis verloren hatte. Überall herrschte abgrundtiefe Trauer.

Wenngleich das benachbarte protestantische Städtchen Brackenheim von der Pestwelle weitaus stärker betroffen war, brachte dies den Hinterbliebenen in Stockheim dennoch keinen Trost. Kinder wurden zu Waisen, Mütter zu Witwen und Männer verloren ihre ganzen Familien.

Auch die folgenden Jahre brachten keine Besserung. Hunger und Seuchen breiteten sich hemmungslos aus und ließen die ratlosen Überlebenden nach Ursachen suchen. Hatte Gott sie verlassen?

So verstarb auch Annas Mann viel zu früh und die junge Frau wurde zur leidvollen Witwe, die nun die gesamte Verantwortung für ihr kleines Kind alleine zu tragen hatte. Die Einsamkeit, die sie trotz aller nachbarschaftlichen Hilfe empfand, war bedrückend.

Aber die Stockheimer schlugen sich in ihrem Elend tapfer durch. Obwohl sie selbst kaum über die Runden kamen, unterstützten sie Hilfe suchende Flüchtlinge aus Lothringen und der Grafschaft Nassau, die in diesem Krieg ihr gesamtes Hab und Gut verloren hatten.

So war im Flecken ein stetiges Kommen und Gehen. Es waren unruhige Zeiten. Aber Anna war noch jung, die Belastung mit dem Kind groß und der Wunsch nach etwas Freude, einem klein wenig Glück, übermächtig. In dieser Zeit lernte sie den attraktiven Schäferknecht näher kennen, der ihr die einzige Rettung aus ihrer Trostlosigkeit zu sein schien.

Es folgten wunderbare, glückselige Tage, die sie mit ihm im Sommer 1628 verbrachte – Tage, in denen sie all ihr Leid vergessen konnte. Sonnige Tage, die nie enden sollten …

Doch auch Anna musste erfahren, wie schnell ein Sommer vorüber sein und wie viel Leid ein paar unbeschwerte Stunden nach sich ziehen konnten, denn nur allzu schnell stellte sie fest, dass sie schwanger war!

Von nun an überschlugen sich die verhängnisvollen Ereignisse im Leben der jungen Frau und gerieten völlig außer Kontrolle.

Anna wusste nur zu gut, dass Unzucht ein schlimmes Vergehen war. Sie war Witwe und hatte sich mit einem Mann eingelassen, mit dem sie nicht verheiratet war. Es zählte hierbei nicht, dass sie sich allein gelassen, einsam und verloren gefühlt hatte. Einzig relevant war, was sie getan hatte – und dafür würde sie büßen müssen.

Ihre Sorge galt jedoch nicht nur sich selbst, sondern auch ihren Kindern, denn jede Strafe für die Mutter würde gleichzeitig auch eine Strafe für die Kinder sein. Sowohl ihr größeres Kind als auch das noch Ungeborene würden darunter zu leiden haben, wenn sie von der Mutter getrennt oder gar alle zusammen aus dem Flecken gejagt werden würden. Eine Geldstrafe kam sicherlich nicht in Betracht, darüber machte sich Anna keine Illusionen, denn wo es nichts gab, gab es auch nichts zu holen.

Schließlich teilte sie ihre immense Not ihrer großen Liebe, dem Schäferknecht, mit und hoffte wieder einmal auf seinen Beistand und seinen Rat. Möglicherweise würde ihnen unter diesen Umständen, trotz ihres mangelnden Einkommens, sogar eine Eheschließung bewilligt werden, so hoffte sie. Der Schäferknecht liebte sie und würde wissen, was nun zu tun sei, dessen war sie sich gewiss.

Der Schäferknecht wusste dies auch tatsächlich. Denn eines Morgens war er mitsamt seinen Schafen verschwunden. Er hatte sich in Sicherheit gebracht, bevor ihn die Schergen des Gerichts zu fassen bekamen und ihn für seine schändliche Unzucht bestrafen konnten.

Für Anna gab es diese Möglichkeit nicht. Mit einem beinahe sechs Jahre alten Kind und einer Schwangerschaft belastet, konnte sie nicht einfach fortziehen. Bekümmert musste sie sich ihrer Tat stellen und wieder einmal zusehen, wie sie mit ihren Problemen alleine zurechtkam. Dennoch war sie zunächst überzeugt, dass der Schäfer bald zurückkommen und sie zu sich holen würde. Es war nur eine Frage der Zeit.

Aber die Wochen vergingen und der Schäferknecht ließ sich nicht blicken. Annas Bauch wurde dicker und dicker. Unförmig und unbeholfen ging sie ihrer Arbeit nach, immer nach dem Geliebten Ausschau haltend.

Schließlich kam der Tag der Entbindung. Schmerzgepeinigt wurde Anna von der erfahrenen Hebamme Salome in der Stube herumgeführt, bis der entscheidende Moment kam und das Kind das Licht der Welt erblickte. Doch wie groß war die Überraschung, als Anna nicht nur einem Kind das Leben schenkte, sondern gleich zweien. Gesunde, lebhafte Zwillinge!

Die Nachbarn kamen, um der jungen Mutter zu gratulieren, doch diese war sich nicht sicher, ob sie sich tatsächlich freuen durfte. Wie nur sollte sie drei Kinder satt bekommen, wenn es bisher schon kaum für sie und das Älteste gereicht hatte?

Außerdem lebte sie nach wie vor in einem Haus, das zum Besitz der Catharina, Hannß Schickhs Weib, zählte, die jedoch geplant hatte, dieses Haus in Bälde zu veräußern.

Wohin sollte sie sich wenden, wie den Vater der Kinder finden?

Über Annas weiteren Verbleib war in Stockheim bislang noch keine Entscheidung getroffen worden, sodass sie bereits die Hoffnung hegte, man würde ihre Tat und die daraus resultierende Schwangerschaft von Seiten der Obrigkeit einfach ignorieren. Die Zeiten waren angespannt, Recht und Unrecht völlig aus dem Lot. Vielleicht würde man über alles hinwegsehen?

Dass dem nicht so war, musste die junge Mutter jedoch schnell feststellen, als sie am letzten Apriltag, vier Wochen nach der Geburt der Zwillinge, vor das Rügegericht gestellt wurde, das ein- oder zweimal im Jahr in den Dörfern tagte und sich zur niederen Gerichtsbarkeit zählte.

Kennzeichen dieses Gerichtes war die Mündlichkeit, Unmittelbar- und Öffentlichkeit, eine summarische Verfahrensweise und der Grundsatz, dass Ankläger und Urteilsfinder different sein mussten. Leichtere Delikte wurden hierbei meist mit einer Geld- oder Haftstrafe geahndet.

Insgeheim hatte Anna deshalb zu erträumen gewagt, dass das Gericht ihre Untat als „leichtes Delikt“ betrachten würde und sie mit einer kleinen Buße davonkäme, doch viel zu schnell wurde sie auf den harten Boden der Tatsachen zurückgeholt.

Es war ein schwerer Schlag für sie, als man ihr eröffnete, sie solle das gesamte deutschordische Gebiet verlassen, ihre Kinder mit sich nehmen und dem Schäfer nachziehen.

Natürlich wäre es genau das gewesen, was sie am liebsten getan hätte, doch wie sollte sie mit drei derart kleinen Kindern durch die Lande ziehen, auf der Suche nach ihrem Schäfer? Wovon sollten sie leben? Auf der Straße wäre sie jeglichem Gesindel hilflos ausgeliefert!

Sicherlich wäre es ein Leichtes, das Gebiet des Deutschordens zu verlassen. Dazu bräuchte sie nur über die Stockheimer Grenze zu wandern und wäre bereits auf württembergischer Gemarkung; in Brackenheim oder Güglingen. Aber wie sollte es dort weitergehen? Die Kinder waren klein und benötigten Pflege, sie selber geschwächt von der Geburt. Nahrungsmangel herrschte nicht nur in Stockheim, sondern im ganzen Kriegsgebiet. Wer würde ihnen Obdach, Brot und Arbeit gewähren?

Da erinnerte sich Anna an den weisen Rat, den sie unlängst erhalten hatte und der ihr nun der einzige Ausweg aus ihrem Dilemma schien. Sie würde sich zu helfen wissen! Wohl fiel es ihr schwer, diese Tat zu begehen, doch ihre Not war groß genug, auch das Ausgefallene zu wagen und ihre kleinlichen Hemmungen zu überwinden.

Allerdings musste sie zunächst dafür sorgen, dass sie noch einige Zeit in Stockheim Unterschlupf finden würde.

Zu Hilfe kam ihr hierbei der allgemeine Aufruhr, der 1629 in Stockheim herrschte. Grund dafür war allerdings nicht nur das Kriegsgeschehen, sondern die Differenzen zwischen dem vom Deutschmeister bestellten Amtmann Mayrhöfer und den Stockheimer Einwohnern, die sich über die zu leistenden, immensen Frondienste heftig beklagten. Nicht nur, dass die Handfröner Erde in die herrschaftlichen Weinberge zu tragen hatten, wurde angeprangert, sondern auch das Graben nach Sand, Erntetätigkeiten und Renovierungsarbeiten am Schloss, dem Pfarrhaus und der Kelter. Selbst die Rossfröner mussten mit ihren Fuhrwerken Kalk und Ziegel aus Diefenbach, Brackenheim und Bönnigheim herbeischaffen sowie Baumaterial aus Kirchheim und Steine aus Niederhofen.

Die Stockheimer waren zutiefst verbittert, zumal auch der Tagelohn gekürzt und das Essen geschmälert wurde.

Das Fass zum Überlaufen brachte schließlich der Verdacht, dass Mayrhöfer verbotenerweise Muskatellertrauben aus den Weinbergen habe ausstechen lassen, um damit seinen eigenen Wein zu verbessern.

Die Weinberge bestanden aus einem gemischten Satz, was bedeutete, dass in jedem Weinberg nicht nur eine, sondern gleich mehrere unterschiedliche Sorten angebaut worden waren. Mayrhöfer wurde somit beschuldigt, sich aus diesen Weinbergen die besten Rebsorten, nämlich die Muskateller, illegal angeeignet zu haben.

In einer Beschwerdeschrift listeten die Stockheimer daher auf, was sie dem Amtmann vorzuwerfen hatten und schickten diese an den Komtur Oswald von Liechtenstein nach Horneck.

Der jedoch hörte sich Mayrhöfers überzeugend klingende Rechtfertigungen an, der bezüglich der Stockheimer von Verhetzern und Aufwieglern sprach sowie von deren Unersättlichkeit beim Essen und Trinken. Auch sonst wurde den Stockheimern allerhand vorgeworfen, weshalb sie schließlich durch den Komtur zu Horneck mit dem Ergebnis verhört wurden, dass ein Teil der Beteiligten mit einer Gefängnis- und Geldstrafe, ein anderer Teil durch das Ausstreichen mit Ruten gestraft wurde.

Der jungen Mutter Anna Linkh bot sich durch diese permanenten Zwistigkeiten eine günstige Gelegenheit, ihrem ungeheuerlichen Vorhaben nachzugehen: Sie erweckte den Anschein, als würde sie, wie verlangt, den deutschordischen Flecken verlassen, schlich sich dann aber heimlich wieder in das Haus der Catharina Schickh zurück und machte sich dort ans grausige Werk.

Es war nicht einfach, das Herz klopfte ihr bis zum Halse – und doch war es ihre letzte Möglichkeit.

Überrascht wurde sie in ihrem Tun von den gänzlich unerwartet bei ihr im Haus auftauchenden Herren Georg Hueber und Geörg. Beide waren über Annas Anwesenheit nicht weniger erstaunt, als diese über die der Männer, die nun voller Entsetzen das Geschehen wahrnahmen. Eine derartige teuflische Handlung hätten sie bei der jungen Frau niemals vermutet!

Umgehend machten sich die bestürzten Männer auf den Weg zum zuständigen Amtmann Sebastian Mayrhöfer, welcher im nahen Schloss Stockheim lebte, um ihn über ihre Beobachtung zu informieren.

Mayrhöfer, der sich alles detailliert darlegen ließ, ordnete sogleich die entsprechenden Maßnahmen an und machte sich bereit, einen ausführlichen Bericht an den Komtur Augustin Oswaldt von Liechtenstein, Deutschordens Ritter, Komtur zu Horneck und Oberamtmann Scheuerberger Gebiets aufzusetzen.

Er beschrieb, dass er nicht unberichtet lassen könne, welcher Gestalt ihm heutigen Sonntags durch Georg Hueber, Mitglied des Gerichts, und Geörg, beide seine Amtsuntergebene zu Stockheim, verbracht worden sei, da Geörg ein Haus von Hans Schickhs Weib erkauft habe, welches er mit gedachtem Georg Hueber besichtigt hätte.

Er führte aus, dass die Beschuldigte Anna mit einem Schäferknecht in besagtem Hause ein Verhältnis gehabt und daraufhin am 31. März zwei Kinder zur Welt gebracht habe. Das Rügegericht habe ihr deshalb vor vierzehn Tagen anbefohlen, den Flecken zu verlassen und dem Schäferknecht nachzuziehen. Sie habe sich aber, ohne Mayrhöfers Wissen, in dem Flecken, den sie schon quittiert hatte, in erwähntem Haus eingeschleust und sich dort aufgehalten, bis die oben genannten beide, seine Amtsangehörigen, sie in besagtem Haus gefunden hätten. Bei ihr seien etliche Häfen beim Feuer gestanden. In dem einen Hafen sei ein Totenkopf gesteckt, damit seines Erachtens Zauberei getrieben worden war.

Darüber habe er den Schultheißen informiert, der den Georg Hueber mitsamt dem Büttel und dem Totengräber zum Haus der Anna geschickt habe, um die Sache zu überprüfen. Dort sei dann tatsächlich ein Totenkopf in einem Hafen steckend auf dem Herd gefunden worden. Dabei sei ein so großes Feuer gewesen, dass das Wasser über dem Totenkopf stark gesotten habe.

Mayrhöfer, noch völlig unter dem Eindruck der seltsamen Geschehnisse stehend, informierte seinen Komtur weiter über die bislang geleisteten Anordnungen, die zur Aufklärung der Tat führen sollten.

„Daraufhin habe ich bemelte Witwe auf das Rathaus bringen lassen, wo sie vom Schultheißen Jost Hoffmann sowie Jacob Frankh, Hannß Eberlen und Georg Hueber, alle dreien des Gerichts, gütlich verhört worden ist. Den Totenkopf aber habe ich durch den Totengräber wieder an seinen gehörigen Ort tragen lassen.“

Bei ihrer Vernehmung hat Anna Linkh bekannt und gesagt, dass sie vor acht Tagen ein fremdes Mensch über Nacht behalten habe, welche sie gelehrt habe, sie solle auf dem

Kirchhof einen Totenkopf unbeschienen holen und denselben zwölf Stunden nacheinander beim Feuer sieden lassen – so werde ihr Schäfer, auch wenn er schon über hundert Meilen weit weg wäre, wiederum herbei kommen – was sie getan habe.
Und hat aber (weil sie ziemlich wankelmütig in ihrer Rede, indem sie das einemal sagt, sie habe solches von einem Maidlen und das andermal, sie habe es von einer Landknechtin, welche bei ihr über Nacht gewesen sei, gelernet), weiter nichts bekennen, sondern, wie sie am nächsten Morgen fort gewollt habe, habe sie diese Sachen zuletzt brauchen wollen. Durch ihre Hausfrau, Hannß Schickhs Weib Catharina, könne sie dies beweisen.

Darauf ist Catharina Schickh hergeholt und befragt worden, welche gesagt hat, sie habe einmal ein Mägdlein gesehen, das bei der Witwe Anna übernacht gewesen sei. Aber von solchen Sachen habe sie nichts von dem Mägdlein gehört, aber wohl gesehen, dass die Witwe gestern Abend, an der Nacht, einen Totenkopf in ihr Haus gebracht und diesen aus einem Tuch auf ihr Bett heraus geschüttelt habe. Darüber habe sie gleichwohl stillgeschwiegen und solches sein lassen…"

Mayrhöfer schilderte weiter, er habe die Witwe auf dem Rathaus in Haft nehmen und bewachen, ihr aber die Säuglinge geben lassen. Ferner sei bei der Beschuldigten nichts weiter vorhanden, als drei kleine Kinder, das eine, so ungefähr sechs Jahre alt, von ihrem verstorbenen Ehemann Hannß Caspar Linckh, die zwei aber von genanntem Schäfer, nur sechs Wochen alt.

Der Amtmann bekundete nun, wie

„ich mich ferner hierinnen vorzunehmen und zu verhalten habe ich gehorsamlich erwarten wolle.
Tue hierbei Eurer Wohlerwürdig und Gestrengen Gott dem Allmächtigen zu beständiger guter Gesundheit und mich deroselben zu beharrlichem Gruß empfehlen.
Datum, Stocksberg, den 13. Mai 1629

Euer wohlerwürdig und gestrengen
Underthenig dienstschuldigst und
getreuwilligster

Sebastian Mayrhöffer
m.pria."

„m.pria", „mpp" oder „manu propria" heißt, vom Lateinischen wörtlich übersetzt, „mit eigener Hand".

In Zeiten, in denen wichtige Schriftstücke mitsamt den entsprechenden Unterschriften häufig von einem Kopisten abgeschrieben wurden, war das „manu propria" eine

Möglichkeit, die eigenhändige Unterschrift zu kennzeichnen und diese dadurch von der Abschrift zu unterscheiden. Es war somit eine Art Siegel, welches dem Empfänger die Originalunterschrift bestätigte.

In Dokumenten des 16. und 17. Jahrhunderts wurden diese „m. p." – Abkürzungen häufig mit aufwendigen, kalligrafischen Schleifen oder als gitterförmiges Ornament im Anschluss an den Namen angehängt.

Der Komtur Augustin Oswalt von Liechtenstein war jedoch nicht in der Lage, eine schnelle Entscheidung zu treffen. Die Anschuldigung und die möglichen Folgen für den gesamten Stockheimer Flecken waren zu gewaltig. Schon jetzt schien im Ort eine Stimmung zu herrschen, die an Panik grenzte.

Deshalb meldete er bereits einen Tag später an seinen Obersten, den *„hochwürdigsten Fürsten und Herrn, Herrn Johann Caspar, Administrator des Hochmeistertums in Preussen, Meister Deutschen Ordens in deutschen und welschen Landen, Herrn zu Freudental und Eulenberg, Römisch Kaiserlich Majestät geheimen Rats, seinem gnädigsten Herrn und Obersten…"* in Mergentheim, dem er den Sachverhalt und den damit verbundenen Verdacht der Zauberei und Hexerei sorgfältig darlegte. Er bat in fein gedrechselten Worten um Anweisung

„was nun dieselben hierauf gnädigst befehlen werden, dem solle von mir untertänigst gehorsamst nachgesetzt werden.
Euer hochfürstlicher Gnaden damit der allmächtige liebe Gott zu aller beständigen Gesundheit samt erwünschten fürstlichen Wohlstand, derohalben aber zu beharrlichem fürstlichen Milden Gnaden mich untertänigst gehorsamlich und treulichst befehlen.
Datum, Horneck, den 14. Mai 1629
Untertänigster und gehorsamster Diener
Augustin Oswalt von Liechtenstein"

Anna war völlig verstört. Wie konnte es geschehen, dass sie gänzlich unbedarft in einen solch schwerwiegenden Prozess verwickelt worden war? Sie, die sich doch nur um ihre Kinder sorgte und den Vater der Zwillinge herbeiwünschte. Vielleicht wäre es doch besser gewesen, sie hätte den Flecken sogleich nach dem Kirchengericht mit ihren Kindern verlassen oder hätte einer Empfängnis von vorne herein heimlich vorgebeugt, indem sie Schießpulver in Essig gerührt und dieses getrunken hätte, wie es angeblich die fernen *Magyaren** taten.

Am 23. Mai erstellte der Administrator Johann Casper sein Antwortschreiben in Mergentheim, in dem er den Sachverhalt noch einmal zusammenfasste und darlegte, dass die Witwe angeben würde, mit jenem Totenkopf nichts anderes willens gewesen zu sein, als ihren Schäfer zurückzuholen.

Dies sei jedoch als solches nie allein vor sich selbst ein hoch verbotenes Werk, sondern auch ein starkes Indiz, welches das Zeichen der verfluchten Hexerei auf sich trage. Deshalb solle die besagte Witwe und die anderen Weiber mit allem Fleiß noch einmal dazu befragt werden. Es solle auf ihre Worte und Gebaren mit Fleiß Achtung gegeben und endlich ihre Aussage als Gutachten angefertigt werden.

Beigefügt waren die „Interrogatoria“, die Fragen, die gestellt werden sollten.

Die Sache begann, sich für Anna äußerst kritisch zuzuspitzen, denn allein die Bezeichnung „Interrogatoria“, zu Deutsch „Frage“, wies auf einen Hexenprozess hin.

Die Interrogatorien wurden in einer Bestimmung des Papstes Gregors IX. im Jahre 1239 in Verbindung mit Hexenprozessen erlassen. Es wurde vorgegeben, dass den Zeugen bestimmte Artikel vorzulegen seien, die entsprechend der aktuellen Tatumstände formuliert seien. Man unterschied dabei zwischen „Interrogatoria generalia“, die die allgemeinen Erkenntnisse über den Beschuldigten aufzeigen sollten, wie Name, Wohnort, familiäre und persönliche Umstände sowie den „Interrogatoria specialis“, deren Fragen sich direkt auf das Hexenverbrechen bezogen. Hier wurde auf die Vorgehensweise der Tat, die Gemeinschaft mit anderen bei der Durchführung und Ähnliches eingegangen.

Anna fiel aus allen Wolken, als ihr bewusst wurde, dass ihr nun nicht mehr, wie wenige Wochen zuvor, die relativ simple Angelegenheit der Unzucht vorgeworfen wurde, sondern wahrhaftig die Missetat der Hexerei und Zauberei. Man ging wohl davon aus, dass bei Anna einer der vier strafrechtlichen Einzeltatbestände vorlag, in die sich das Hexenverbrechen gliederte – die Zauberei. Die drei anderen Elemente Gotteslästerung, Sodomie und Kuppelei beziehungsweise Ehebruch schienen nicht zuzutreffen.

Abb.: Zwei Hexen beim Wetterzauber (Hans Baldung Grien, 1523)

Es wurde offenbar vermutet, sie habe versucht, Hexenmedizin herzustellen, zu der seltsame Salben, Pulver, Öle oder mit eigenartigen Dingen gefüllte Töpfe, aber auch aufbewahrtes Ungeziefer, Wurzeln, Bündnisbriefe des Teufels und menschliche Knochen zählten – vielleicht sogar ein Totenkopf...

Die junge Mutter war von der Situation gänzlich überfordert. Wie sollte sie sich verhalten? Gab es überhaupt noch eine Rettung für sie? Konnten nicht alle Erklärungen, die sie abgab, in Frage gestellt werden und jede Antwort ihren sicheren Tod bedeuten?

In Stockheim wussten alle, was es bedeutete, in einen Hexenprozess verwickelt zu werden. Viel zu oft schon war der Flecken mit dieser Anklage in Berührung gekommen und viel zu häufig hatte sich herausgestellt, dass die angeklagten Frauen tatsächlich bösartige Hexen waren.

Vor beinahe einhundert Jahren hatte das Übel hier in Stockheim begonnen. Damals hatte es sich herausgestellt, dass mehrere Hexen ihr Unwesen getrieben hatten. Die eine hatte ein Hagelwetter heraufbeschworen, die andere ein Kalb sterben lassen und die dritte eine Kuh verhext.

Doch damals hatten noch keine Scheiterhaufen gebrannt.

Erst im Jahre 1590, als die Hexe Appolonia zwei kleine Kinder hatte sterben lassen, war sie zum Feuertode verurteilt worden. Dies war vor knapp vierzig Jahren geschehen und viele der Stockheimer konnten sich an diese tragische Zeit entsinnen. Vor allem die Alten scheuten sich noch heute, darüber zu reden und bekreuzigten sich, wenn die Sprache dennoch darauf kam.

Es war eine schlimme Zeit gewesen, denn nicht nur Appolonia hatte ihre Teufelstaten gestanden, sondern auch mehrere der anderen von ihr erwähnten Weiber. Unter der Folter, die in diesem Falle einfach unumgänglich war, hatten sie dem Heilbronner Scharfrichter bereitwillig erzählt, wie sie mit dem Teufel gebuhlt hatten und des Nachts auf fremden Kälbern geritten waren. Auch unzählige weitere dämonische Taten kamen so ans Tageslicht und immer mehr Personen konnten durch die Aussagen der Mittäterinnen überführt werden. Doch nicht nur die Stockheimer Hexen, auch Weiber aus anderen Orten wurden dieser Taten bezichtigt.

Die Frau des Conrad Linkh hatte sich schließlich im Gefängnis erhängt, wurde aber dennoch verbrannt – wie drei weitere Hexen; denn das Verbrennen der Hexen war nicht nur eine bewährte Möglichkeit, diese von den Lebenden zu den Toten zu befördern und sie dadurch für ihre Untaten zu strafen, sondern auch das sicherste Mittel, dafür zu sorgen, dass die Teufelsweiber wirklich restlos vom Erdboden verschwänden.

Das Feuer hatte in diesem Zusammenhang eine ganz besondere Bedeutung, galt es doch als elementare Urgewalt mit einer reinigenden Kraft, die alles Böse verzehrte. Der Rauch, der dabei entstand, nahm die Bosheit des Menschen mit sich und wurde vom Winde in alle Richtungen verweht. Ein Grund, weshalb die Hexen, wenn möglich, auf Anhöhen verbrannt wurden, wo der Wind seine ihm zugeteilte Aufgabe leichter bewältigen konnte.

Die Asche selbst, der man noch immer gefährliche Kräfte zuschrieb, wurde dem fließenden Wasser übergeben, das diese weit vom Schauplatz fortführen sollte.

So waren bei der endgültigen Vernichtung eines vom Dämon besessenen Menschen die drei Naturelemente Feuer, Wasser und Wind unverzichtbar.

Abb.: Feuerhinrichtung von Anneken Hendriks in Amsterdam im Jahre 1571, aus dem „Märtyrerspiegel", Kupferstich von Jan Luyken

Auch 1594 war es dem Deutschorden in Stockheim gelungen, fünf der verfluchten Hexen habhaft zu werden und sie zur Läuterung auf den Scheiterhaufen zu bringen. Man konnte sich im Flecken noch gut daran erinnern, wie hell die Flammen gelodert hatten.

Nur sieben Jahre nach den Stockheimer Hexenverbrennungen von 1594 gab es eine erneute Hexenwelle, die dringend eingedämmt werden musste. Erst dann glaubte man, den Ort gereinigt zu haben.

Und nun, 1629, war wieder eine Hexe aufgetaucht. Wie hatte man dies nur so lange übersehen können? Oder war es ein Irrtum? Man würde äußerst gründlich überprüfen müssen, was vorgefallen war, um nicht in den Verdacht zu gelangen, Unschuldige zu töten, denn schon seit einiger Zeit hatten die Protestanten kritisch Stellung zu den Hexenprozessen bezogen und diese beträchtlich in Frage gestellt.

Von dem Buch des reformierten Pfarrers Anton Praetorius sollte gar vor wenigen Jahren eine Neuauflage herausgekommen sein, mit einem überkonfessionellen Appell gegen Folter und Hexenprozesse.

Doch nicht nur die von der wahren Kirche Abtrünnigen teilten offenbar diese Meinung. Es hieß im Deutschen Orden, selbst Friedrich Spee, ein überzeugter Jesuit, würde die Hexenverfolgungen rügen. Angeblich plane auch er die Herausgabe eines diesbezüglichen Buches, doch entsprach dies wohl eher der ungebildeten Gerüchteküche.

Abb.: Zwei Dominikanermönche werden des Teufelspakts beschuldigt und auf Anordnung der Inquisition verbrannt, vermutlich 1549

Dennoch, ignorieren konnte man diese neuen Weltanschauungen nicht, wollte man die katholische Kirche nicht in Verruf bringen.

Somit unternahm der Deutschordensritter Augustin Oswalt von Liechtenstein die kleine Reise von Horneck nach Stockheim, um die Beschuldigte Anna Linkh sowie sämtliche Zeugen im Beisein des Amtmannes Sebastian Mayrhöfer sowie des Schultheißen Jost Hofmann, des Gerichtsamtsschreibers Hannß Leonhardt, des Anwalts Hannß Eberle und Jacob Hanekh, Mitglied des Gerichts, am Mittwoch, dem 13. Juni 1629 zu vernehmen.

Herablassend stellte er der schüchternen Frau die erste der vorgegebenen Fragen. *„Wie sie heiße und wer ihr Mann gewesen?"*

Anna atmete auf. Diese Frage war leicht zu beantworten und konnte ihr bestimmt nicht gefährlich werden. Schnell gab sie deshalb an, dass sie Anna, Hannß Caspar Linkhs Witwe sei.

Die zweite Frage, wann sie solchen Totenkopf gesotten und warum sie es getan habe, beantwortete sie dahingehend, dass sie an einem Sonntagmorgen in der Frühe einen Totenkopf aufs Feuer gesetzt habe, um ihn vierundzwanzig Stunden sieden zu lassen. Es seien aber die Abgeordneten dazu gekommen und hätten solches der Obrigkeit angezeigt.

Zur dritten Frage, wer sie ein solches Tun gelehrt habe, gab sie die alte Schulmeisterin Salome, Adam Beißtodts Weib und „Hebam" genannt, an, welche zu ihr gesagt habe, sie solle einen neuen Hafen nehmen, ein Fluss Wasser darin tun und einen Kopf vierundzwanzig Stunden darin sieden lassen.

Weiter erzählte sie, die Schulmeisterin habe ihr hinter der Kirche auf dem Friedhof gesagt, dass, wenn sie den Totenkopf sieden werde, sich im Hafen etwas tun werde, sodass sie nicht gerne dabei bleiben würde.

Als Anna daraufhin der Empfehlung der Schulmeisterin gehorcht habe und zum Totenhäusle habe gehen wollen, sei ihr die alte Salome wiederum begegnet und sie, Anna, habe gesagt, dass sie sich so fürchte. Da habe die Schulmeisterin abermals angefangen, dass sie nur hingehen solle, aber sie habe es nicht gerne getan.

Und als sie es gerne getan hatte und eines Manns Totenkopf gewollt habe, da habe sie einen solchen nicht erkennen können. Deshalb habe sie Hannß Schieckhs Weib, die Catharina, gefragt, in deren Haus sie gewohnt habe, wie sie einen Mannskopf erkennen könne. Diese habe ihr dann die Zeichen gesagt, dass ein Mannskopf eine höhere, glattere Stirn habe und ein Weibskopf um die Stirne geschiffert sei. Auch habe ihr Catharina Schickh geholfen, das Feuer zu machen und den Hafen darüber zu geben. Sie wäre auch allzeit dabeigesessen, wie der Totenkopf gesotten habe.

Sie, Anna, habe es nicht heimlich zu tun begehrt.

Ängstlich stellte Anna fest, dass sich die Fragen immer enger um den Tatbestand der gefährlichen Hexerei zuschnürten. Dennoch sah sie keine Alternative, als alles so ehrlich wie möglich zu beantworten und gelobte noch einmal auf die Frage, was sich bei ihrem Sieden dieses Totenkopfes zugetragen habe, dass sie es nicht heimlich getan habe. Als sie den Totenkopf aufs Feuer gesetzt habe, wäre Hannß Schickhs Weib, die Catharina, mit vier Kindern bei dem Herd gesessen. Catharina habe zwar gesagt, es brumme so sehr und gefragt, ob sie, Anna, gleichwohl vermeint habe, etwas zu hören, sie habe aber nichts hören noch merken können.

Die Befragung wurde fortgeführt und schließlich in einem schriftlichen Bericht festgehalten, in dem protokolliert wurde, Anna Linkh habe angegeben, es sei niemand als die alte Schulmeisterin bei ihr auf dem Kirchhof gewesen.

Anna habe den Totenkopf bei einem halben Tag geholt, denn sie habe ihn unbeschienen holen müssen.

Ansonsten bekenne sie, dass sie vor einem halben Jahr einen rechten Ärmel von des Schäfers Wams herausgeschnitten und ihn in einem Hafen gesotten habe. Anschließend habe sie ihn in einem Ameisenhaufen vor dem Flecken um die Mittagszeit vergraben, was sie die alte Schieberin, Michel Oberlins Witwe Margaretha, gelehrt habe.

Es habe auch da der Schafknecht wiederkommen sollen, der damals zu Hessigheim gewesen sei. Doch als sie am nächsten Tag dort hinauf gekommen sei, habe sein Meister ihr gesagt, ihr Schafknecht habe gestern mit ihm gezecht. Es sei ihm aber dann unversehens bang geworden, dass sie ihn fangen könnten und er sei daher mit seinen Schafen weitergezogen.

Auf die Frage acht, ob ihr auszusagen nicht verboten worden wäre, habe sie erwidert, dass die alte Salome ihr verboten habe, etwas zu bekennen und zu sagen, was sie, die Schulmeisterin, sie zuvor gelehrt habe.

Schließlich habe sie auf die Frage neun beteuert, so stand zu lesen, dass sie nichts Böses im Sinn gehabt habe und auch nicht begehre, Böses zu tun. Allein diese Zwei, die alte Schulmeisterin und die alte Schieberin, hätten sie ein solches Tun gelehrt und sie wollte bei Gott, dass sie die beiden nie gesehen hätte.

Im Anschluss an die Vernehmung der Anna Linkh wurden der Schultheiß sowie die weiteren Herren des Gerichts verhört, die alle vom Amtmann mit dem Einverständnis des Deutschmeisters und des Komturs zu Horneck ernannt worden waren.

Abb.: Zwei Wetterhexen brauen Regen und Wind, Holzschnitt aus „De lamiis et phitonicis mulieribus" von Ulrich Molitor, Köln 1489

Als sie nun zum Leumund der Beschuldigten aussagen sollten, wiesen sie darauf hin, dass sie niemals etwas bezüglich einer Hexerei über Anna Linkh vernommen hätten und diese auch vormals nie wegen Hexerei oder Zauberei in Verruf geraten wäre.

Anna wurde daraufhin wieder auf dem Rathaus festgesetzt, wo sie den weiteren Verlauf im Beisein ihrer Kinder abwarten musste.

Als nächstes wurde die Zeugin Catharina, Hannß Schickhs Weib, gerufen und ebenfalls examiniert. Im Protokoll stand dazu, sie habe auf ernstliches Befragen, warum sie dieser Verhafteten einen Hafen gegeben habe, ausgesagt, dass sich die Anna den Hafen selber genommen hätte. Auch habe sie der Anna ihr Leben lang nie nichts gelehrt. Sie wolle darauf sterben, dass sie nichts mit dem Totenkopf zu tun habe.

Weiter gab sie vor, dass die Hebamme Salome der Anna diese Sache mit dem Totenkopf gelehrt habe, als sie damals das Kind gebadet habe.

Aufgrund dieser Aussage wurde Anna noch einmal zum Gericht gebracht, um dort ihre Angaben im Beisein der Catharina zu wiederholen, worauf diese endlich gestand, dass Anna die Tat mit ihrem Wissen begangen habe, und weiter angab, dass sie die Zeichen an den Totenköpfen wisse, weil ihr Mann ein Totengräber gewesen sei. Von diesem habe sie es verstanden, dass ein Unterschied zu sehen sei. Aber nicht sie, sondern die Salome, die alte Schulmeisterin, habe die Anna Linkh gelehrt. Selbige sei eine kundige Frau. Catharina selber habe aber nie gehört, dass je ein Mensch diesen Rat ausprobiert habe und könne auch nicht mehr dazu sagen.

Catharina Schickh wurde vom Gericht Stillschweigen auferlegt und bis auf weiteres entlassen.

Schließlich wurde Salome, die alte Schulmeisterin und Hebamme, Adam Beißtodts Weib, von den Richtern befragt.

Obwohl ihr vorgelesen wurde, was die Beschuldigte über sie ausgesagt hatte, war Salome nicht bereit, auch nur ein einziges Wort zu gestehen. Auch als ihr Anna gegenübergestellt und deren Aussage wiederholt wurde, blieb die Hebamme bei ihrer ablehnenden Haltung.

Die Richter waren unschlüssig. Wer log hier und wer war schuldig? Alle – oder niemand?

Letztlich wurde Catharina Schickh noch einmal herbeizitiert, der Hebamme gegenübergestellt und diese mit der Aussage der Schickh konfrontiert, dass der Mann wiederkommen solle, wenn man einen Totenkopf siede.

In ihrem Bericht erklärten die Gerichtsherren und der Schultheiß später zugunsten der Hebamme, dass diese Salome sich jederzeit ehrlich und wohl gehalten habe. Sie hätten von ihr nie etwas Böses gehört und sie sei jederzeit in einem guten Ruf gestanden.

Catharina Schickh habe aber, viele Jahre her, der Hexerei halber keinen guten Leumund Lob gehabt, jedoch wisse man derentwegen keinen satten Grund zu sagen, als was allein von den gemeinen Leuten gemurmelt würde.

Letztlich wurde noch Margaretha, die Witwe des Michel Oberlin, dem Verhör unterzogen. Ihr wurde die Antwort der Anna Linkh auf das fünfte Fragestück vorgehalten, in dem diese erklärt hatte, dass sie einen Ärmel gesotten habe.

Margaretha hatte aber sowohl darauf als auch gegenüber Anna Linkh, die ihr dasselbe vor Gericht ins Gesicht gesagt hatte, nichts gestanden. Und obwohl man sie daraufhin mit dem Feuer bedroht und sie, ohne das Beisein der Anna Linkh, mit Ernst und Fleiß befragt hatte, was sie denn wisse, war sie nicht bereit, mehr darüber auszusagen.

Es war eine Gratwanderung. Ganz offensichtlich sahen alle Beteiligten klar und deutlich, wie nahe sie dem Tode standen.

Obwohl durch die vermeintliche Hexerei kein Schaden entstanden war, schien dennoch eine neue Flut an Hexenprozessen über das Dorf hereinzubrechen. Jeder sorgte sich, in diese gewaltige Welle hineingezogen zu werden und versuchte daher, sich zu distanzieren. Eine unbeschreibliche Todesangst saß den Menschen im Nacken!

Wäre es möglich, dass man diese Tat als ein erneutes Aufleben der Zauberei betrachten und alle Beteiligten auf den Scheiterhaufen werfen würde? Wollte man sie brennen sehen?

Die Stimmung im Flecken war niedergedrückt. Selbst die Kinder schienen das Lachen verlernt zu haben und die Hunde krochen verschreckt unter die Ofenbank.

Auch Augustin Oswalt von Liechtenstein war sich der kritischen Situation bewusst.

Dennoch hatte er sich bereits seine eigene Meinung gebildet, die er nun, im Anschluss an die Untersuchungen, am 14. Juni 1629 nach Mergentheim weiterleitete:

„Hochwürdigster Fürst, Euer hochfürstlicher Gnaden sein mein unterthänigster gehorsamster treu- und schuldtwilligster Dienst besten und äußersten Fleiß und Vermögen zuvor, gnädigster Herr und Oberster.

Demnach Euer hochfürstlicher Gnaden auf mein wegen Hannß Linkhen zu Stockheim hinterlassener Witwe gesottenen Totenkopf an dieselbe getanen gehorsambster Bericht mir andern dato 23. verlassenen Monats Mai gnädig anbefohlen haben, aber der Verhafftin hiervoriges geführtes Leben und ob sie jederzeit in gutem Gericht gewesen oder mit Fleiß nachforschen, auch die samt anderen Weibern, so mit ihr auf dem Kirchhof gewesen, examinieren solle, solches alles habe ich meinem schuldigten getreuen Geheiß nach in gebührende Observanz und gehorsamste Obacht genommen.

Wie ich dann mich den 13. hujus nach Stocksberg begeben, und die examination mit gebührendem Fleiß und Eifer vorgenommen, wessen sich nun in solcher befunden, dass geruhen Euer hochfürstlicher Gnaden aus dem Anschluss gnädigst zu vernehmen; weil* *aber Euer hochfürstlicher Gnaden mir auf mein gut bedenken hierüber zu überschreiben benebens gnädigst befohlen, derentwegen halte ich in meinem geringen Verstand aus nachfolgender Ursachen sonderlicher darfür...*",

dass die Anna und die anderen Weiber trotz der harten Vernehmung nichts weiter gestehen oder anzeigen wollen und es ratsam sei, die in Verhaft liegende Anna Linkh mitsamt ihren Kinder aus dem Ordengebiet zu verweisen und aus dem Flecken Stockheim zu schaffen.

Hingegen solle aber der Amtmann zu Stocksberg auf die Catharina, Hannß Schickhens Weib, über die es wohl vor längerer Zeit sonderbares und böses Geschrei gegeben habe, eine gute Aufsicht haben.

Liechtenstein bat um die Übersendung der entsprechenden Anordnungen und beendete sein Anliegen mit den in diesem Falle erforderlichen untertänigen Schlussworten.

Der Inhalt des Schreibens hatte sich in Stockheim überraschenderweise schnell verbreitet und dafür gesorgt, dass neue Hoffnung erwacht war. Auch Anna versuchte, nicht den Mut zu verlieren und betete, man möge in Mergentheim dem Vorschlag des Komturs zustimmen.

Indes aber, wenige Tage später schon, war alles entschieden. Unruhig und angespannt standen die Stockheimer bereit, das Urteil zu empfangen.

Johann Casper von Stadion, Hoch- und Deutschmeister zu Mergentheim, wiederholte in seinem Schreiben vom 20. Juni 1629 noch einmal den gesamten Sachverhalt und fügte abschließend hinzu, dass die erstbesagte *Inzichterin** samt ihren Kindern aus dem Ordengebiet verwiesen werden solle. Auch aus Sicht des Hoch- und Deutschmeisters habe sie durch einen solchen Verweis ausreichend gebüßt, weshalb dieses empfohlene Urteil bestehen und durchgeführt werden solle.

Auf Hannß Schickhs Weib aber solle gute Achtung gegeben und ihr gegebenenfalls verdächtiges Tun des Weiteren berichtet werden.

Den Stockheimern und allen voran Anna war es, als würde plötzlich die Sonne heller scheinen. Es war vorbei. Sie waren gerettet. Und doch würde es ihnen allen eine Lehre sein. Niemals wieder würden sie eine Tat begehen, die ihnen eine Anklage der Hexerei einbringen könnte, denn sie alle wussten, dass nicht nur Anna Linkh noch einmal unglaubliches Glück gehabt hatte.

Dreißig Jahre zuvor hätte diese Tat unweigerlich grausame Folter und ihrer aller unabwendbaren Tod bedeutet ...

Quelle: StAL B 269 Bü 84a

Für immer und ewig

Zang/Heidenheim an der Brenz, Winter 1569/70

Fröhlich erklang die Musik des Mannes, der den Jungfrauen zum Tanz aufspielte. Sie sprangen und hüpften zum Klang des Dudelsacks. Der Pfeifer aber lachte …

Dunkle Regenwolken zogen sich über dem Wald zusammen, ohne dass die beiden angeregt schwatzenden Mädchen es bemerkt hätten. Fröhlich hatten sie ihr Garn in Nesselhalden abgegeben und sich nur kurz damit aufgehalten, bei der dortigen Leinenverarbeitung zuzusehen.

Nesselhalden lag hoch über dem Steinheimer Tal auf einer weiten Ebene, umgeben von Wald und Heidelandschaft, die der kleinen Ansiedlung angeblich auch ihren Namen gegeben hatte – Nessel und Heide.

Doch den Mädchen war dies gleichgültig. Sie hatten von Nesselhalden aus eine gute Stunde zu gehen, um in das in einem großen Becken liegende Steinheim zu gelangen und vergnügten sich derweil mit unterhaltsamen Geschichten. Ihre Körbe waren leer und der Weg ging bergab, sodass sie zügig voranschreiten konnten.

Derartig ins Gespräch vertieft, bemerkte keine der beiden, wie die Wolken stetig dichter und die Anzahl der Menschen um sie herum immer spärlicher wurden. Erst als vereinzelte Regentropfen fielen, blickten sie erstaunt zum Himmel. Just in diesem Moment ging auch schon ein heftiger Schauer auf die jungen Frauen nieder und da ihre Umhänge den Regen nicht lange würden abhalten können, liefen sie eiligst los, auf der Suche nach einem trockenen Unterstand.

Dort allerdings machte sich ein mulmiges Gefühl in ihnen breit. Der Regen veränderte die Landschaft und zwang ihr ein düsteres Bild auf und die zuvor so lustig klingenden Geschichten erhielten plötzlich einen dumpfen Nebengeschmack.

Margaretha Weiß musste immerzu daran denken, wie nahe sie sich bei Zang befanden, dem Heimatort des „Narreten Enderlin“, dem Verrückten, der den Frauen im Wald auflauerte und sie belästigte. Ob ihre Begleiterin Barbara, die Tochter des Rudolph Franntz und der Elsa Anna, wohl auch von der Sache mit dieser Frau gehört hatte, die auf dem Heimweg von Zang überfallen worden war?

Es war vor wenigen Jahren gewesen, als dieses Weib in Zang von ihrem Ehemann Michael Schweizer etliches an Geld empfangen und dieses ins Tal hatte bringen wollen. Damals hatte die Frau in Zang einen Boten angeheuert, der mit ihr durch den Wald gehen sollte. Dieser Bote hatte sich dann aber, als sie ein Stück gegangen waren, plötzlich umgewandt und nicht nur nach ihren Taschen, sondern auch nach ihr selbst gegriffen und sie brutal niedergerissen. Trotz ihrer heftigsten Gegenwehr hatte der Mann nicht von ihr gelassen und sie hätte keine Möglichkeit gehabt, zu entkommen, wären da nicht endlich Stimmen zu vernehmen gewesen und Leute des Weges gekommen, sodass der Bote hatte flüchten müssen. Erst später hatte sich herausgestellt, dass dies der „Narrete Enderlin“ gewesen war.

Gerade wollte Margaretha ihre Freundin auf diese Geschichte aufmerksam machen, als Barbara schon von sich aus auf den „Narrete Enderlin“ und seine Furcht erregenden Taten zu sprechen kam. Sie wusste zu berichten, dass dieser aus Zang stammte, einer kleinen Kolonie für Waldarbeiter und Köhler, die zu Zeiten ihrer Gründung zum damaligen Zisterzienserkloster Königsbronn gehört hatte.

Erst vor rund dreißig Jahren hatte Abt Melchior im klostereigenen Wald, auf dem so genannten Albuch westlich des Tales, diese Ansiedlung neben dem alten klösterlichen Fischweiher angelegt. Sein Ziel war es, dort Holzkohle für die Eisenverhüttung zu gewinnen, die in Königsbronn so erfolgreich durchgeführt wurde.

Die Ansiedlung hatte damals aus etwa zwanzig bescheidenen Häusern und nur wenigen Einwohnern bestanden, zu denen schon bald die Familie des Enderlin zählte.

Zang lag auf einer Ebene weit über dem Kloster, mitten im dichten Wald, der inzwischen jedoch durch die Holzkohlegewinnung deutliche Lücken aufwies.

Die Luft war erfüllt vom Rauch der Kohlenmeiler und obwohl es eine Kunst und nicht jedermanns Sache war, gute, ergiebige Meiler zu bauen, waren die tüchtigen Köhler arme Leute. Ihre Arbeit war schwer und nur selten fanden sie Zeit, sich auf den eineinhalb Meilen weiten Weg nach Königsbronn aufzumachen, der zunächst steil bergab durch den Wald, schließlich aber im flachen Tal zum Kloster führte.

Margaretha und Barbara schauderten im Gedanken an den Verrückten und hofften, diesen niemals zu Gesicht zu bekommen. Sehnsüchtig wünschten sie sich das Ende des Unwetters herbei, um diesen düsteren Wald verlassen und zurück nach Steinheim marschieren zu können.

Doch der Regen hielt an – und ehe sie sich versahen, stand der gefürchtete Narr vor ihnen. Wie ein Dämon erschien er den beiden entsetzten, jungen Frauen. War der Enderlin vom Teufel besessen oder von satanischen Mächten untergeschoben worden – ein Wechselbalg?

Seine Andeutungen, Worte und Handlungen den beiden Mädchen gegenüber waren eindeutig und Angst einflößend. Dennoch gelang es den erschreckten Opfern, sich loszureißen, wegzulaufen und sich ins Elternhaus der Barbara Franntz nach Steinheim zu flüchten. Sie hatten noch einmal Glück gehabt.

Doch obwohl für diesmal alles gut ausgegangen war, war die Angelegenheit allen äußerst peinlich. Wer wollte schon mit einem Toren in Verbindung gebracht werden – noch dazu, wenn man Jungfrau und dieser Narr dafür bekannt war, dass er Frauen belästigte? Wie würden die Leute darauf reagieren? Wie die jungen Männer?

Margaretha und Barbara waren sich dessen nicht sicher und beschlossen daher, den Vorfall zunächst für sich zu behalten – immerhin war weiter nichts geschehen …

Doch drei Jahre später sollten sie erneut an die Geschichte erinnert werden, denn wieder machte der Narr von sich reden. Enderlin hatte sich in Sontheim, in Balthasar Mackhs Haus aufgehalten und diesem angekündigt, dass er eine Weile nach Gerstetten ziehen wolle.

Dies war an sich nichts Ungewöhnliches. Enderlin war ein Sackpfeifer, der den Dudelsack gut zu handhaben wusste. Er pfiff, wann und wo immer es ihm beliebte und war ständig unterwegs.

Schon sein Vater Leonhard Rauh war ein Sackpfeifer und Schalmeier gewesen. In der Hoffnung, seinen Sohn Enderlin zu einem ordentlichen und gottesfürchtigen Menschen erziehen zu können, der sich mit seiner Hände Arbeit selbst ernähren konnte, hatte er dem Jungen das Musizieren beigebracht. Aber bei Enderlin hatte dies nichts gefruchtet. Wo immer er sich aufhielt, auf Kirchweihen, Hochzeiten, Jahr- und anderen Märkten, hatte er gesoffen und sich auch ansonsten äußerst schändlich verhalten.

Waren nun Musiker und Schausteller an sich schon am Rande der Gesellschaft angesiedelt, so galt dies für Enderlin insbesondere. Sein unsittliches Verhalten war den Menschen ein Dorn im Auge und es fiel schwer, ihn als vollwertiges Mitglied der Gesellschaft zu betrachten. Dennoch war man erleichtert, dass er sich selber ernähren konnte und nicht, wie viele andere Blödsinnige, auf Almosen angewiesen war.

Als er somit nach Gerstetten zog, überraschte dies niemanden, auch wenn dieser Ort mehrere Meilen südlich von Steinheim lag.

Es lag ein wenig Schnee und die Leute auf den Straßen waren warm eingepackt, obwohl sie das raue Klima der Heidenheimer Alb gewohnt waren.

Auch das Weib des Matthis Reb, eines Krämers aus Giengen, das sich zuletzt in Ulm aufgehalten hatte, war an diesem Tag unterwegs, um nach Gerstetten zu ziehen. Ahnungslos war sie durch das Tal in den Wald gelangt, als sie plötzlich, unvermittelt und mit einer unglaublichen Gewalt zu Boden gerissen wurde und der Enderlin sie zu überwältigen drohte. Sie wehrte sich mit all ihrer Kraft, sodass es zu einem heftigen Gemenge kam, in dessen Verlauf ihr der Schleier vom Kopf gerissen wurde. Auch ihr Ziechlin, das Tuch, das sie getragen hatte, verlor sie im erbitterten Kampf. Endlich gelang es ihr, sich loszureißen und schreiend zu Mackhs Haus zu flüchten, dem sie völlig außer sich von dem Überfall erzählte.

Balthasar Mackh zögerte indes nicht. Sofort setzte er sich auf sein Ross, ritt eiligst in das Tal, in dem die Frau überfallen worden war und suchte nach dem hinterlistigen Übeltäter. Am beschriebenen Ort fand er jedoch nur den Schleier, schließlich aber auch die Haube und das Ziechlin – aber Enderlin war verschwunden.

Erst auf dem Rückweg konnte er anhand der Spuren im Schnee, welche die Fußtritte des Täters aufzeigten, feststellen, dass dieser nach Osten in Richtung Küpfendorf, einem Ort mit eigenem Marktrecht, geflüchtet war, anstatt weiter nach Gerstetten zu ziehen, sodass Mackh die weitere Verfolgung unterließ.

Wieder einmal kam Enderlin Rauh ungeschoren davon.

Für seine Verwandten, die allesamt in Zang lebten, war das Verhalten des Enderlin einfach unerträglich.

Vor etlichen Jahren hatte sich der Vater Leonhard Rauh hier in Zang angesiedelt. Er selbst war in Söhnstetten geboren worden und dort den ständigen konfessionellen Wechseln hilflos ausgeliefert gewesen, deren Ursache im Jahre 1534 mit dem Sieg Herzog Ulrichs über die österreichischen Statthalter von Württemberg begonnen und in dem er sein Land zurückerobert hatte. Damals war auch in der Herrschaft Heidenheim, Herbrechtingen und Anhausen die Reformation eingeführt worden. Nur das Kloster Königsbronn mit seinen Eisenhütten und der Brenzquelle, unterhalb der alten Burg Helfenstein, hatte mit den Mönchen unter kaiserlichem Schutz gestanden und war mit seinen Dörfern – zu dem auch das an der Handelsstraße liegende Söhnstetten zählte – der katholischen Kirche treu geblieben. Erst als der Mönch Thomas Frech, der als Abt nach Söhnstetten gesandt worden war, Luthers Gedanken übernommen und seinen Glauben geändert hatte, waren ihm die Dorfbewohner willig gefolgt. Doch Frech war aufgrund seiner Glaubenseinstellung versetzt worden, sodass ein anderer Abt gefolgt war, der die katholische Religion erneut hatte aufleben lassen.

1552, in den Nachwirren des Schmalkaldischen Krieges, war Königsbronn schließlich durch die Truppen des Markgrafen von Brandenburg-Kulmbach niedergebrannt und weitestgehend dem Erdboden gleichgemacht worden, bis es im darauf folgenden Jahr evangelisch geworden war und die noch immer dort lebenden katholischen Mönche das Kloster hatten verlassen müssen.

1556, ein Jahr nach dem Augsburger Religionsfrieden, hatte Herzog Christoph von Württemberg eine evangelische Klosterschule unter der Leitung eines evangelischen Abtes auf dem Gelände einrichten lassen und neun Jahre später mit dem Neubau der Klosterkirche begonnen.

Während all dieser Wirren war Leonhard Rauh nach Zang gezogen und dort in den Besitz eines Hauses gelangt. Seine große Sorge jedoch galt seinem Sohn Enderlin, der schon früh ein eigenwilliges Verhalten an den Tag gelegt hatte. Wohl war er nicht taub und stumm, doch könnte ihn sein oft seltsames Verhalten dennoch zu diesen zählen lassen – zu den Schwachsinnigen, Trotteln, Irren oder Wahnsinnigen.

Noch konnte er, der Vater, für ihn sorgen, wie es von ihm bei einem solchen Familienmitglied erwartet wurde, doch wie lange noch? Was würde geschehen, wenn die Eltern tot, der Junge erwachsen und auf sich selbst gestellt war? Würde er mit seiner Hände Arbeit oder seinem Dudelsack überleben können – ein Gott gefälliges Leben führen? War er vernünftig genug, die Risiken einzuschätzen, die sein ungezügeltes Verhalten herauf beschwor? Es war noch nicht so lange her, da wurden derartige Verhaltensweisen als vom Teufel verursacht oder als göttliche Strafe betrachtet. Denn schließlich, so hatte der Pfarrer verkündet, hieß es in der Bibel im 5. Buch Moses Kapitel 28, Vers 28: „Der Herr wird dich schlagen mit Wahnsinn, Blindheit und Verwirrung des Geistes."

Neuerdings wurde aber behauptet, dass Torheit nicht unbedingt vom Teufel oder von Gott hervorgerufen wurde, sondern einzig eine menschliche Schwäche bedeutete, in der der Betroffene seine Zucht- und Maßlosigkeit nicht zügeln konnte und deshalb dem Wahnsinn verfiel. Lag es somit in Enderlins eigener Verantwortung, dass er so war, wie er war – der Gefahr ausgesetzt, ausgegrenzt und gegebenenfalls der Lächerlichkeit preisgegeben zu werden, indem man ihn als Aufsehen erregendes Monster oder „Wunder“ der sensationslustigen Öffentlichkeit darbot, wie dies immer wieder mit Narren geschah?

Aber würde er, Leonhard Rauh, seinen Sohn Enderlin davor schützen können?

Angeblich sollte es sogar Gelehrte geben, die behaupteten, der Wahnsinn sei eine Art Krankheit des Geistes, aber das hielt Leonhard nun doch nicht für möglich. Da klang der Gedanke, ein Überfluss an schwarzer Galle würde vorliegen, schon überzeugender. Es hieß, die dunklen Säfte und die rußigen Dämpfe würden sich auf das Gehirn niederschlagen, es zermürben und spröde machen – ein Wissen, das bereits Jahrhunderte überdauert hatte.

Leonhard Rauh sorgte sich wirklich sehr. Tatsächlich hatte er schon viel über die Ursachen und Behandlungen von Schwachsinnigen gehört, doch er hatte nie darüber gesprochen. Er fürchtete, man könne ihn selbst für verrückt halten. Außerdem wusste er nicht, was er von all dem halten sollte und eine der in Frage kommenden Behandlungen, wie das Aufbohren des Kopfes, hätte er sich nie leisten können. Selbst um zur Heilung an das Blut eines Hingerichteten zu gelangen, hätte er ein ganz schönes Säckchen Geld benötigt. Unmöglich. Abgesehen davon war durchaus damit zu rechnen, dass es ausreichte, Enderlin nur streng genug zu erziehen, um ihm die Flausen aus dem Kopf zu treiben. Und das nahm er sich fest vor.

Doch Leonhard Rauh blieb nicht mehr genug Zeit, sein Vorhaben in die Tat umzusetzen.

Ein Kriegsknecht des berüchtigten Hans Conrad von Woellwarth tötete den mehrfachen Familienvater in seinem Wohnort in Zang.

Das Adelsgeschlecht von Woellwarth hatte seinen Gutsbesitz in Essingen und Umgebung, wo ihnen Kaiser Karl V. entsprechende Blutgerichtsbarkeit verliehen hatte.

Hans Conrad schien ein äußerst wohlhabender, aber auch gewalttätiger und herrschsüchtiger Mann zu sein, der keine Hemmungen hatte, Grenzsteine zu versetzen, um sich auf fremder Leute Kosten zu bereichern und auch mit dem Leben anderer recht freizügig umging. Erst während der Pfingsttage 1560 hatte er grundlos den ledigen Burschen Hans Brigel, auf dem Markt zu Aislingen, durch Schüsse aus der Pistole schwer verwundet, als sich die Jugend, dem Brauch nach, mit Juchzen und Singen vergnügt hatte, sodass ihn das Gericht zu einer Zahlung von dreihundert Gulden verpflichtet hatte.

Endris Yelin aus Lauterburg, der im Dienste des Woellwarth stand, war zwei Jahre später von diesem bei einer Auseinandersetzung in den Schenkel geschossen worden – unbeabsichtigt, wie es hieß – worauf er verstarb. Hans Conrad hatte eine

Geldstrafe zu erstatten und entließ den Bruder des Verstorbenen als Entschädigung aus der Leibeigenschaft, in der sich, mit Ausnahme der Kleriker, zu denen auch die Professoren, Studenten und *Scholaren** zählten, alle württembergischen Untertanen befanden.

Leibeigenschaft bedeutete für die Menschen, dass sie zwar Eigentum erwerben durften, nicht jedoch in Form einer Immobilie. Die Höfe, welche die Bauern bewirtschafteten, waren Eigentum ihres Grundherren, dem sie eine Pacht, den Zehnten, zu zahlen verpflichtet waren sowie zu genau festgelegten Frondiensten. Umfang der Frondienste und Abgaben war genau geregelt, um eine Ausbeutung zu vermeiden.

Außerdem war in früheren Zeiten jährlich eine Leibhenne fällig und im Todesfall, beim männlichen Verstorbenen, das beste Stück Vieh, bei einer weiblichen Leibeigenen das beste Kleid. Inzwischen allerdings wurden diese Todesfallabgaben in Form von Geld entrichtet.

Leibeigene konnten verkauft oder getauscht werden, wobei dies lediglich hieß, dass der Leibeigene seine Abgaben an einen anderen Herrn zu leisten hatte, auf seinem Hof aber weiterhin leben durfte, zumal ein Leibeigener nicht gegen seinen Willen von seiner Hofstelle entfernt werden konnte. Umgekehrt war es dem Leibeigenen verboten, ohne die Genehmigung seines Grundherrn die Hofstelle zu verlassen.

Bei reisenden Spielleuten, wie Enderlin einer war, wurde versucht, das Problem des Umherreisens in den Griff zu bekommen, indem man Verzeichnisse, die so genannten „Leibbücher“, führte, in denen die Leibeigenen aufgeführt waren.

Ferner entschied der Grundherr, wen der Leibeigene zu heiraten hatte, und übergab dieses Recht gegebenenfalls auch an den neuen Eigentümer weiter.

Die Leibeigenschaft war personengebunden, über die Mutter vererbt und galt auf Lebenszeit.

Im Gegenzug zu diesen Leistungen und Abgaben war der Grundherr verpflichtet, dem Leibeigenen militärischen und juristischen Schutz zu gewähren, was unter anderem bedeutete, dass der Grundherr bei einer Ladung des Leibeigenen vor einem fremden Gericht diesem einen Rechtsbeistand, also einen Fürsprecher, stellen musste.

Nach Leonhard Rauhs Tod gelang es seinen Kindern, das von ihm hinterlassene Haus mit dem *Einverständnis des Lehensherrn** für einhundertundachtzehn Gulden zu verkaufen. Die Geschwister hatten dafür zunächst vierzig Gulden in bar erhalten und sollten den Rest in jährlichen Raten von sechs Gulden erstattet bekommen.

Das Geld war auf die Erben verteilt worden, die es in Selten, wie die kleinen Häuser genannt wurden, angelegt hatten. Nur Enderlin sollte laut Vertrag achtzehn Gulden erhalten und zudem von seiner Schwester Anna aufgenommen und versorgt werden.

Anna war stolz auf ihr Heim, das sie sich mit ihrem Mann Leonhard Schwarz gekauft hatte. Wohl war es nur ein kleines Bauernhaus, zudem mit Schulden belastet, doch es gehörte ihnen.

So kam es, dass Enderlin bei ihr lebte, nachdem er im Herbst 1569 auf der Steinheimer Kirchweih übel zusammengeschlagen worden war und schwer verletzt Unterschlupf bei ihr gesucht hatte.

Obwohl es für sie außer Diskussion stand, den Bruder in dieser Situation zu versorgen, nagten doch unzählige Fragen an ihr. Was hatte Enderlin getrieben, bevor er zu ihr gekommen war und wo hatte er sich aufgehalten? Stammten die Wunden wirklich nur von den Schlägen? Schließlich überwand sie sich und stellte Enderlin zur Rede. Dabei erfuhr sie, dass er den Sommer in der Schweiz verbracht und den Heimweg nach Zang zeitweise mit mehreren Gesellen angetreten hatte. Zu neunt seien sie gewesen, so verkündete Enderlin, als sie in der Gegend, oberhalb von Ulm, ein Weibsbild im Roggenacker sitzend vorgefunden hätten. Zunächst hätten sich nacheinander die acht Gesellen zu ihr gelegt, dann er selbst. Doch während sich die anderen im Anschluss daran gewaschen und sauber gemacht hätten, hätte er dies unterlassen – und da habe er sich ein Schlier eingefangen, das nun auch ausgebrochen sei.

Anna war entsetzt! Enderlin hatte sich mit einer Geschlechtskrankheit, einem eiternden Geschwür angesteckt! Doch noch ehe sie sich dazu äußern konnte, fuhr Enderlin schon mit seiner Erzählung fort:

In Söhnstetten habe ihm der Veit Röppl geraten, er solle zusehen, dass er mit einer Referenz eine gesunde Hure bekomme, die bei ihm liegen würde, dann wäre ihm in seiner leiblichen Not schon geholfen.

Er sei dann über Geislingen nach Überkingen gezogen.

Offenbar hatte er sich, wie so viele seiner Zeit, von den Heilwassern der Bäder eine Gesundung von den Geschlechtskrankheiten erhofft.

Anschließend, so prahlte Enderlin selbstbewusst weiter, sei er nach Sauerbronn gereist. Auf dem Weg dorthin habe er im Wald ein Weib gefunden, das bereit gewesen sei, seines Willens zu tun.

Auf den bitteren Vorwurf seiner Schwester hin beteuerte er, dass er gestorben wäre, hätte er in diesem Moment kein Weib bekommen und fügte trotzig hinzu, dass sie ihm doch eine gesunde Hure besorgen solle – hätte sie dies beizeiten getan, hätte er die andere nicht behalten und wäre nun nicht krank! Und wenn er wieder gesund wäre und weggehen könne, so fuhr er fort, würde er alle halb gewachsenen Mädchen, wie sie ihm auch über den Weg laufen würden, einfach zu Boden werfen.

Anna war schwer betroffen und wies ihn für seine Worte heftig zurecht. Verärgert wollte sie wissen, warum er dies denn zu tun gedenke und ob ihm nicht bewusst sei, dass er dafür streng bestraft werden würde, doch er entgegnete, er habe einfach nur Spaß gemacht und Anna solle das alles nicht glauben.

Anna hatte es nicht leicht mit dem Bruder in ihrem Haushalt. Streit und Ärger waren unumgänglich. Wie hätte sie auch damit umgehen können, dass ihr Bruder solch üble Taten androhte? Ihn zurechtweisen oder alles ignorieren? Manchmal war es ihr nicht anders möglich, als ihn mit groben Worten anzufahren, in der Hoffnung, ihn zur Besinnung und auf den rechten, christlichen Lebensweg zu bringen.

Aber auch Enderlin konnte wütend werden und nicht selten schrie er sie an, dass sie nicht wisse, wie er sich fühle. Hätte er eine gesunde Hure, die ihm helfe, so brüllte er dann, wäre sein Problem schon gelöst. Anna wünschte in diesen Augenblicken, der Söhnstettener hätte seinen Mund gehalten und Enderlin nicht auf diesen törichten Gedanken gebracht.

Es war schließlich ein ganz gewöhnlicher Arbeitstag für Anna, an dem Enderlin die unsichtbare Grenze des Zumutbaren überschritt.

Anna hatte an diesem Tag die Stube mit Schmalz, Wäsche und anderem verlassen, war aber etwas früher als erwartet zurückgekommen. Der noch immer kranke Enderlin lag im Bett, neben ihm Annas kleine vierjährige Tochter Rösle. Das Mädchen lag nackt auf der Bettdecke, hatte in der einen Hand ihr *Heßlach**, in der anderen ein Stück Weck und spielte damit.

Sobald Anna Zeit fand, forderte sie ihren Bruder auf, das Bett zu verlassen, damit sie es aufschütteln könne und Enderlin tat, wie ihm geheißen.

Zu Annas größtem Verdruss trug er jedoch nur seinen Kittel, ohne das lange Hemd dazu, weshalb sein Unterleib unbedeckt war. Fröhlich stolzierte er so in der Stube hin und her, bis sie ihn aufgebracht zurechtwies und ihm vorwarf, was für ein wüster, unflätiger Mensch er doch sei und wenn er sich schon vor ihr nicht schämen wolle, so solle er es doch vor dem Kind tun! Aber Enderlin hatte nur gelacht und spöttisch gemeint, dass es doch nur sein Zuselen, sein Glied, sei, das es da zu sehen gäbe – und Rösle hätte ja auch eines.

Rösle, die bisher schweigend zugehört hatte, drängte nun die Mutter, sie solle doch mit dem Enderlin nicht schelten, er habe ihr doch ein Stück Wecken gegeben und es sei auch wirklich nur sein Zuselen. Er habe sie damit nur ein klein wenig gestoßen.

Die Mutter, Anna Schwarzen, war geschockt! Was hatte dieser Unmensch nur getan?! Wie konnte er ihrer Tochter das antun?! Weiß vor Wut und Zorn schrie sie, dass sie ihn am liebsten abstechen würde und stürmte aufgebracht aus der Stube!

Nur kurze Zeit später folgte ihr das kleine Mädchen. Zaghaft bat sie die Mutter, sie solle doch schweigen, denn der Enderlin habe ihr, bei ihrer bratigen Seel, nicht wehgetan. Sie habe nur ein wenig geweint.

Daraufhin untersuchte Anne das Kind und stellte ergrimmt fest, dass die Unlust des Bruders noch immer an den Schenkeln des Mädchens klebte.

Als Enderlin jedoch die Schwester anflehte, die Sache für sich zu behalten, ließ sie sich letztlich dazu erweichen, denn immerhin hatte ihr der Bruder einen *Pelzschlappen** für vier *Batzen** versprochen und die Angst, was weiter mit ihm geschehen würde, saß ihr zudem im Nacken.

Abgesehen davon, wäre auch ihrem Kind geschadet, würde sie die Missetat des Bruders aufdecken; man würde die Schuld nicht nur bei Enderlin, sondern auch bei ihr, der Schwester, suchen. Man würde ihr vorwerfen, dass sie es versäumt habe, ihn zu einem gottesfürchtigen Dasein anzuhalten.

Sicherlich wäre es auch bei dieser Vereinbarung geblieben, hätten sich bei dem Kind nicht plötzlich seltsame Schwellungen gezeigt, die Anna nicht zu behandeln wusste. So war sie gezwungen, die Sache zu offenbaren, um ihr Kind zu retten.

Enderlin dagegen machte sich noch am selbigen Abend zu seinem ebenfalls in Zang lebenden Bruder Lienhard auf, in der Hoffnung, dort weiteres Obdach zu erhalten. Doch auch Lienhard hatte die Verantwortung für eine Familie zu tragen und fürchtete, Enderlin könnte sich nicht nur an Annas, sondern auch an seinen Kindern vergreifen, sodass er den Bruder lediglich für die folgende Nacht aufnahm. Er selbst eilte gleich am nächsten Morgen zum klösterlichen Verwalter in Königsbronn, dem er ratlos erklärte, dass es für seine Geschwister untragbar sei, den ganz und gar unsauberen Enderlin weiterhin zu beherbergen.

Aber auch der Verwalter wusste zunächst keine Abhilfe. Wohin mit einem solchen Toren? Es war nun einmal Aufgabe der Familie, ob reich oder arm, für diesen zu sorgen – und die Familie waren bei Enderlin seine Geschwister in Zang.

Dennoch war er bereit, den Schultheißen von Zang über den Vorfall zu informieren.

Allerdings legte er sich nicht fest, wann dies geschehen solle und so musste sich Lienhard noch ein zweites Mal zum Kloster bemühen, im dringenden Anliegen, Hilfe vom Verwalter zu erlangen.

Vermutlich, so überlegte Lienhard grantig, war dem Verwalter der Wiederaufbau seines Klosters und des Eisenhüttenwerkes wichtiger als das Leid seiner Mitmenschen.

Inzwischen hatte sich der Vater des Kindes, Lienhard Schwarz, direkt an den Zanger Schultheißen, Bastian Mayer, gewandt und diesem von der Schandtat des Enderlin berichtet.

Sogleich suchte der Schultheiß den Beschuldigten auf und befragte ihn zur Sache. Doch Enderlin beteuerte seine Unschuld vehement und behauptete, dem Kind niemals etwas angetan zu haben. Er sei sich sicher, der Schwager behaupte dies nur, um ihn aus dem Haus zu bekommen. Und auch das Kind, das durchaus gesund aussah, blieb dabei, dass ihm der Onkel kein Leid zugefügt habe.

Die ganze Angelegenheit war äußerst undurchsichtig. Dass der „Narrete Enderlin“ ein seltsamer Kauz war und ihm die unterschiedlichsten Schandtaten durchaus zuzutrauen waren, machte es dem Schultheißen nicht leichter. Dennoch musste er etwas tun. Er entschloss sich daher, den Beschuldigten zunächst an eine Kette legen zu lassen, bis er ihn nach Heidenheim bringen konnte.

Dies jedoch war so gar nicht nach Enderlins Sinn, weshalb er ein ums andere Mal wissen wollte, was man ihm denn vorwerfen wurde. Er schrie und heulte die ganze Nacht, ob vor Schmerzen, Wut oder aufgrund seiner Krankheit, wusste niemand zu sagen. Und auf alle Fragen, warum er dem Kind dies angetan habe, gab er zur Antwort, dass er nicht wisse, wie dies habe geschehen können. Er sei einfach nur dagelegen und wisse nichts von seinem leidigen Handeln zu sagen.

Am darauf folgenden Tag, Anfang November 1569, wurde der quengelnde Beschuldigte zu seiner Anhörung in die Oberamtsstadt Heidenheim verbracht.

Die Menschen auf den belebten Gassen verharrten und starrten ihn neugierig an, denn viele von ihnen kannten Enderlin, der hin und wieder auf den Jahrmärkten mit seiner Sackpfeife aufgespielt hatte.

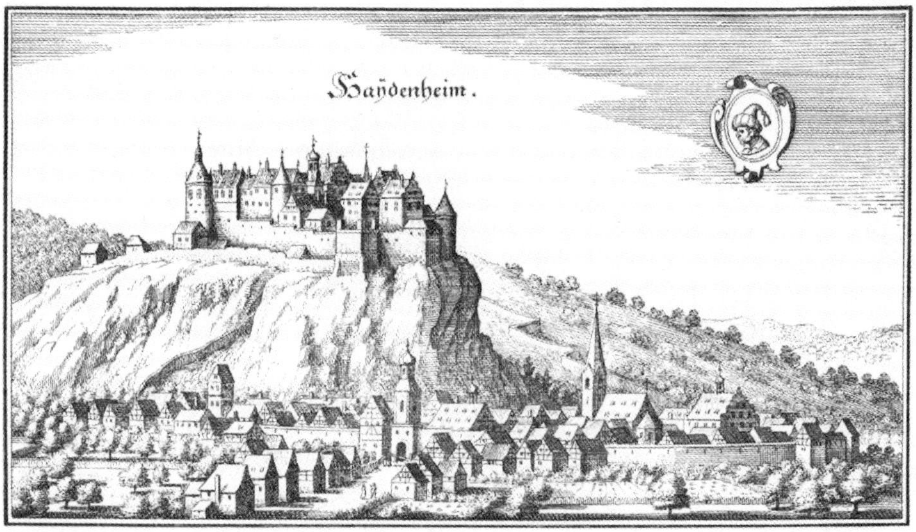

Abb.: Heidenheim an der Brenz um 1643, von Matthäus Merian, in „Topographia Sueviae", einem Band der „Topographia Germaniae"

Die Stadt mit ihren wohl siebenhundert Einwohnern lag direkt unterhalb der imposanten Burg Hellenstein, die zwar 1530 bis auf die Grundmauern niedergebrannt, inzwischen aber durch Herzog Ulrich von Württemberg wieder aufgebaut worden war und in der die jeweiligen Repräsentanten der Landesherrschaft, seit Martini 1563 der Oberpfleger Wilhelm Adelmann von Adelmannsfelden, residierten.

Von Heidenheim führte ein Reitweg durch das Marstalltörchen direkt hinauf zur Burg. Die Stadt selbst war von einer gewaltigen Mauer umgeben, gesichert durch sechs Wach- und vier Tortürme. Der obere Turm war der imposanteste mit insgesamt fünf Stockwerken.

Enderlin Rauh wurde im unteren Torturm eingesperrt, in einem Stübchen zwischen den beiden Gefängniszellen und dort an die Kette gelegt. Bei diesem südlich der Stadt gelegenen unteren Turm war das Tor bereits vor Jahrzehnten zugemauert worden, sodass der Zugang zur Stadt hier verwehrt war. Auf dem Turm befand sich das Malefizglöckchen, dessen Läuten die zum Tode Verurteilten auf ihrem letzten Gang begleiten sollte.

Heidenheim war eine wirtschaftlich rege Stadt, vor deren Toren sich die ertragreichen Eisenwerke mit einer Schmelz- und den beiden Kohlehütten befanden, an denen auch der württembergische Herzog Anteile besaß.

Profitiert wurde ferner von der bereits 1530 an der Brenz erbauten Papierfabrik, nachdem durch die Buchdruckerei der Verbrauch an Papier immens gestiegen war. Seit wenigen Jahren produzierte Bartholomäus Burger hier sein begehrtes „Schlangen- und Hirschpapier“ mit den dafür typischen Wasserzeichen.

Während der auf der östlichen Schwäbischen Alb angebaute Flachs die Grundlage für die Leinwandherstellung und den lebhaften Leinwandhandel darstellte, blühte auch das Geschäft mit dem Wein- und Salzhandel, der zwischen Württemberg und Bayern herrschte und in dem Heidenheim als Umschlagplatz diente. Aber auch aus dem Export von Geschirr, für das die umliegenden Tonlager den Rohstoff lieferten, aus Brauereien und Gerbereien wurde Gewinn gezogen.

Vor beinahe zwanzig Jahren war schließlich damit begonnen worden, die aufblühende Stadt zu vergrößern und dazu eine Vorstadt, außerhalb der Mauer und an den Mittleren Torturm angrenzend, anzulegen. Auch wurde seit Oktober an einem neuen, deutschen Schulhaus gebaut, welches das alte Schulhäusle auf dem Kirchhof ablösen sollte.

Doch trotz des wirtschaftlichen Aufschwunges musste Enderlin Rauh durch schmutzige, winterliche Gassen stapfen, als er vom Stadtknecht Theli Fischer vor das Heidenheimer Gericht gebracht wurde. Er sollte vor dem Stabhalter, den beiden Bürgermeistern Hans Moser und Lienhart Peyrer, sowie vor Gericht und Rat Rede und Antwort stehen und wurde dabei vom Kastner und Unterpfleger Johann Hitzler angeklagt, der als verordneter Anwalt des württembergischen Herzogs Ludwig fungierte.

Der Altenpflegermeister Hanns Mossner übte das Amt des Fürsprechers der herzoglichen Seite aus und war somit der Wortführer dieser Partei. Den Fürsprechern beider Parteien kam eine große Bedeutung zu, war es doch ihre Aufgabe, den Verlauf der Verhandlung genau abzuschätzen, die Folgen der jeweiligen Schritte vorherzusehen und entsprechend rechtzeitig zu reagieren.

Die Ämterbezeichnungen in Heidenheim waren, obwohl sich die Stadt bereits seit 1504 in württembergischer Hand befand und nur zwischen 1521 und 1536 zu Ulm gehört hatte, noch immer bayerischen Ursprungs. So entsprach das Amt des Pflegers dem des württembergischen Vogtes, wobei der Unterpfleger für die Geschicke der Stadt Heidenheim weitaus bedeutender war als der Oberpfleger, welcher üblicherweise eher repräsentative Aufgaben wahrnahm.

Vom Herzog ernannt, oblag Hitzler nicht nur die Verwaltung des Oberamtes, sondern er stand auch an der Spitze des Gerichtes und Rates der Stadt. Hitzler, der zuvor Untervogt in Blaubeuren gewesen war, vertrat in Heidenheim außerdem das Amt des Kastners und war als solcher gleichzeitig Verwalter der herzoglichen Steuereinkünfte.

Vor zwei Jahren erst war seine Frau Beatrice gestorben, nachdem sie fünfzehn Kindern das Leben geschenkt hatte.

Es war somit ein Mann mit Erfahrung, der sich nun mit Enderlin, beziehungsweise mit dessen Fürsprecher Lienhart Peyrer auseinanderzusetzen hatte, um anschließend das Resultat der Vernehmung schriftlich an den Oberpfleger zu übersenden, welcher wiederum die Kanzlei in Stuttgart von den Vorfällen unterrichten würde.

Die Kanzlei jedoch fand die bisherigen Ermittlungen äußerst unzureichend und forderte weitere Vernehmungen, da, wie sie die Aktenlage zusammenfasste, Enderlin Rauh offenbar Zeit seines Lebens ein gottloser, ehrloser, übelschwörender, ärgerlicher Mensch vor Gott und den Leuten gewesen sei, sich den Tag seines Lebens nichts Gutes, sondern alleweg in allem faulenzen und fleißig Fressens und Saufens beflissen habe und Gott im Himmel und sein Gebot nicht erkennen habe wollen. Auch habe er die weltliche Obrigkeit- und alle Ehrbarkeit verachtet, sich in summa den Tag seines Lebens einem unvernünftigen Vieh gleich gezeigt, gehalten und beflissen und deshalb mit dem Kinde seiner Schwester, so vier oder viereinhalb Jahre alt, schändliche, ärgerliche Notzucht und Blutschande begangen, sodass es besser wäre, Gott hätte das Kind gleich sterben lassen.

Es hieß, Enderlin habe überall seinen Kragen zu füllen gewusst und auch ansonsten mit groben schandlosen Reden und Gottschwüren täglich seine Zeit vertrieben. Dazu habe er in der Herrschaft Heidenheim den Ruf gehabt, dass er im Verdacht stehe, auf dem Feld mit Weibsbildern Unzucht zu treiben und sich gegen seine Schwester unverschämt

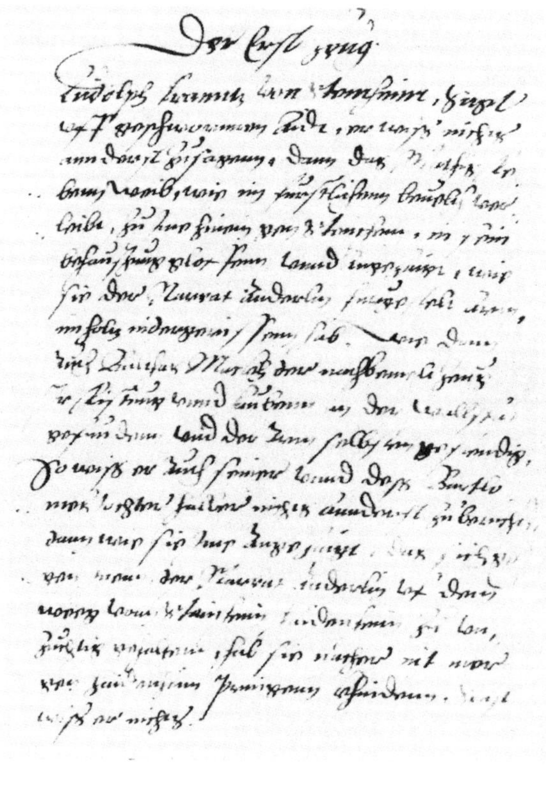

Abb.: Zeugenvernehmung des Rudolph Franntz (Ausschnitt aus Originalakte)

Hauptstaatsarchiv Stuttgart A 209 I Bü 1099

zu verhalten. Der Weintrunk und alles, was er in den Magen stecke, mache, dass er auf das aller Unbescheidenste Weiber haben müsse und vieles mehr.

Man fuhr fort, dass Enderlin aufgrund dieser Ursachen und der Furcht vor den Strafen, die ihm vom Prälaten in Königsbronn angedroht worden seien, sich viel im Ausland aufgehalten habe. Da er aber trotz aller Ermahnung, Warnung und Drohung zu keiner Kirche habe gehen, sondern in seinem gottlosen, faulenzen und bösen Leben der Strafe habe fliehen wollen, sei daraus zu entnehmen, dass er kein Tor, sondern ein rechter fauler, gottloser und unnützer, böser Mensch sei.

Die Stuttgarter Räte forderten daher den Unterpfleger auf, den Beschuldigten unter Bedrohung des Nachrichters abermals eingehend zu befragen und auch sämtliche Zeugen ausführlich zu vernehmen.

Sollte das Gericht ein Urteil fassen, dürfe dieses jedoch nicht veröffentlicht werden, sondern solle zunächst verschlossen an die Kanzlei geschickt werden.

In manu propria unterzeichneten der Statthalter Heinrich Graf und Herzog zu Castell sowie Dr. Johann Brastberger.

Umgehend wurden sodann weitere Geschädigte und sämtliche Zeugen noch einmal schriftlich vorgeladen. Auch Anna Schwarz, ihr Mann und ihr Bruder Lienhard wurden aufgefordert, nach Heidenheim zu kommen und trafen schließlich, aufgeregt und besorgt zugleich, in ihrem einzigen Sonntagsgewand dort ein.

Alle Geladenen wurden darauf hingewiesen, die Wahrheit zu sagen. Die Männer wurden vereidigt, während die Frauen, da sie nicht schwören durften, Pflicht tun mussten, indem sie die Hand auf die Brust legten und gelobten, die Wahrheit zu sagen.

Erneut wurden Fragen gestellt und Antworten gegeben, doch der Sachverhalt blieb unumstößlich.

Auch Anna Bränz aus Steinheim wusste nichts anderes zu berichten, als dass ihr, als sie einstmals mit Bartholomäs Tochter Anna nach Heidenheim gezogen, der „Narrete Enderlin" begegnet sei, der wie ein Ross gewiehert und sich auch ansonsten gar unzüchtig gegen sie beide verhalten habe, sodass sie nicht mehr nach Heidenheim haben gehen wollen, sondern wieder umgekehrt seien.

Jörg März von Steinheim konnte die Richter darüber in Kenntnis setzen, dass er, als er von Hermannsweiler nach Kerben gegangen war, eine Frau, seines Wissen von der Ecke hieroben, bei Veith Rossnagels Frau habe stehen sehen, als sie dieser von der Tat des Enderlin berichtet hatte.

Letztlich wurde Anna Schwarz gefragt, wie es denn nun ihrem Kind gehe, worauf sie nervös angab, dass es zu dieser Zeit wohl um ihr Töchterlein stehe. Sie habe sich fein geschickt und sie vermeine, es hätte ihm an der Jungfernschaft und allem nicht geschadet.

Der Zanger Schultheiß Bastian Mayer bestätigte schließlich die getanen Angaben, fügte aber in vorwurfsvollem Tonfall hinzu, dass Enderlins Vater selig, seine Schwestern und Brüder, alles gottlose, übel schwörende Leute gewesen seien und noch seien, denn sonst hätten sie ihn, Enderlin, wohl zu Gottesfurcht und Ehrbarkeit erziehen und gewöhnen können.

Der angedingte Fürsprecher des Beschuldigten, Lienhart Peyrer, Bürgermeister von Heidenheim, legte indes dar, dass Enderlin Rauh zwar in beinahe allen Punkten gestehen müsse, wollte aber betonen, dass solche Taten nicht geschehen wären, wäre der Enderlin gescheit wie andere.

Da Enderlin zudem ein Leibeigener und der Herzog gegenüber seinem Untertanen zu Schutz und Schirm verpflichtet sei, bitte Enderlin hierum um Verzeihung, Barmherzigkeit und um fürstliche Gnade. Man solle ihn aus dem Gefängnis entlassen und ein mildes Urteil sprechen.

Enderlin versprach, sich hiernach besser aufzuführen als in seinem ganzen bisherigen Leben.

Da er die Taten nicht weiter geleugnet hatte, wurde er schließlich darüber aufgeklärt, was geschehe, wenn er einen Meineid begehe und auf seine Aussage hin vereidigt. Hitzler schloss somit die Ermittlungen ab.

Um jedoch die blühende Jugend und andere ehrliche umstehende Leute mit dieser schändlichen und ärgerlichen Tat zu verschonen, wurde mit dem Einverständnis des fürstlichen Anwaltes und des Armen Enderlin Rauh auf eine Publikation der Aussagen verzichtet.

Eine Entscheidung, die Anna Schwarz zutiefst erleichterte.

Aus der Bezeichnung „Arm" konnten alle Zuhörer schließen, dass es sich bei Enderlin Rauh um einen Untertan, einen einfachen Bauern und nicht um einen Edelmann oder Kleriker handelte. Dabei war mit Sicherheit niemand im Saal anwesend, der dies nicht schon zuvor gewusst hatte.

Das Gericht entschied und gab in seinem Bericht an die Stuttgarter Kanzlei bekannt, dass den Beklagten und Armen Enderlin Rauh aufgrund seiner gottlosen, ärgerlichen Handlungen der Boden nicht tragen, sondern ihn verfluchen solle, da er ein Notzoger, also ein Vergewaltiger, sei, der mit einem unwissenden, unmündigen Kind offenbar Blutschande begangen habe.

Es erging daher folgendes Urteil:

„Auf Klag, Antwort, Widerrede und alles gerichtliches Fürbringen auch notdürftige wahrhafte Erfahrung und Erfindung, so deshalb alles nach laut der Heiligen Römischen Reiches Halsgerichtsordnung und unseres gnädigen Fürsten Regalien und Freiheiten beschehen, ist durch die Urteiler des Gerichts allhier endlich zu Recht erkannt, dass Enderlin Rauhen, der fürgestellte Arm von Zang, ein halber Tor und nicht recht gescheit sei, dieweil er aber mit seiner leiblichen Schwester Töchterlein ein Notzwang und gräuliche Blutschande begangen, und sonsten in viel Weg die Weibsbilder auf dem Feld Unzucht halber angeredt, so soll er dem Nachrichter an die Hand gegeben werden, an gewöhnlicher Richtstatt geführt und mit dem Schwert vom Leben zum Tod gerichtet werden.

Mittwoch den 7. Dezembers nach Christi unserm Herrn und Seligmachers Geburt gezählt fünfzehnhundertsechzigneun Jahre."

Die Akte wurde versandt und man wartete in der Überzeugung ab, richtig entschieden zu haben. Immerhin hatte Enderlin nicht nur die entsetzliche Blutschande, sondern auch wiederholt die Straftat der Gotteslästerung begangen. Ein Delikt, das in der Carolina Artikel 106 in weniger schlimmen Fällen mit Geldbußen, Pranger stehen, Schwemmung, Verbannung, Rutenstrafe und mit dem Herausreißen der Zunge geahndet wurde, aber auch mit Ertränken, Enthaupten und Verbrennen. Schließlich galt es, den geschmähten Gott zu besänftigen und somit Unheil vom ganzen Land abzuhalten.

Das Herausreißen der Zunge wurde als spiegelnde Strafe gewertet, hatte doch der Delinquent seine fürchterliche Tat mit diesem Organ begangen. Die Zunge wurde dabei vom Henker mit einer Schere oder einem scharfen Messer entweder teilweise oder ganz herausgeschnitten, sodass der Delinquent nie wieder würde Gott lästern können. Wurde die Blutung sofort gestoppt und dafür gesorgt, dass sich die Wunde nicht entzündete, hatte der Delinquent gute Chancen, die Tortur zu überleben. Allerdings würde er künftig nicht nur beim Sprechen Probleme haben, sondern auch bei der Nahrungsaufnahme. Was würde nun also mit dem „Narreten Enderlin“ geschehen?

Am 24. Dezember 1569 tat die Juristenfakultät Tübingen, die inzwischen in die Angelegenheit involviert worden war, ihre Meinung kund.

Mit der üblichen, höflichen Grußformel beginnend, gelangte sie recht zügig zu ihrem Urteil, in dem sie forderte, dass der Beklagte dem Nachrichter an sein Hand und Band gegeben werden soll und *„von ihm auf offenen Markt geführt, daselbst an ein Seil gebunden und mit Ruten wohl geschwungen werden soll. Folgends in eine Verwahrung gelegt, ein Leben lang.“*

Die Juristen erkannten wohl, dass Enderlin an seinem Schwesterkind eine ganz abscheuliche gräuliche Tat begangen habe, führten aber auch an, dass die Jungfernschaft nicht verletzt und somit die Tat nicht vollbracht worden war. Ferner sei der Täter nicht dumm, sondern, wie aus den Akten zu vernehmen, ein halber Tor, sodass man von der Todesstrafe absehen wolle.

Die oben genannte Strafe jedoch sei an dem Delinquenten auszuführen, sobald dieser von seiner Krankheit genesen sei oder nach Gelegenheit vorzunehmen. Die Strafe dürfe ihm aber nicht zum Tode oder zur Mehrung seiner Krankheit gereichen. Und da er ein halber Tor sei und niemanden auf Erden habe, der im helfe, solle ihm durch einen von der Obrigkeit geschickten Wundarzt geholfen und das Urteil erst danach vollstreckt werden.

Enderlin solle anschließend Zeit seines Lebens in Verwahrung gelegt und „ad onus aliquod publicum condemnieren“, also in Ketten zu irgendeiner Zwangsarbeit herangezogen werden, damit er sein Brot selber verdienen könne. Dies allerdings nur in einem solchen Ausmaße, wie es ihm physisch möglich sei. Man solle den Enderlin bei seiner Arbeit gut im Auge behalten, damit er keinen Schaden durch Feuer oder ein sonstiges Ärgernis anrichte, ihn gegebenenfalls durchweg im Gefängnis lassen.

Die Juristen ergänzten mit der Aufforderung, die Akte an den Herzog weiterzuleiten, der entscheiden solle, ob es sich hier um einen törichten Täter handele und inwieweit dieser töricht sei und demnach die Strafe zu mildern oder mehren.

In Heidenheim war man über diesen Vorschlag nicht glücklich. Wer sollte die Versorgung des Narren finanzieren? Schon jetzt waren durch seinen Gefängnisaufenthalt etliche Kosten entstanden. Würde sich eine der drei württembergischen Oberbehörden zuständig fühlen? Vielleicht die Hof- oder Rentkammer als Finanzbehörde oder der Oberrat als Zivil- und Justizbehörde oder gar der Kirchenrat, denn immerhin gehörte Enderlin zu Zang und Zang zu Königsbronn?

Man beschloss, sich direkt an Herzogin Sabina zu wenden, die nach dem Tod ihres Mannes Herzog Christoph am 28. Dezember 1568 die Vormundschaft für ihren derzeit sechzehnjährigen Sohn Ludwig übernommen hatte, und legte ihr den Fall des Leibeigenen am 14. Januar 1570 dar, mit der Bitte um eine Entscheidung bezüglich der Kostenübernahme.

Doch auch die Stuttgarter Kirchenräte wandten sich am 17. Januar 1570 in der kostspieligen Angelegenheit an die Rentkammer, welche die Einkünfte des Herzogs verwaltete und einzog, um zu verhindern, dass das Kloster zu einem ewigen Gefängnis missbraucht wurde. Deutlich wiesen sie auf den derzeitigen Zustand des Klosters hin, welches nach dem verheerenden Brand noch nicht wieder aufgebaut worden war und in dem somit keine Möglichkeit bestand, den Narren unterzubringen, selbst wenn seine Geschwister für seine Atzung gesorgt hätten.

Abgesehen davon seien den Klöstern des Fürstentums von dem gnädigen Fürsten und Herrn hochlöblichen Gedächtnisses im Rahmen der Reformation ein anderer Gebrauch zugewiesen worden. Es solle nämlich darin Schule gehalten, Kirchendiener erzogen und nicht dergleichen Übeltäter ihrer Misshandlungen und Verwirkungen wegen gehalten und gestraft werden. Auch hätten fürstliche Gnaden dergleichen nie geschehen oder einreißen lassen – zumal der Rauh zu ewigem Gefängnis verurteilt worden war – und all die anderen Klöster somit befürchten müssten, dass auch ihnen derartige Menschen aufgedrängt würden.

Man müsse, so wurde verdeutlicht, auch an die Widersacher der Reformation, die Papisten denken, denen man dadurch Grund zu allerlei Geschrei und der Nachrede liefern würde, man hätte die Mönche unter einem Schein der Schule und Studien aus den Klöstern getrieben und wolle dieselbigen jetzt zu einem solchen Gebrauch, die ärgsten Übeltäter darinnen zu enthalten, verwenden.

Die Kirchenräte erhofften nun untertänigst, einen alternativen Weg zu finden, den Rauh in Heidenheim oder an einem anderen dergleichen Ort in ewigem Gefängnis zu erhalten.

Bereits am 19. Januar wurde die Frage erwogen, ob Enderlin vielleicht im Siechenhaus unterkommen könne. Doch die Möglichkeit wurde schnell wieder verworfen.

Anna Schwarz und ihre Geschwister litten schwer unter den Blicken ihrer Mitmenschen, denn obwohl sie alles getan hatten, was in ihrer Macht stand, um das Unheil von Enderlin abzuwenden, hatten sie doch versagt. Wer solle nun dafür gerade stehen?

Wäre Enderlin ein harmloser Narr gewesen, wäre seine weitere Versorgung kein Problem gewesen. Seine Geschwister, bei denen er hätte leben können, wären für ihn und seine Handlungen zuständig und haftbar gewesen.

Möglicherweise hätte man ihm ein Narrenkleid angezogen oder Glöckchen umgehängt, damit die Bevölkerung gewarnt und auch er geschützt wäre.

Da Enderlin sich aber zu einer Gefahr für seine Umwelt entwickelt hatte, war es schwierig, ein Quartier für ihn zu finden. Denn auch wenn man ihn lebenslang an die Kette legen würde, wie es häufig mit Schwachsinnigen getan wurde, müsste er dennoch in einem Gebäude nächtigen.

In Hessen hatte Landgraf Philipp bereits 1533 in drei säkularisierten Klöstern und einer Pfarrei Hospitäler gegründet, in denen auch Toren untergebracht wurden, doch in Heidenheim war eine solche Möglichkeit noch nicht vorhanden.

Am 25. Januar hatte die Rentkammer sich mit einem Schreiben an Johann Hitzler gewandt, das diesem am 3. Februar ausgehändigt wurde und in dem er den Auftrag erhielt, sich endgültig um die Unterbringung des Narren zu kümmern.

Schon am darauf folgenden Tag setzten der Ober- und Unterpfleger gemeinsam die Antwort auf und teilten mit, dass es in Heidenheim wohl einen Oberen Turm gebe, doch würden auf diesem Tag und Nacht die Wachen umhergehen. Unter der Richterstube wiederum sei zwar ein Stübchen mit einem Öfelein, wie es für ein dauerhaftes Gefängnis in dieser unwirtlichen Gegend erforderlich sei, doch würde dies zu den geringen Strafen der bürgerlichen Weibsbilder benötigt werden, wie erst im Juli vergangenen Jahres bei Hans Wügels Weib, die an der Bleiche ein Tuch entwendet hatte und mehrere Tage im Bürgerstüble hatte verbringen müssen, bevor sie einen Tag und eine Nacht im Narrenhäuslein eingesperrt worden war.

Die beiden übereinander liegenden Gefängnisse auf dem unteren Tor, so fuhr Hitzler fort, seien für Malefizstrafen bestimmt und aus Amtsgründen unabkömmlich. Ebenso könne man auf das Stüblein dazwischen, in dem der Rauh derzeit eingesperrt, an die Kette gelegt und von Wächtern beaufsichtigt werde, auf Dauer nicht verzichten, würde es doch auch zu bürgerlichen Strafen verwendet.

Darunter liege zwar das Narrenhäusle, doch dies sei offen und nur vergittert.

Ein weiteres Gefängnis in diesen Turm zu bauen, sei hingegen aus Platzgründen nicht möglich.

Außerdem sei es nicht ratsam, jemanden auf den Türmen herumlaufen zu lassen, um den Verhafteten mit Essen zu versorgen, wenn denn erst einmal die Frage geklärt wäre, wer dafür die Kosten übernehmen wolle und wo das Essen überhaupt herkommen solle.

Auch müsse man berücksichtigen, dass die Jugend und Weibsbilder von dem Rauh fernzuhalten seien, da dieser nach wie vor ärgerliche, unzüchtige Reden halten würde.

Aufgrund dieser amtlich untertänigen Bedenken, so dozierten die beiden Pfleger weiter, hätten sich Gericht und Rat noch einmal zusammengefunden und erörtert, wie man vorgehen könne. Sie seien dabei zu dem Schluss gelangt, den Enderlin im Kloster

Königsbronn, dessen zugehöriger Untertan er war, mit geringen Kosten unterzubringen. Man würde ihm ein Blockhaus mit unverstärkten Säulen, Schwellen, Balken und einem Türschloss bauen, zwei Eisenstangen und einem Dächlein oben darauf. Dieses solle linker Hand neben das Klostertor gestellt und der Enderlin hinein gesperrt werden. Wenn der Torwart dann sein Essen hole, könne er dem Enderlin Gemüse oder anderes mitbringen und diesem reichen. Solches und andere notdürftige Hilfe könnte ihm auch täglich von seinen Geschwistern aus Zang hergebracht werden.

Abgesehen davon könnten die Wanderer sowie all diejenigen, die an Sonn- und Feiertagen zu den Predigten kämen, eine tägliche Gottesgabe reichen, sodass die Unkosten tragbar wären.

Im Winter könne man mit starken Eisenstangen ein Öflein hineinstellen, damit ihm in der Kälte geholfen wäre, und wenn er dann aus dem Gefängnis käme, gleich, ob lebend oder tot, könne man dieses, um der Baukosten Willen, zerlegen und an einem andern Ort, an welchem man seiner bedürfe, wieder zusammenbauen und gebrauchen.

Es hätte sich auch dato Enderlins Bruder Lienhard Rauh von Zang angeboten, sofern ihm mit ein wenig Geld geholfen würde, dieses Häuslein zu erbauen und wenn sein Bruder beim Kloster bleiben könne, würden er und seine Geschwister gerne die Mühe auf sich nehmen, ihn dort zu versorgen.

Ober- und Unterpfleger ersuchten darum untertänig um diese finanzielle Hilfe für den Bau des Häusles und wiesen in diesem Zusammenhang auf die Spitäler hin, die bereits in manchen Reichsstädten für diesen Zweck vorhanden waren.

Sie erläuterten, dass, nach dem Bericht des Amtmanns von Zang, die drei Schwestern und der genannte Bruder des Enderlin mit vielen Kindern beladen und ihre Selten alle verschuldet seien. Es sei somit kein Geld da, das man von diesen erwarten könne. Allein mit der täglichen Nahrung hätten sie schon genug zu tun.

Die Heidenheimer schlossen ihren Bericht mit der bedeutenden Aussage ab, dass allein zur Kostenersparnis eine solche Unterbringung von unschätzbarem Vorteil wäre, zumal schon jetzt dem Stadtknecht für Unterbringung und Atzung des Toren pro Woche ein Gulden zu zahlen sei.

Für Anna und ihre Geschwister stellte dieser Vorschlag eine optimale Lösung dar. Nach wie vor hätten sie ihrer Verpflichtung zur Versorgung des Bruders nachkommen können, auch wenn der Weg von Zang nach Königsbronn vor allem im Winter sehr beschwerlich war, und doch wären sie von den Sorgen befreit gewesen, die ihnen Enderlins Verhalten aufgenötigt hatte. Der Bruder wäre unter christlicher Obhut gut aufgehoben, wodurch die berechtigte Hoffnung bestand, dass trotz seines Verhaltens auch sein Seelenheil gerettet würde.

Die Antwort aus Stuttgart war in den Akten nicht mehr vorhanden, sodass man wohl davon ausgehen kann, dass die Rentkammer und der Herzog mit dieser Lösung einverstanden waren. Enderlin verbrachte demnach den Rest seines Lebens in diesem Blockhaus, von wo aus er sicherlich nach wie vor seine gotteslästerlichen Sprüche und anzüglichen Bemerkungen den unbedarften Vorübergehenden an den Kopf geworfen hatte.

Das Restitutionsedikt, das 1629 unter anderem dafür sorgen sollte, dass Königsbronn wieder katholisch wurde, dürfte Enderlin Rauh nicht mehr erlebt haben.

Mit der Aufhebung der Leibeigenschaft wurde in Württemberg erst nach der Bildung des Flächenstaates unter König Wilhelm I. im Jahre 1817 begonnen, nachdem zahlreiche Hungersnöte ausgebrochen waren und die Menschen danach trachteten, nach Amerika und Russland auszuwandern.

Quelle: HStAS A 209 I Bü 1099

Mutterglück

Bietigheim, Herbst 1664

Das Blut an den Händen war ein Zeugnis ihrer Tat. Nein, sie durfte nicht schreien. Sie musste die Nerven bewahren und es durchstehen. Sie war stark …

Abb.: Die Stadt Bietigheim in der ersten Hälfte des 17. Jahrhunderts, von Matthäus Merian, in „Topographia Sueviae", einem Band der „Topographia Germaniae"

Johann Caspar Siglin glaubte von sich selbst sagen zu können, dass es in Bietigheim nichts und niemanden gab, den er nicht kannte oder über dessen private Hintergründe er nicht genauestens Bescheid wusste. Und er war stolz darauf.

Natürlich hatte er dieses Wissen seinem Amt als Stadtschreiber und niemals seiner Neugierde zu verdanken, denn er galt als kluger Mann, aufgeschlossen, fleißig und allem Neuen zugetan.

Auch schrieb er schon seit geraumer Zeit an einer Art Stadtchronik und hielt dabei alles fest, was ihm irgendwie von Bedeutung schien.

Sein besonderes Augenmerk galt dabei den Bietigheimer Markungsbüchern, die er äußerst gründlich zu führen pflegte. Hier wurde jeder Grenzstein nach Lage und Aussehen genauestens beschrieben und die Angaben in regelmäßigen Kontrollgängen, den so genannten Markungsumgängen, überprüft. Bei diesen mehrtägigen Markungsumgängen waren, außer dem Stadtschreiber selbst, die wichtigsten städtischen Beamten wie Bürgermeister, Mitglieder des Gerichts und Rats sowie Feldschützen und Feldmesser anwesend. Aber auch junge Bürgerssöhne mussten daran teilnehmen, um ihnen schon frühzeitig die Lage der Grenzsteine nahe zu bringen.

Derartige Aufgaben entsprachen weit mehr dem Geschmack des Stadtschreibers als jene, die sich mit den dunklen Machenschaften der Menschen befassten, den traurigen Schicksalen.

Dennoch grübelte er heute darüber nach, was er von der Sache mit Anna Maria Fritz aus Brackenheim halten sollte. Würde er eines Tages gezwungen sein, ihre Verurteilung zu kopieren?

Das Mädchen war seit einiger Zeit Dienstmagd bei Hannß Waltter, dem Zimmermann, und hatte sich anfangs recht gut angelassen. Nein, nicht nur anfangs, verbesserte er sich in Gedanken schnell, sie arbeitete auch heute noch gut. Da konnte ihr wirklich niemand etwas anderes nachsagen, dies ganz gewiss nicht, aber…

Siglin schüttelte sorgenvoll den Kopf.

Anna Marias Vater Balthaß war Maurer in Brackenheim. Keiner von der wohlhabenden Sorte, das wusste Siglin, aber ein rechtschaffener Mann im einundsechzigsten Lebensjahr, dessen erste Frau vor sieben Jahren verstorben war, sodass er schon vier Monate später erneut hatte heiraten müssen, um seine Familie ausreichend versorgen zu können.

Als Maurer waren seine Einkünfte eher dürftig zu nennen. Sicher, in den Sommermonaten zwischen April und Oktober gab es Arbeit genug, die Tage waren lang und die möglichen Arbeitszeiten betrugen häufig elf bis dreizehn Stunden. In dieser Zeit erhielten die Maurer den vollen Lohn und bei günstigem Wetter bereitete es Balthaß Fritz sichtlich Freude, die steinernen Mauern zu setzen oder die Gefache der Fachwerkbauten mit Kleiber auszufüllen, indem er die Geflechte mit Lehm und gehäckseltem Stroh bestrich. Keine einfache Aufgabe, die aber dennoch von Zeit zu Zeit von den Bauherren selbst oder vom Zimmermann ausgeführt wurde – zum allgemeinen Bedauern der Maurer.

Die Wintermonate in diesem Gewerbe jedoch waren hart, die Einkünfte gering. Durch die langen Nächte war es nahezu unmöglich, mehr als sieben Stunden täglich zu werken. Und auch diese Arbeitszeiten waren nur bei entsprechender Witterung möglich. Erst im Februar und März, wenn die Tage länger und die Anzahl der Arbeitstunden dadurch steigen konnte, wuchsen die Löhne über die Sommerzeit vorübergehend wieder an. Ein größeres, geregeltes Einkommen war somit völlig ausgeschlossen.

Reich konnte Balthaß Fritz mit seinem Handwerk nicht werden, da war sich Siglin sicher.

Vermutlich hatte der Maurer auch deshalb seine Tochter hierher nach Bietigheim geschickt, überlegte der Stadtschreiber weiter, damit sie nun für sich selber sorgen könne. Hannß Waltter, ihr Dienstherr, hatte einen guten Ruf und möglicherweise hatte ihr Vater gehofft, sie würde sich bei dessen Familie heimisch fühlen, unterschied sich die Arbeit eines Zimmermannes von der eines Maurers doch gar nicht so wesentlich.

Aber so unproblematisch, wie die Eltern des Mädchens es erhofft hatten, war der Ortswechsel nicht verlaufen, denn in der gesamten Stadt wurde darüber getratscht und gelästert, dass Anna Maria schwanger sei und ihr Dienstherr mit ihrer Kündigung gedroht habe, da er eine solche *Metze** nicht in seinem Haushalt dulden könne; schließlich müsse er auf seinen guten Ruf achten …

Aber Siglin war sich nicht sicher, was er davon halten sollte. Wie schnell war jemandem Unrecht geschehen und wie oft schon hatte sich das Geschwätz der Leute wie Schall und Rauch in ein Nichts aufgelöst. Er würde erst einmal abwarten und zusehen, was weiter geschehen würde.

Anna Maria war einundzwanzig Jahre alt. Vielleicht, so grübelte Siglin, hatte sich das Mädchen auch hier, in Bietigheim, losgelöst von der elterlichen Aufsicht, nur frei und ungebunden gefühlt. Dieses Gefühl, tun und lassen zu können, was man möchte. Und wer wünschte sich dies nicht?

Sicher hatte der Zimmermann seine Pflicht erfüllt und gut auf sie acht gegeben, aber es wusste doch jeder, dass es schwieriger war, ein junges Mädchen zu hüten als einen Sack voller Flöhe!

Wer wollte ihm da einen Vorwurf machen?

Dennoch, es war nicht daran zu rütteln: In Bietigheim kursierte das Unheil verkündende Gerücht, Anna Maria sei in anderen Umständen.

Die Leute zeigten mit den Fingern auf sie und zerrten ihre wohlerzogenen Töchter verbissen weiter, wenn diese versuchen wollten, ein paar Worte mit dem Mädchen zu wechseln. Finstere Blicke strichen über Anna Maria hinweg und anzügliche Bemerkungen verfolgten sie. Sie war eine Ausgestoßene, obwohl noch niemand sicher wissen konnte, ob sie denn nun tatsächlich schwanger war.

Derweil hatte der Zimmermann Hannß Waltter seine Drohung tatsächlich in die Tat umgesetzt und sich geweigert, das zweifelhafte Mädchen länger bei sich und seiner Familie zu beherbergen, weshalb sich Anna Maria nach einer neuen Stelle hatte umschauen müssen.

Der Metzger Albrecht Heller mag sich ihrer erbarmt haben oder einfach nur erleichtert gewesen sein, eine Magd in einer Zeit gefunden zu haben, in der Dienstkräfte knapp waren; möglicherweise war ihm ihr schlechter Ruf auch gleichgültig gewesen, solange sie tüchtig arbeitete. Jedenfalls hatte Anna Maria eine neue Chance bekommen und es als Dienstmagd bei Albrecht Heller sicherlich nicht schlecht getroffen. An Essen dürfte es der aus ärmlicheren Verhältnissen stammenden Magd zumindest nicht gemangelt haben und eine mögliche Gewichtszunahme konnte durchaus der reichlichen Kost, anstatt einer Schwangerschaft, zugeschrieben werden.

Wohl waren die mageren Jahre des Dreißigjährigen Krieges längst vorbei und für Anna Maria nur noch eine vage Kindheitserinnerung, doch das Fleisch, das zwar im Überfluss für die gesamte Bevölkerung zur Verfügung stand, musste dennoch bezahlt werden, sodass es bei ihrem Vater Balthaß Fritz eher selten auf den Tisch gekommen war.

Hier, im Metzgerhaushalt, gab es natürlich neben Frischfleisch auch noch Gepökeltes, Dörrfleisch, Geräuchertes und Innereien. Herzhaftes Essen, das nicht nur verkauft wurde, sondern gelegentlich auch dem Eigenverzehr diente.

Der Metzger lebte ferner vom Verkauf der Häute, der Hörner und des Talges, den andere Handwerker für ihre Arbeit benötigten.

Schnell hatte Anna Maria ihre Arbeit im Haushalt gelernt und dabei erfahren, dass ein Metzger als Meisterstück ein Rind, Schwein, Kalb oder Schaf schlachten und fachgerecht zerlegen musste, ohne die Innereien oder andere Nebenprodukte zu beschädigen. Zudem sollte er erkennen können, wie viel ein lebendes Tier wog und ob das zu verkaufende Fleisch gesund war. Aber dafür hatte er schließlich auch eine Lehrzeit von drei bis vier Jahren hinter sich, bevor er zu seiner Gesellenprüfung antreten konnte. Und auch anschließend gab es für den Gesellen noch viel zu lernen, bis er sich nach seiner Prüfung endlich „Meister" nennen durfte.

Verkauft wurde die Ware auf den Fleischbänken, die sich im Erdgeschoss des Rathausbaues befanden. Diese Plätze waren unter den sechs bis zehn Metzgern, die in Bietigheims Gassen lebten, äußerst begehrt, sodass das Los entscheiden musste, wer diese Bänke kostenpflichtig pachten durfte.

Anna Maria hielt sich gerne im Bereich der Fleischbänke auf, herrschte dort doch stets allerhand Trubel.

Eine der für die Stadt wichtigen Handelsstraßen führte direkt durch das obere Tor an dem rund einhundertfünfzig Jahre alten Rathaus mit dem belebten Marktplatz vorbei, wodurch die Mägde das bunte Treiben erfreut beobachten konnten.

Gleichwohl hatte Anna Maria den Platz in den letzten Wochen weitestgehend gemieden. Das Gemunkel um ihre vermeintliche Schwangerschaft war nicht zum Schweigen zu bringen und trotz aller Mühen und Ausreden musste sich die junge Magd am 27. Mai 1664 vor dem Kirchengericht einfinden und Rede und Antwort zur Anklage der unehelichen Schwangerschaft stehen.

Eine Schwangerschaft an sich war, ohne eine vorherige Eheschließung, auch in Württemberg eine delikate Angelegenheit. Die Täterin wurde im Allgemeinen vor die niedere Gerichtsbarkeit gestellt, der Schande ausgesetzt und meist mit einem Verweis aus der Stadt oder dem Herzogtum bestraft. Mit viel Glück jedoch, einem ansonsten guten Ruf und der Tatsache, dass sie von den anderen Bewohnerinnen der Stadt sehr geschätzt wurde, konnte es in seltenen Fällen auch geschehen, dass diese Schwangerschaft einfach ignoriert wurde und die lokale öffentliche Meinung die Maßstäbe der Gesetze zu Gunsten der Schwangeren beeinflusste.

Diesen guten Leumund schien die junge Anna Maria Fritz allerdings nicht vorweisen zu können, sodass die lauten Klagen über die unzüchtige Frau weit über das Städtchen hinaus zu vernehmen waren und dort schnell ihre Kreise zogen, die bis nach Brackenheim reichten.

Vermutlich hatten Fuhrleute und andere Reisende auf der Niederländischen Straße die aufregende Nachricht weitergeleitet, führte diese viel bereiste Straße, auch Weinstraße genannt, doch vom Unterrheingebiet über Speyer und Sinsheim, durch Brackenheim nach Löchgau und Bietigheim. Weiter ging es von hier nach Cannstatt, Ulm und Augsburg bis hin nach Italien. Eine Abzweigung in Cannstatt führte sogar nach Tübingen, Rottweil und in die Schweiz. Aus den Niederlanden wurde auf dieser wichtigen Straße die begehrten Tuche in den Süden geliefert, während man den kostbaren Wein in den kühlen Norden transportierte. Die Straße war stets belebt und eine hervorragende Stätte zur Verbreitung aller möglichen und unmöglichen Geschichten.

Nachdem daher die schockierende Nachricht über die vermeintliche Schwängerung der Anna Maria Fritz Brackenheim erst einmal erreicht hatte, währte es nicht lange und die unglücklichen Eltern waren darüber informiert. Völlig fassungslos reagierten sie auf diese Tragödie und überlegten angestrengt, wie nun vorzugehen sei. Zunächst stellte sich jedoch die Frage, ob das Mädchen tatsächlich ein Kind trug oder ob alles nur auf boshaften Gerüchten basierte. Neider gab es schließlich überall und Anna Maria war ein fröhliches, aufgeschlossenes Mädchen, das vielleicht manchmal etwas burschikos wirken mochte, im Grunde ihres Herzens aber doch ein guter Mensch war. Möglicherweise hatte sie sich nur die Missgunst einiger Bietigheimer Weiber zugezogen, die das böswillige Gerücht über sie in Umlauf gebracht hatten.

Balthaß Fritz und seine Frau Margarethe berieten deshalb hin und her, wie sie sich angemessen verhalten sollten, bis sie letztlich zu dem Schluss gelangten, dass es am sinnvollsten sei, wenn die Stiefmutter zu dem Mädchen reisen und mit diesem reden würde. Immerhin würde sie, eine Frau im Alter von siebenundfünfzig Jahren, sofort erkennen, ob die Tochter schwanger sei oder nicht. Eine Frau sah so etwas einfach, das leuchtete Balthaß sofort ein. Außerdem vertraute er darauf, dass seine Frau, die selber schon vor der Ehe mit ihm zur Witwe geworden war, gewiss genügend Lebenserfahrung besaß, den rechten Ton zu treffen, um seine Tochter gegebenenfalls zur Vernunft und zu einem Eingeständnis ihrer Schwangerschaft zu bringen.

Vielleicht müsste man ihr nur aufzeigen, welche Gefahren eine verheimlichte Schwangerschaft barg und wie sehr sie, die Eltern, auch in einer kritischen Situation zu ihr stehen würden. Anna Maria war die geliebte Tochter, man würde sie nicht verstoßen, was auch immer sie getan hatte.

Also begab sich Margaretha Fritz an einem Sommertag auf den Weg nach Bietigheim und grübelte vor sich hin, wie sie mit der Stieftochter umgehen sollte. Welche Vorgehensweise wäre am ehesten geeignet, die Wahrheit zu erfahren und dem Mädchen zu helfen?

Die Mutter hatte keinen Blick für die Dörfer, die sie streifte oder die schöne Landschaft, links und rechts des Weges. Nur einen stummen Hilferuf sandte sie zum Michaelsberg, auf dem die kleine, einst so bedeutende Kirche – ein Lehen im Besitz des Erzstiftes Mainz – die umliegenden Hügel überragte und an Gottes Hilfe und Trost erinnerte.

Brackenheim, Bönnigheim, Erligheim, immer näher rückte das unausweichliche Gespräch.

Als Margaretha an der Löchgauer Dorfmauer mit den beiden Toren vorbeizog, wusste sie, dass es nun nicht mehr lange dauern würde, bis die Straße abwärts, nach Bietigheim führte; vorbei am Galgen und dem Rabenstein. Dann endlich stand sie der Stieftochter gegenüber. Schon im ersten Moment erkannte die Ältere der beiden Frauen, dass die Gerüchte über Anna Maria der Wahrheit entsprachen. Der geübte Blick der Mutter sah die Anzeichen einer Schwangerschaft, auch wenn die Jüngere alles getan hatte, um genau dieses zu vermeiden.

Mit Engelszungen redete Margaretha auf das Mädchen ein, ihre Schande preiszugeben und die Angelegenheit durchzustehen, aber Anna Maria blieb bei ihrer Aussage: Sie war nicht schwanger!

Erhoffte sich die Tochter ein einzigartiges Wunder zur Lösung ihres Problems oder warum gab sie die so offensichtliche Schwangerschaft nicht zu? Wollte oder konnte sie den Vater des Kindes nicht nennen? War er gar verheiratet? Die Mutter rätselte wie viele andere auch, was die Beweggründe für die Verstocktheit der Jüngeren sein könnten. Oder war das Mädchen wirklich so ahnungslos, dass sie nicht wusste, welche Gefahr ihr drohen würde, sollte sie das Kind zur Welt bringen, ohne die Schwangerschaft zuvor eingestanden zu haben?

Margaretha mühte sich verzweifelt, die halsstarrige Stieftochter zur Vernunft zu bringen, erklärte und redete unentwegt auf sie ein.

Doch Anna Maria ließ sich nicht beirren! Sie war nicht schwanger!

Schließlich musste Margaretha Fritz erschöpft aufgeben und bereitete sich innerlich darauf vor, ihrem Mann die schwere Nachricht von der Sturheit seiner Tochter zu berichten.

Zwar hegte Margaretha nach wie vor die Hoffnung, dass Anna Maria sich im Laufe der wenigen Wochen, die ihr bis zur Geburt des Kindes noch verbleiben würden, anders besinnen und ihren Zustand rechtzeitig bekannt geben würde, aber darauf vertrauen konnte sie nicht.

Auch die Hausfrau, Albrecht Hellers Weib, hatte sich offenbar viele Gedanken um die unter ihrer Obhut stehende Dienstmagd gemacht und deshalb noch einmal versucht, begütigend auf diese einzureden.

Ausführlich und verständlich hatte sie dem Mädchen erklärt, dass eine verheimlichte Schwangerschaft nicht nur deren Ehre gänzlich ruinieren, sondern sie abgesehen davon dem unsagbaren Risiko aussetzen würde, sich wegen Kindstötung rechtfertigen zu müssen. Laut gültigem Gesetz stand es völlig außer Frage, dass eine Frau, die ihre Schwangerschaft verleugnete, grundsätzlich vorhatte, ihr neugeborenes Kind zu töten. Würde das Kleine also nach einer solchen Schwangerschaft – aus welchen Ursachen auch immer – tot aufgefunden werden, würde man unweigerlich von einem geplanten Mord seitens der Mutter ausgehen. Und als Mörderin würde man sie zweifelsohne hinrichten.

Letztlich hatte sich sogar Ernandt Hellers Weib, als sie beide auf dem Acker zu Hegnau geschnitten hatten, bemüht, auf die Magd einzuwirken und ihr nahe gelegt, das kleinere

Übel zu wählen und die Schwangerschaft einzugestehen. Sie hatte das Mädchen beschworen, ihr Kind nicht, einer Metze gleich, zu töten und sie eindringlich auf den Besigheimer Galgen hingewiesen, der, nur durch die Enz getrennt, vor ihren Augen stand. An ihm waren zwei unglückliche Frauen vor nicht allzu langer Zeit aufgrund ihrer furchtbaren Kindstötung hingerichtet worden und baumelten nun verwesend und schaurig am Galgen – zur Abschreckung und Warnung aller.

Doch Anna Maria hatte nur gelacht und weiterhin darauf bestanden, nicht schwanger zu sein.

Alle gut gemeinten Ratschläge, alle angebotenen Hilfen schlug das Mädchen sofort aus. Es war sinnlos, mit ihr über die sich zusammenbrauende Gefahr zu sprechen.

Am 27. Mai 1664 wurde Anna Maria schließlich, wie zu erwarten stand, vor das Bietigheimer Kirchengericht geführt und eindringlich zu ihrer vermeintlichen Schwangerschaft befragt.

Ausführlich und mit aller gebotenen Strenge wurde sie verhört und ihr, als die dennoch weiterhin beharrlich leugnete, mit einer leiblichen Besichtigung gedroht. Dennoch blieb die junge Frau hartnäckig und bestand darauf, dass man ihr mit der Verdächtigung nur Gewalt und Unrecht tue, sodass letztlich auch die körperliche Visitation unterlassen wurde.

Anna Maria Fritz lebte in dessen Folge weiterhin äußerlich unbesorgt bei der Familie des Metzgers und kümmerte sich vorbildlich um die ihr zugeteilten Aufgaben, bis eines Tages der Gang der Dinge nicht mehr aufzuhalten war. Schneller, als es sich die junge Frau überhaupt nur hätte vorstellen können, brach ihr Lügengerüst zusammen.

Es war am frühen Morgen, als Anna Maria, Mitte September, von ihrer Hausfrau vermisst und schließlich in ihrer Schlafkammer unten am Bett liegend aufgefunden wurde.

Das neugeborene Kind jedoch, so offenbarte die Hausfrau später dem Gericht, sei oben auf dem Stroh gelegen und das Gesichtlein bloß ein wenig am Köpflein zugedeckt. Wie sie nun das Kindlein angerührt habe, habe sie befunden, dass es allerdings erstarrt gewesen sei und habe daher solches für tot gehalten. Sie sei grausam erschrocken gewesen, habe selbiges der Mutter vorgeworfen, ihr das bisherige boshafte Verhalten vorgehalten und sie mit scharfen Worten angeredet. Dann sei sie aber gleich in aller Angst zu ihrem Mann gelaufen, habe diesem den Verlauf angezeigt und schnell wieder zu der Magd geeilt. Das Kind habe sich nun etwas geregt und Lebenszeichen gegeben, sodass sie es auf den Arm genommen und in die Stube getragen habe. Dort habe sie es in dem Bad, das sie für ihr eigenes Kind gerichtet hatte, gebadet, doch geraume Zeit nicht vermeint, dass sie ein solches Kindlein werde am Leben halten können.

Natürlich hatte ein jeder in Bietigheim damit gerechnet, dass dieser Tag kommen und Anna Maria vor dem Hochgericht angeklagt werden würde – und doch hätte man ihr ein anders Schicksal gewünscht. Nichtsdestotrotz musste nun die Haufrau näher zur Vorgeschichte befragt und auch zusätzliche Zeugen geladen werden.

Die Ehefrau des Metzgers berichtete weiter, nachdem sie ausdrücklich darauf verwiesen worden war, die Wahrheit aufzuzeigen, wie sie an jenem Morgen in aller Frühe der Magd anbefohlen habe, ihrem kleinen Kind den Brei zu kochen, sie selbst aber unterdessen das Bad habe richten wollen und die genannte Magd unter dieser Verrichtung verschwunden sei. Da niemand gewusst habe, wo sie hingekommen war und man die Magd immerhin für schwanger gehalten habe, sei sie endlich der Ursache nachgegangen und habe die Magd in ihrer Kammer gesucht, wo sie dieselbe mit dem neugeborenen Mädchen angetroffen habe.

Ferner konnte die Metzgersfrau darlegen, dass in selbiger Nacht ihre eigene kleine Tochter bei Anna Maria im Bett gelegen habe und die Magd, auch wenn diese solches nun abstritt, gesagt habe, dass das Kleine an der Nase geblutet hätte.

Ob die Magd ihr neugeborenes Kind habe leblos machen wollen, so bedeutete die Hausfrau, könne sie aber nicht sagen. Sie habe auch kein Mal oder Zeichen am Kind gesehen, welches der Wehemutter auch wissend sei.

Als nächste Zeugin wurde die geschworene Hebamme gerufen, welche kundtat, dass sie erst zur Kindbetterin gekommen sei, als das Kind schon geboren gewesen und gebadet worden sei.

Die Hebamme unterbreitete, dass die Nabelschnur mit Gewalt entzwei gebrochen und die Schwangere sich selbst vom Kind entledigt hatte. Die Gebärerin habe dies gestanden und gesagt, dass nach der Geburt etwas an ihr gebrochen sei. Sie sei deshalb sehr erschrocken gewesen.

Weiter verdeutlichte die Hebamme, dass man daraus aber nicht mutmaßen könne, die Magd habe das Kind umbringen wollen; denn wenn sie dies gewollt hätte, hätte sie es sehr wohl bewerkstelligen können.

Auch der Knecht Sebastian Koch wurde angehört, der jedoch nur die Aussagen der Ehefrau des Ernandt Heller bestätigen konnte und angab, dass auch er die Magd mehrmals ermahnt habe, ihre Schwängerung zu gestehen, sie aber allezeit beim Leugnen geblieben sei.

Anna Maria war in einer schwierigen Situation. Wohl gab es keinen direkten Nachweis, dass sie das Kind hatte töten wollen und doch ging das Gesetz von diesem Vorhaben aus. Ihr Verhalten schien eindeutig auf diese Tat hinzuweisen und die endgültige Todesstrafe rückte in Besorgnis erregende Nähe …

Johann Caspar Siglin, dem Stadtschreiber, wurden im Anschluss an die Ermittlungen unzählige Briefe diktiert, die sich mit dem Problem der Anna Maria befassten.

So schrieb er auch am 18. Oktober 1664 den Bericht des Vogtes an den Landesfürsten, Herzog Eberhard III., in dem der gesamte Sachverhalt noch einmal zusammengefasst und der Beschuldigten vorgeworfen wurde, sie habe Ursache und Gelegenheit gesucht, ihr Kind heimlich zu ermorden und ums Leben zu bringen. Dies zeige sich darin, dass sie niemals gestanden habe, schwanger zu sein, sondern sich mit Stricken hart gebunden und den großen Leib verborgen haben müsse, welches sie aber nicht gestehen wolle.

Weiter erklärte der herzogliche Anwalt, dass selbst die Eltern der Beschuldigten nach Bietigheim gekommen seien und der Tochter hart zugeredet hätten, so sie schwanger sei, doch solches zu gestehen. Man könne dann der Sache Rat schaffen. Aber die gottlose Metze sei auf ihrem boshaften und verdächtigen Leugnen geblieben, weshalb leicht zu schließen sei, was sie mit dem armen Kind müsse vorgehabt haben.

„... Nachdem wir nun mehrgedachter Anna Maria hart zugeredet haben, dass sie einmal vorgehabt hätte, ihr Kind ums Leben zu bringen oder zumindest, dasselbige ohne Hilfe also verschmachten und vollends (wie es gar nah dabei gewesen) lassen dahin gehen, so will sie jedoch solches keineswegs geständig sein, sondern sagt, dass unter der Verleugnung ihrer Schwangerschaft die Geburt so schnell gegangen sei, dass sie ihre Hausfrau nicht mehr habe rufen können. Diese sei jedoch gleichsam urplötzlich zu ihr gekommen und als das Kind kaum zur Welt geboren worden sei, zugegen gewesen.
Sie selber habe jederzeit erachtet, dass es nicht nötig sei, ihre Schande zu offenbaren. Es wäre Zeit genug, wenn es an den Tag komme.
Als Vater gibt sie den Ziegelknecht Christoph Bühler von Kappenstein aus Tirol an, der in Bietigheim gedient habe, nun aber unter den Reichsvölkern wider den Erbfeind, den Türken, in den Krieg gezogen sei.“

Die städtische Ziegelhütte in Bietigheim mit der Werkstatt, dem Trockenhaus, dem Brennofen und dem Wohnhaus des Zieglers befand sich in der Unteren Vorstadt am Ufer der Enz. Obwohl außerhalb der eigentlichen Stadtmauer gelegen, war dieser Stadtteil dennoch von einer Mauer umgeben, die nicht nur die Ziegelei schützen sollte, sondern auch den sich dort befindlichen Pulverturm, das Schafhaus, die städtische Schmiede und die privaten Wohnhäuser.

Hier musste folglich Christoph Bühlers Arbeitsstätte gewesen sein, ehe er sich für den Soldatendienst hatte werben lassen.

In den Städten und Dörfern trieben sich schon seit einiger Zeit professionelle Soldatenwerber herum, die auf häufig dubiose Weise die jungen und gesunden Männer in die Söldnertruppen irgendeines fremden Fürsten lockten.

Der württembergische Herzog war darüber nicht sonderlich erfreut, zumal die Bevölkerung nach den langen Kriegsjahren immer noch stark dezimiert und jede Hilfe für den Aufbau erforderlich war.

Erst als sich der Herzog selbst genötigt sah, eine eigene Reiterschwadron für den Kampf gegen die Türken zu stellen, änderte er seine Meinung.

Die Türkenkriege währten nun schon über zweihundert Jahre. Die verhassten Osmanen versuchten unaufhörlich, sich nach allen Richtungen auszubreiten, und hatten bereits 1529 die Stadt Wien belagert. Obwohl sie nach einem Monat wieder abgezogen waren, war es auf ungarischem Gebiet dennoch zu einigen Kämpfen gekommen. In der Folge wechselten sich Friedensverträge und Kriege unaufhörlich ab.

Das habsburgische Österreich im Verbund mit anderen Staaten des Heiligen Römischen Reiches Deutscher Nation richtete deshalb insbesondere in Kroatien eine Art Militärgrenze ein, die mit wehrhaften Bauern besiedelt wurde.

Nachdem indes die Versuche, den Frieden zwischen dem Hause Habsburg und den Türken zu verlängern, hoffnungslos misslungen war, marschierte Großwesir Ahmed Köprülü im April 1663 mit einem einhunderttausend Mann starken Heer in der türkischen Stadt Edirne los und besiegte am 7. August 1663 in der Nähe von Gran die kaiserlichen Truppen. In der Folge verloren die Habsburger weiterhin an Boden und mussten sich aus den besetzen Gebieten zurückziehen.

Hilfe aus der Heimat war demzufolge für die kaiserlichen Soldaten dringend erforderlich, wollten sie den Heiden nicht tatenlos das Land überlassen.

Also rief Herzog Eberhard III. die württembergischen Ämter auf, ausreichend Soldaten zur Verfügung zu stellen, befahl jedoch ausdrücklich, nur solche junge Männer zu rekrutieren, die dem Land und dem Aufbau desselben nur wenig oder gar keinen Nutzen brachten. Insbesondere sollten fremde, aber gesunde Kerle und Handwerksburschen angeheuert werden, nicht aber Kinder und *„Presshafte“* *.

In der Bevölkerung stieß das Anliegen des Herzogs erwartungsgemäß auf wenig Gegenliebe, sodass er sich gezwungen sehen musste, das Anwerbegeld, das so genannte Handgeld, kräftig zu erhöhen. Die Männer erhielten nun acht anstatt der bisherigen drei *Reichstaler**, wodurch allerdings die Gefahr bestand, dass sie sich mit dem Geld aus dem Staub machen könnten, ohne ihren Dienst angetreten zu haben, sodass die strikte Auflage erteilt wurde, die Geworbenen in gute Verwahrung zu nehmen.

Christoph Bühler, als echter Tiroler und somit Untertan des Fürsten Sigismund Franz von Habsburg, schien für diesen kaiserlichen Krieg genau der Richtige zu sein. Er bildete denn auch mit anderen Soldaten aus Bayern, Schwaben, Niedersachsen, Westfalen, Franken und sogar den Franzosen eine Verstärkung, die mit fünfundzwanzigtausend Mann am 30. Juli 1664 in Mogersdorf, im Burgenland, Stellung bezogen hatte.

Vermutlich hatte Christoph Bühler keine Ahnung, was sich derzeit in Bietigheim abgespielt hatte. Bei ihm ging es jetzt um das blanke Überleben – den Kampf. Dass es der schwangeren Anna Maria Fritz im Grunde genauso erging, auch sie einem Kampf auf Leben und Tod ausgesetzt war, dürfte er wohl nicht erfahren haben.

Im Burgenland kam es am folgenden Morgen zu einer alles entscheidenden, zehnstündigen Schlacht. Nach einem nächtlichen Artilleriefeuer hatten die als unbesiegbar geltenden zwölftausend Türken die kaiserlichen Truppen angegriffen und waren von diesen unter ihrem Feldherrn Raimondo Montecúccoli vernichtend geschlagen worden.

Die Türken hatten in dieser einzigen blutigen Schlacht etwa zehntausend Mann verloren, die Kaiserlichen dagegen lediglich einen Verlust von zweitausend Mann zu beklagen.

Zum ersten Mal in der Geschichte war ein türkisches Heer in einer offenen Feldschlacht von einer abendländischen Streitmacht besiegt worden.

Der Stolz der Habsburger war vollkommen, als Kaiser Leopold I. am 10. August 1664 den Friedensvertrag von Eisenburg mit dem Großwesir Ahmed Köprülü auf zwanzig Jahre unterzeichnete.

Der Ziegelknecht Christoph Bühler war sicherlich einer derer, die sich rühmen durften, an dieser Schlacht teilgenommen und die Heiden besiegt zu haben – vorausgesetzt, er hatte das entsetzliche Gemetzel überlebt.

In ihrem Schreiben an den Herzog von Württemberg dozierten die Unterzeichneten, ohne Berücksichtigung der spektakulären Hintergründe im Burgenland, weiter, die besagte Anna Maria sei ansonsten und außerhalb für eine sehr freche und in Kleidern hurerische Metz befunden worden, die sich anderen Orten – dem äußerlichen Verlaut nach – gar bübisch und leichtfertig erwiesen haben solle.

Derzeit liege sie als eine Kindbetterin, deren Kindlein gar baufällig und schwach und nach der Wehmutter Zeugnis schlechte Hoffnung habe, dass es länger leben könnte, auf dem Turm in einer Stube eingekerkert.

Das Schriftstück wurde nach der bescheidenen und huldvollen Bitte um weiteren Bescheid sowohl vom Specialis M. Johann Ulrich Brastberger als auch vom Vogt Ludwig Friedrich Herbst unterzeichnet.

Indessen hatte Anna Maria noch immer nichts über den Verbleib des Vaters ihrer kleinen Tochter vernommen. War er tot? Hatte er sie vergessen? Was würde geschehen, wenn das Mädchen die nächsten Wochen nicht überlebte? Kinder starben häufig viel zu früh …

Eine Woche später antworteten die Stuttgarter Oberräte H. Dr. Faber, H. Goll, H. Breitschwerdt, H. Dr. Commerell und zu Gaißberg.

Sie befahlen dem Vogt und Specialis zu Bietigheim, dass er die genannte Anna Maria bis zum Ausgang ihres Kindbettes in guter Verwahrung zu halten habe. Nach geendetem Kindbett solle der Vogt aber untertänigst berichten, ob das Kind bereits Todes verblichen oder ob es noch am Leben sei und sich gesund befinde. Alsdann werde ihm mitgeteilt werden, wie er sich weiter mit der Verhafteten zu verhalten habe.

Anna Maria hatte grenzenlose Panik. Würde man sie hinrichten? Oder würde Christoph gleich einem Märchenritter zurückkommen und sie retten? Oder konnten die besorgten Eltern noch etwas ausrichten? Irgendwie hatte sie sich alles ganz anders vorgestellt, immer geglaubt, dass sich schon alles von selbst regeln werde …

Anfang November reichten die Oberräte ein Ersuchen an den Herzog ein, indem sie noch einmal den gesamten, schändlichen Inhalt der Tat auflisteten und darum baten, dem Bietigheimer Vogt Anweisung zu geben, er solle Anna Maria Fritz aufgrund ihres bösen und leichtfertigen Lebens zwar nicht auf die gewöhnliche Strafe, sondern nach Artikel 132 der Peinlichen Halsgerichtsordnung peinlich beklagen und diesen Prozess zur Ersparung der Kosten beschleunigen.

Die Unkosten, die ein solches Verfahrens mit sich brachten, hatte im Allgemeinen der Beschuldigte selbst zu erstatten. Da Anna Maria aber offensichtlich völlig mittellos war und auch ihr Vater nicht vermögend zu sein schien, hielten es die Oberräte für angebracht, den Prozess zur Kostenersparnis des Herzogs zügig durchführen zu lassen.

Herzog Eberhard III., dem seine Finanzen selbst sehr am Herzen lagen, stimmte seinen Ratgebern daher umgehend zu.

Erst in diesem Jahr hatte er als leidenschaftlicher Jäger damit begonnen, im Kirbachtal des Strombergs einen kostenaufwendigen Tierpark anlegen zu lassen, der von wunderschönen barocken Gärten umgeben werden sollte und jetzt schon versprach, ein seltenes Glanzstück zu werden. Er konnte demzufolge keinen Sinn darin erkennen, die Kosten für ein langwieriges Verfahren aus eigener Tasche aufzubringen, nur um über eine Metze zu verhandeln, die eindeutig nicht nur gegen irdische, sondern auch gegen göttliche Gebote verstoßen hatte.

Balthaß und Margarethe Fritz in Brackenheim, die stündlich auf positive Informationen aus dem Bietigheimer Rathaus hofften, kannten den Inhalt des Gesetzbuches nur vage und mussten sich erst bei ihrem Vogt erkundigen, was es denn damit auf sich hätte. Sofort ließ dieser von seinem Schreiber die Peinliche Halsgerichtsordnung herbeiholen, die dem Amt Brackenheim in einer gedruckten Ausgabe von 1606 zur Verfügung stand, und las dem niedergeschlagenen Elternpaar vor:

„Item so eyn weib jrer kind, vmb das sie des abkumm von jr legt, vnd das Kind wirt funden vnd ernert, die selbig mutter soll, wo sie des überwunden vnd bedretten wirt, nach gelegenheyt der sach vnnd radt der verstendigen gestrafft werden, Stürb aber das kind von solchem hinlegen, so soll man die mutter, nach gelegenheyt des geuerlichen hinlegens an leib oder leben straffen."

Die Eltern hätten nichts von dem verstanden, was ihnen da vorgelesen worden war, hätte der hilfsbereite Vogt ihnen den Inhalt nicht erklärt und dabei erläutert, dass es die ganze Angelegenheit verschlimmern würde, sollte das Kind sterben. Anna Maria würde in diesem Fall aufgrund ihrer durchgeführten Kindstötung hingerichtet werden.

Völlig durcheinander suchten die Eltern Zuflucht in der Jakobuskirche und flehten Gott um gnädige Hilfe für ihre Tochter an.

Die Akten lagen inzwischen der Juristenfakultät Tübingen vor, die den Fall prüfen sollte. Schließlich, nach Wochen bangen Wartens traf Mitte Dezember die Entscheidung der Juristen in Bietigheim ein.

Abb.: Constitutio Criminalis Carolina – Peinliche Halsgerichtsordnung Kaiser Karl V.
Stadtarchiv Brackenheim (B 2049), Foto: C. Müller

Abb. rechte Seite: Handfesseln an einer Kette
Foto: André Karwath, Wikimedia Commons, Lizenz: Cc-by-sa-2.5

Die Dekane und Doktoren der Fakultät erklärten, dass sie den Bericht der Vögte wohl empfangen, fleißig durchgelesen und in ihrem versammelten Collegio *„deliberirt"* hätten. Sie seien in Jure & Facto zu der nachfolgenden Schlussfolgerung gelangt.

Noch einmal wurde der Sachverhalt wiederholt und erläutert, dass die Frau ihre Magd in der Kammer, in einer Ohnmacht liegend, aufgefunden habe. Das Kind, das von der Mutter allein geboren worden war, sei auf dem Gesicht gelegen, jedoch gesund und frisch und zudem kein Griff an ihm zu spüren gewesen.

Da die Schwängerung jedoch geheim gehalten und das Kind in Abwesenheit der Wehmutter und anderer Weiber in einer abgesonderten Kammer geboren worden und dadurch in große Lebensgefahr geraten war, sei die Beschuldigte, nach vorhergegangenem Befehl des fürstlichen Anwalts, auf Artikel 132 der Peinlichen Halsgerichtsordnung peinlich beklagt worden, wobei die Tat im Rahmen des Prozesses geleugnet worden war.

Es erfolgte die lateinische Order *„in delictus enim, quibus certa poena definita non est, ut in aliis similibus negotiis, ad iudicis arbitrium res extenditur“*, die besagte, dass bei Vergehen, für die kein bestimmtes Strafmaß festgesetzt ist, wie in anderen, ähnlichen Vorgängen die Rechtssprechung dem Urteil des Richters zu überlassen sei.

Die Verlesung des Richterspruchs fand, wie es so üblich war, in aller Öffentlichkeit statt. Der Stabhalter stand hierzu auf der obersten Stufe der majestätischen Außentreppe des Rathauses, während sich die mit Handschellen gefesselte Anna Maria am Fuße der Treppe aufzuhalten hatte.

Hoch aufgerichtet, den bedeutenden Stab in der Hand, überblickte der Bürgermeister das Geschehen auf dem Marktplatz. Der Stab, den er als Vorsitzender des Verfahrens während der gesamten Verhandlung in der Hand halten musste, galt als Symbol der Macht, die ihm vom Herzog übertragen worden war. Legte der Vorsitzende den Stab aus der Hand, war die Verhandlung unterbrochen oder beendet, klopfte er damit, gebot er Ruhe. Auch Eidesleistungen wurden häufig unter der Berührung des Richterstabes durchgeführt.

Die öffentliche Verkündigung vor dem Rathaus, die in erster Linie der Information, Genugtuung und Abschreckung der Einwohner diente, war zudem ein Schauspiel, das man sich nur ungern entgehen ließ, und durch die erhöht stehende Position des Bürgermeisters war es allen Interessierten möglich, das Brechen des Stabes mit eigenen Augen zu verfolgen.

Mit deutlicher Stimme verkündete nun der Stabhalter dem zahlreich anwesenden Volk,

„dass die Beschuldigte, welche dann, wegen der beschwerlichen Umstände, da sie solches beharrlich verleugnet hat und anderen zum nachdenklichen Exempel, in Anbetracht der Zunahme dieses Lasters, nach völliger Ablegung der auf diesen Prozess aufgewandten Kosten, durch nachfolgendes Urteil gerichtet werden solle.

In der Rechtfertigung sich haltend zwischen unseres Gnädigsten Fürsten und Anwalt, Klägern in einem und Anna Maria Fritzin von Brackenheim, Beklagte anderen Teils, ist, auf Klage und Antwort, und übriges gerichtliches Vorbringen, nach geführter Kundschaft, getanem Beschluss, genommenem Bedacht und gehabtem Rat, mit Urteil zu Recht erkannt, dass Beklagte ihres Verbrechens wegen, eine Viertelstunde an den Pranger gestellt und dieses Lobl. Herzogtums auf zwei Jahre hiermit verwiesen werden soll.

Welches wir denn Herrn zu freundlicher Willfahr und Beförderung heilsamer Justiz, samt wieder Zurücksendung beigefügter Akten, nicht verhalten sollen, dabei uns allerseits Göttlicher Obhut wohl empfehlen.

Actum in Collegio den 15. Dezember 1664.“

Der Bürgermeister brach den Stab und warf ihn, wie es Vorschrift war, der Verurteilten mit den Worten „Nun helf dir Gott, ich kann dir ferner nicht helfen" vor die Füße, das Urteil war rechtsgültig.

Anna Maria wusste nicht, ob sie mit dem Urteil zufrieden sein, sich freuen solle oder ob es eher ihren sicheren Untergang bedeuten würde. Am Pranger stehen, den boshaften Leuten zum Gespött ausgeliefert, war eine Sache, vom Nachrichter berührt zu werden, eine ganz andere. Dies war weit schlimmer als eine Verweisung aus dem Herzogtum. Es war ein völliger Verlust der Ehre, denn der Henker, Scharfrichter, Nachrichter oder wie immer man ihn auch nennen mochte, war ein unreiner Mann, ein Ehrloser. Er war derjenige, der „nach dem Gericht" richtete.

Er besaß magische Kräfte – gute, heilende, die das Volk durchaus zu nutzen wusste, jedoch auch böse und schädliche. Er war ein Außenseiter der Gesellschaft.

Schon die Berührung des Scharfrichters war streng verboten. Selbst die Unterstützung, wenn auch unbewusst, bei irgendeiner Tätigkeit des Henkers führte dazu, dass der Helfende selbst zum Unehrlichen wurde.

Abb.: Entwicklung unterschiedlicher Prangervarianten
(aus „Alte deutsche Rechtsmale" von Wilhelm Funk, 1940)

Tafel VI: Wand- und Sitzpranger

a) Konsolpranger; b) Rostpranger; c) Bühnenpranger (Ochsenfurt); d) Block mit Hand- und Halsschellen; e) Schandstuhl von Freilaubersheim; f) Esel, Schandpfahl und Lastersteine auf dem Marienplatz zu München nach Wenings Topographia Bavariae; g) Springer nach dem Holzschnitt aus der Bamberger Halsgerichtsordnung; h) Wippe nach dem Soester Nequamsbuch; i) Bauernpranger in Nürnberg (Folterkammer); k) Bäckertauche (Rekonstruktion).

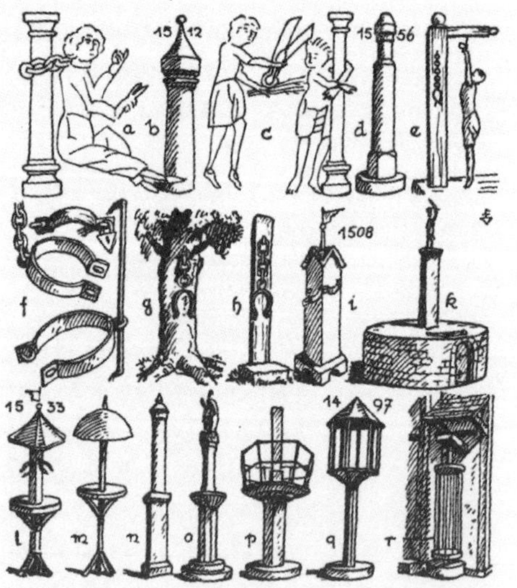

Tafel V: Vom Stock zum Säulenpranger

a) Gefangener im Stock (Ssp. III, 41/1,2; Tafel 83/4); b) Staupsäule nach U. Tenglers „Layenspiegel", 1512; c) Auspeitschen und Scheren (Ssp. II, 28/3; Tafel 57); d) Staupsäule von Habelschwerdt (1556); e) das unehrliche Stäupen der Soldaten (nach Stich von D. Chodowiecki); f) Halsbügel und Halseisen; g) Halseisen am Gerichtsbaum; h) Schandpfahl mit Auftritt; i) Pranger nach der Bamberger Halsgerichtsordnung 1508; k) Pranger mit gemauertem Unterbau (Regelform des norddeutschen Kak); l – n) Pranger mit erhöhtem Auftritt, und zwar nach dem Titel der Carolina, ehedem auf dem Alten Markt zu Köln (um 1660 nach Stich von G. Atzenbach) und von Neunhof bei Nürnberg (18. Jahrhundert, von einem unbekannten Stecher); o) Marktsäule von Eggenburg (N.-Ö.); p) Auftrittpranger mit Geländer in Obermarsberg (Westf.); q) Gehäusepranger nach Miniatur aus dem Hamburger Stadtrecht 1497 (Staatsarchiv Hamburg); r) der ehemalige Driller von Bern, 1780 (Stich aus Zurlauben, Tableaux topographiques).

Außerhalb des Herzogtums Württemberg waren viele Henker und ihre Ehefrauen sogar angewiesen, entsprechend auffällige Kleidung zu tragen, um unabsichtliche Kontakte mit der Bevölkerung vermeiden zu können. Ferner war es dem Scharfrichter häufig verboten, innerhalb einer Stadt zu wohnen, sodass ihm lediglich am Stadtrand der Wohnsitz erlaubt war.

Er durfte weder die öffentlichen Badestuben benutzen, noch mit anderen im Wirtshaus trinken, es sei denn, er setzte sich an einen separaten Tisch.

In Reutlingen hatte 1580 ein Junker den Grafen Konstantin von Lichtenstein beschuldigt, er habe mit einem Scharfrichter gespeist, woraufhin der zutiefst gekränkte Graf seinen Dolch gezückt und dem Junker ins Herz gestoßen hatte. Eine derartige Beleidigung und Verleumdung hatte er nicht auf sich sitzen lassen können.

Auch im Gottesdienst wurde dem Scharfrichter, wenn überhaupt, ein besonders gekennzeichneter Platz zugewiesen und sein Vieh durfte nicht zusammen mit der Gemeindeherde grasen. Selbst die Jagd war ihm ausschließlich auf Wölfe gestattet. Und Gegenstände, die er berührt hatte, durfte niemand mehr anfassen. Sie wurden beseitigt.

All diese Einschränkungen betrafen jedoch nicht nur den Nachrichter und sein Weib, sondern zugleich seine Kinder, die dadurch ohne Freunde und Spielgefährten aufwuchsen. Die Söhne übernahmen das Handwerk des Vaters, da sie kein anderes erlernen durften und die Töchter konnten wiederum nur einen Henker heiraten.

Der Scharfrichter selbst konnte eine Frau vor der Todesstrafe retten, wenn er ihr die Ehe anbot, doch auch dieses Angebot wurde teilweise ausgeschlagen und die Frau

Abb.: Doppelporträt des Scharfrichters Johann Jakob Volmar und seiner Ehefrau, Gemälde von Conrad Meyer, Zürich 1677

Abb.: Der Bühnenpranger von Schwäbisch Hall, Lithografie, 19. Jahrhundert
Stadtarchiv Schwäbisch Hall

bevorzugte die Hinrichtung. Eine Ehe mit dem Henker hätte sie aus der Gesellschaft ausgeschlossen, sodass dies für sie einem Tod gleich gekommen wäre.

Für die Frau des Henkers war es zudem schwierig, eine Hebamme zu bekommen und bei einem verstorbenen Henker bestand das Problem, sein Begräbnis durchzuführen.

Für Anna Maria war die Strafe am Pranger deshalb unerträglich. Wohl hatte sie Glück gehabt, dass ihr Kind bislang nicht verstorben und sie dadurch nicht als Kindsmörderin verurteilt worden war; eine Tatsache, die sie ganz eindeutig nicht ihrem Verstand, sondern dem raschen Eingreifen ihrer Hausmutter zu verdanken hatte. Doch was aus ihrem künftigen Leben werden sollte, wenn sie die Prangerstrafe überstanden hatte, war äußerst ungewiss.

Unter Berücksichtigung all dieser Umstände brachten es Anna Marias Eltern in Brackenheim nicht über sich, ihre Tochter dem Henker zu überlassen, sie der namenlosen Schande auszusetzen und dieses Urteil über sie ergehen zu lassen.

Eine Viertelstunde an den Pranger gestellt zu werden war nicht die höchste Strafe, die am Pranger möglich war. Es gab Fälle, in denen die Verurteilten sogar eine volle Stunde dieser Schande ausgesetzt waren und dennoch wusste jeder, dass es niemanden gab, der in Bietigheim jemals zu einer Prangerstrafe verurteilt worden war, die eine viertel Stunde überschritten hatte. Anna Maria würde für alle Zeiten eine Ehrlose bleiben.

Die bekümmerten Eltern wollten sich daher noch einmal darum bemühen, ihrer unglückseligen Tochter zu helfen, ihren Ruf und ihre Würde zu wahren, soweit dies überhaupt noch möglich war.

Eiligst suchten sie deshalb den Vogt ihrer Stadt erneut auf und baten denselben, in ihrem Namen ein Schreiben an die Herren Oberräte aufzusetzen und um Gnade für Anna Maria zu bitten. Sie boten an, alle angelaufenen Kosten zu erstatten und bis zur völligen Bezahlung zu verzinsen.

Die Antwort der Oberräte an die Bietigheimer Stabhalter und Richter des Peinlichen Halsgerichts erfolgte am 30. Dezember 1664.

Entgegen aller Hoffnungen hatten sich die Herren nicht erweichen lassen, sondern vertraten die Ansicht, dass das Urteil, wie beschlossen, durchgeführt und die Unkosten, sollten sie vom Vater aufgrund dessen Armut nicht beglichen werden können, nach dessen Ableben von der Tochter einkassiert werden sollen.

Ein kleiner, unscheinbarer Randvermerk, der sich auf dem Schreiben befand, widersprach jedoch den Wünschen der Oberräte.

„Unser gnädigster Fürst und Herr &c. will hierin vermelte Urteil dahin gnädig moderirt haben, dass die Delinquentin zwar mit dem Pranger verschont, hingegen aber auf ewig des Landes verwiesen werden soll. Im Übrigen hat es der Unkosten halber bei gegenwärtigem Anbringen und Gutachten zu verbleiben.
Eberhard Herzog von Württemberg
Fr. von Stockheim, Wolfskeel, H. VCanc. D. Faber, Goll, D. New, Hiller, Breidschwerd"

War es nun überstanden? Würde Anna Maria vom Nachrichter verschont bleiben? Es war nicht sicher, denn das endgültige, abschließende Schreiben wurde erst am 31. Dezember 1664 verfasst und an die Vögte, Stabhalter und Richter des Peinlichen Halsgerichts nach Bietigheim gesandt.

„Wir haben das von Euch zu unserer Kanzlei eingeschickte Consilium und Urteil verlesen, betreffs die bei Euch verhaftete und peinlich Beklagte Anna Maria Fritzin und Euern dabei erstatteten Bericht, auch gedachter Verhafteten Vater, Balthaß Fritzin, Bürger und Maurer zu Brackenheim, unertänigst eingereichte Supplication, darinnen er gebeten, seiner Tochter mit der schmählichen Bestrafung durch den Nachrichter zu verschonen und ihr die Strafe zu mildern. Ferner das Erbitten, dass der Vater alle Unkosten bezahlen und bis zur Bezahlung verzinsen wolle.
Hierauf wollen wir nun aus bewegenden Ursachen das Urteil dahingehend in Gnaden moderiert haben, dass gedachte Delinquentin zwar mit dem Pranger verschonet, hingegen aber auf ewig des Landes verwiesen werden soll.
Was endlich die 44 Gulden und 41 Kreuzer moderierten Unkosten betrifft, sollst Du, Vogt von der Delinquentin Vater, das Geld mit Hilfe des Brackenheimer Vogtes einziehen oder, da er solche Armut habe und jetztmals zu bezahlen nicht vermag, sollst Du Dich deren genügend versichern lassen und nach dem Absterben der Eltern von der Anwartschaft der Verhafteten der Unkosten wegen erholen."

Anna Maria Fritz und ihren Eltern war es tatsächlich gelungen, das schwerwiegende Urteil abzuwenden. Sie konnten aufatmen.

Dennoch würde die junge Frau das Württembergische Land verlassen müssen. Wohin sollte sie sich wenden – jetzt im Winter und mit einem unehelichen Kind belastet?

Niemand glaubte noch daran, dass sie ihren Heimatort jemals wieder gefahrlos würde betreten können. Und auch für die Eltern war dies ein schwerer, endgültiger

Abschied, waren doch beide zu betagt, um eine derartige Reise antreten zu können und auch nicht vermögend genug, sich eine solche überhaupt leisten zu können.

Doch Anna Maria war voller Hoffnung. Sie hatte überlebt, das Kind war gesund und so wollte sie versuchen, doch noch ihr Glück zu finden.

Und sie hatte es gefunden.

Es stellte sich heraus, dass Christoph Bühler, der Vater ihrer kleinen Tochter, die gewaltige Schlacht gegen die Türken überstanden hatte und sich wieder im deutschsprachigen Raum aufhielt.

Die Brackenheimer und Meimsheimer Kirchenbücher sollten daher später anzeigen, dass die Ehe der Anna Maria Fritz am 15.10.1665 in Brackenheim verkündet worden war und sie am 20.10.1665 den Christopf Bühler und von Nürnberg, Ziegler und ehelicher Sohn des Johann Bühler ehelichte.

Als Zusatz war der Vermerk zu finden, dass

„Anna Maria Fritzen, eheliche Tochter des Balthasar Fritzen, Bürger und Maurer allhier, mit diesem ihrem Sponso, als sie zu Bietigheim gedient, anderthalb Jahr ante copulationem – vor der Eheschließung – ein uneheliches Kind gezeuget, ein Mägdelein, und weil sie solches bis auf die Geburtsstund auf vorhergehendes Erinnern verleugnet, sie darum von der Obrigkeit daselbst gefangen genommen worden ist. Haben aber hernach durch den Fürsten eine Dispensation erhalten, sodass sie mögen verheiratet werden im Land, welche Ehr scil. auf Befehl des Herrn Specialis zu Brackenheim an den Pfarrer allhier kommen, der aber ein solch (schlecht) Trinkgeld davon getragen, dass er dergleichen nicht mehr begehrt."

Anna Maria durfte also ihre Eltern, die Familie und Freunde wieder sehen und gemeinsam mit ihnen ihre glückliche Eheschließung im Heimatort feiern.

Ihr Vater, Balthaß Fritz, starb fünf Jahre nach der Trauung seiner Tochter am 01.12.1670 im Alter von 67 Jahren. Seine Ehefrau Margaretha heiratete daraufhin noch ein drittes Mal. Sie schloss die Ehe mit Cunradt Keller, einem Schweizer, und starb im Jahre 1677.

Spätestens jetzt hätte Herzog Eberhard III., als Gläubiger, die ausstehenden Schulden der Erbin Anna Maria einfordern können, sofern diese nicht längst beglichen waren. Doch sogar wenn er sich selbst hätte darum kümmern wollen, war es für ihn nicht mehr von Bedeutung.

Herzog Eberhard III. von Württemberg und Teck, Graf zu Mömpelgard und Herr zu Heidenheim war bereits am 2. Juli 1674 in Stuttgart verstorben.

Quelle: HStAS A 209 I Bü 382

Der Galgenstrick

Brackenheim, Sommer 1699

Im Traum ging er diesen Weg – immer und immer wieder. Hinaus aus der Stadt und auf den Hügel, von dem aus er die kleine Kirche auf dem Michaelsberg sehen würde …

Über seinen Schwager ärgerte sich Hans Michel grenzenlos. Der Kerl hatte sich hier eingenistet, war faul, eingebildet und zu nichts zu gebrauchen.

Hans Michel Schorler, ein gebürtiger Göppinger und seit zwei Jahren Ehemann der Maria Margaretha Ramhöfflinger, hatte schon viel in seinem Leben mitgemacht, aber diese Plage, die ihm sein Weib in Gestalt ihres Bruders ins Haus gebracht hatte, übertraf in seinen Augen alles.

Schorler war Kürschner und wohlhabender Bürger in Marbach am Neckar gewesen, als der Französische Krieg im Juli 1693 abermals seinen Tribut gefordert hatte. Bereits 1688 war die Stadt von französischen Truppen unter Mélac hemmungslos geplündert worden, sodass die Bewohner, als die Franzosen fünf Jahre später abermals in Erscheinung getreten waren, schon vor deren Eintreffen die Stadt fluchtartig verlassen hatten. Die Feinde aber waren in die Stadt eingerückt, hatten erneut geplündert, die vereinzelt noch anwesenden Einwohner misshandelt, viele davon ermordet und Marbach nahezu vollständig niedergebrannt, sodass letztlich nur noch wenige der Geflohenen in die zerstörte Stadt hatten zurückkehren können.

Auch Schorler mit seiner Familie war einer derer, die durch den Brand in kürzester Zeit ihr gesamtes Hab und Gut verloren hatten und daher, wie viele andere, gezwungen gewesen war, sich mit seiner Familie in Waiblingen niederzulassen. Natürlich nicht als Bürger, dazu fehlte es ihm nach der Flucht am nötigen Kapital, aber immerhin als Beisitzer und mit der Hoffnung versehen, das Bürgerrecht und die damit verbundenen, erheblichen Privilegien in absehbarer Zeit für sich und seine Familie erwerben zu können.

Es war ihm daher zwei Jahre nach dem völligen Verlust seines Vermögens nicht leicht gefallen, auch noch den sechs Jahre älteren Bruder der Hausfrau, Wolf Sebastian Ramhöfflinger[4], bei sich aufzunehmen. Dieser hatte sich das Bein gebrochen und erwartete nun, sich bei der Verwandtschaft auskurieren zu können.

Hans Michel schätzte den Schwager als Herumtreiber ein und daran hatte auch die Tatsache nichts geändert, dass Wolf Sebastian im Januar 1685, im Alter von zwanzig Jahren, in den Kriegsdienst eingetreten war, um die Osmanen aus Ungarn zu vertreiben.

4 In den Malefizakten des Stuttgarter Hauptstaatsarchivs variiert der Name zwischen „Ramhöfer", „Ramhöfling" u. A.. In der „Klumpp'schen Familienkartei" des Stadtarchivs Weinstadt wird wir die Familie „Ramhöfflinger" genannt, weshalb dieser Name künftig auch hier Verwendung findet.

Wolf war Schreiner und Hans Michel der Überzeugung, ein Schreiner habe in seinem Beruf zu arbeiten und sich nicht sinnlos in der Welt herumzudrücken.

Jetzt jedoch war er hier im Haus der Familie Schorler und fraß dem erzürnten Kürschner die Haare vom Kopf. Aber was blieb dem Schorler anderes übrig, als den Schreinergesellen aufzunehmen, dessen Vater schon jung verstorben war und dessen wenige noch lebende Geschwister zumeist aus dem heimatlichen Dorf Beutelsbach, dem ältesten Besitz des Hauses Württemberg und östlich von Stuttgart gelegen, weggezogen waren. Außerdem, so tröstete sich der Schwager, würde Wolf bestimmt nicht ewig hier in Waiblingen bleiben.

Tatsächlich zog es den rastlosen Ramhöfflinger bald wieder weiter, sodass er die Stadt mit unbekanntem Ziel verließ.

Erst als Michel Schorler einige Zeit später wutschäumend entdeckte, dass eine beträchtliche Summe Geldes aus seiner Truhe entwendet worden war, kam man wieder auf den unliebsamen Schwager zu sprechen.

Wohl hatte man den einen oder anderen Tatverdacht gehegt, aber nachdem bekannt geworden war, dass Wolf Sebastian sich zum Zeitpunkt der Tat abermals in der Stadt aufgehalten hatte, ohne allerdings die Familie seiner Schwester zu besuchen, schien sich ein Tatverdacht zu konkretisieren und Ramhöfflinger wurde angezeigt.

Als Schorler den Schwager schließlich in Gmünd antraf, veranlasste er den Verdächtigen sofort, mit ihm zu kommen und sich zur Beschuldigung des Diebstahls zu äußern.

Das Verfahren nahm in Besigheim, dem Städtchen zwischen Enz und Neckar, seinen Lauf, und bereits im Februar 1695 berichteten die Oberräte an den Herzog Eberhard Ludwig von Württemberg, wie Ramhöfflinger seinem Schwager aus dessen weniger Barschaft zweihundertdreizehn Gulden und fünfzig Kreuzer entwendet habe. Ramhöfflinger habe aber weder seine Anwesenheit am Tatort zu solcher Zeit, noch weniger die Tat selbst gestehen wollen, bis er endlich, sei es aus Trieb seines schlechten Gewissens oder aus Furcht vor härterer Gefangenschaft, in sich selber gegangen und das factum folgender gestalten erzählet habe.

Während seiner Kur, so schilderte Ramhöfflinger, sei er bei seinem Schwager mit schlechter Kost traktiert worden und sei daher, als er wiederum etwas besser habe gehen können und wahrgenommen habe, dass die Kammertüre offen sei, in diese Kammer hinein gegangen, habe mit seinem Messer die darin gestandene, schlecht verschlossenen Truhe, in der sich die Zwetschgen befanden, geöffnet und zwei daraus genommen. Damit habe er seinen Hunger gestillt. Dabei habe er die zwei darunter liegenden Geldbeutel gefunden. Damals habe er aber noch keine Gedanken daran gehabt, diese zu entwenden.

Nach einiger Zeit sei er dann nach Cannstatt gezogen, von da auf Mühlhausen, wo er bei dem Schuhmacher einen Gulden zu fordern gehabt hätte, habe dann aber beschlossen, wieder zu seiner Schwester zu gehen, um zuerst seine Kur zu beenden, weil er noch nicht richtig habe fortkommen können.

Als er dann donnerstags, den 3. Januar über Hofen und Offingen, ungefähr um fünf Uhr am Abend in Waiblingen angekommen sei, sei er die Stiegen hinaufgegangen und habe damals in der Stube ein großes Gelächter gehört.

In der Kammer, in der sein Schwager das Geld gehabt habe, nächst an der Stiegen, habe er sich der Gelegenheit bedient, die nicht verschlossene Kammer geöffnet, mit einem Messer die Truhe aufgemacht, das eine Säcklein Geld genommen, die Truhe wieder zugedrückt, zu der Kammer wieder heraus und in der Stille die Stiegen hinab geschlichen.

Dann sei er durch einen Umweg zum Schmiedertor hinaus geflüchtet und habe sich anderen Weges gegen Cannstatt begeben. Dort hätten die Torwärter an beiden Toren jeder nur einen bayerischen halben Batzen von ihm verlangt, um ihn durchgehen zu lassen, und so sei er um Schlag neun Uhr bei dem „Ochsen" in der Vorstadt angekommen, habe dort zu Nacht gegessen und sich schlafen gelegt. Morgens früh habe er das Geld in seiner Kammer abgezählt und mehr nicht denn einhundertsiebzig Gulden gefunden, wobei er wisse, weil sein Schwager zweihundertvierzehn Gulden anzeige, dass er nicht alles Geld, welches in der Truhe gelegen habe, entwendet habe, sondern ein Säcklein in der Truhe habe liegen lassen. Es könne sein, weil keine Dukaten unter dem Geld gewesen waren, dass ihm etwas entfallen sein möchte.

Folgenden Tag und Nacht, so verkündete der beschuldigte Schreiner weiter, sei er bei dem Schlosser allda gewesen, ohne sich im Geringsten das Geld anmerken zu lassen.

Am Samstag sei er nach Untertürkheim gegangen, habe bei dem Hirschwirt übernachtet und sich mit einigen Fuhrleuten berauscht, sodass er nicht wisse, wie viel er da ausgegeben oder ob er von dem Geld verschenkt oder verloren habe.

Sonntags sei er auf des Wirts Pferden wieder nach Cannstatt geritten, dann habe er nicht weiter kommen können und sei wieder zwei Tage bei dem Schlosser geblieben.

Folgens sei er auf Plochingen gegangen, habe bei dem „Ochsen" Einkehr genommen, einen Dukaten gegen Kreuzer eingewechselt und sofort mit dem Landkutscher gegen Ulm gefahren. Unterwegs habe er in Süßen übernachtet und seines Wissens außer der Zeche nichts vertan, des anderen Tags habe er über Mittag zu Urspring achtundzwanzig Batzen verzehret und von da seinen Weg nach Ulm fortgesetzt, wo er Unterkunft im „Grünen Baum" genommen habe. Dort sei er in die fünf Tage geblieben.

Ramhöfflinger offenbarte weiter, in welchen Wirtshäusern er wie viel Geld verprasst und wann er welches Geld eingewechselt hatte. Angeblich hatte er jedoch nicht nur selber gut von dem Säckchen gelebt, sondern auch etliche Benannte zechfrei gehalten.

Hernach habe er mit der Geißlinger Ordinari in Geißlingen in der „Krone" über Nacht gelegen und nur etliche Batzen verzehrt. Des anderen Tages sei er auf Süßen gereist, wo er bei Hans Müller zwei Tage gelegen und vier Gulden bezahlt habe. Folgens sei er auf Göppingen marschiert und habe bei seines Schwagers Mutter Einkehr genommen, wo er einen Tag und eine Nacht geblieben und hernach auf Ebersbach gegangen sei und bei dem Wirt Michel Braun eingekehrt wäre. Dort selbst sei er im Karz gewesen und habe dort gezehrt. Er habe dem Postmeister Geld gegeben und auch dem Wirt zwei Dukaten oder drei. Er wisse es wegen des gehabten Rausches nicht mehr, ob er noch etwas vertan habe.

Danach sei er per posta auf Esslingen geritten, habe unterwegs aber zu Altbach und Plochingen eine Rast gemacht.

Die Richter konnten nur noch staunen. Sie alle waren nicht unvermögend, hatten ihre einträglichen Ländereien, Hof und Gut – aber dennoch hatte keiner von ihnen jemals in derart Saus und Braus gelebt, wie es der Ramhöfflinger offenbar getan hatte.

Denn nachdem der freigiebige Schreiner Plochingen verlassen hatte, war er mit dem Geld weiter nach Ebersbach gezogen, einem Ort, in dem er beinahe in Arrest genommen worden war und letztlich behauptet hatte, er habe das Geld in Günzburg gewonnen.

Seine nächsten Ziele, bekannte Ramhöfflinger, seien Esslingen und Gmünd gewesen. Dort habe er Pleidelsheimer Fuhrleute angetroffen und mit diesen in Plüderhausen übernachtet. Schließlich habe er in Aalen, Wendlingen und Nördlingen Einkehr gehalten, bevor er wieder nach Gmünd zurückgekommen sei, wo ihn sein Schwager angetroffen und verlangt habe, er solle mit ihm gehen, weil ein nicht geringer Verdacht wegen des ihm entwendeten Geldes auf ihn, Ramhöfflinger, gefallen sei. Gutwillig sei er daher mitgegangen.

Auf die Nachfrage, wo denn das übrige Geld geblieben sei, konnte Ramhöfflinger allerdings nicht mehr alles belegen.

Einen Teil des Betrages, gestand er, habe er einem Bettler geschenkt, der ihm nachgelaufen sei, als er von Söflingen nach Ulm habe reiten wollen, einen anderen Teil habe er für einige erforderliche Kleidungsstücke verwandt. Außerdem hatte er etliche Weibsbilder zu Ebersbach reich beschenkt.

Der Bericht verlor sich, wie üblich, in unzähligen lateinischen-deutschen Floskeln und führte letztlich dahin, dass eine Bestrafung des Diebes unverzichtbar sei, jedoch das *Reskript** Herzog Eberhards greifen würde, das eine Todesstrafe für einen Diebstahl, wie es in früheren Zeiten durchaus üblich war, nach neuerem Recht ausschloss.

Sein Schwager Hans Michel Schorler hatte nichts dagegen einzuwenden. Natürlich wünschte er dem Bruder seiner Frau nicht den Tod, aber eine satte Strafe hielt er für diesen Lumpen allemal für angemessen.

Wolf Sebastian Ramhöfflinger wurde schließlich zu einer Gefängnisstrafe von sechs Monaten verurteilt. Das ihm zugedachte Gefängnis war indes kein Kerker in irgendeiner Kleinstadt, sondern das so genannte „Schellenwerk" in Stuttgart, ein Zuchthaus, in dem die Verurteilten mit Halsband und Glocken, den „Schellen", zu öffentlicher Arbeit herangezogen wurden. Zwei dieser Monate sollte er dort in *Springen** verbringen.

Für einen wie Wolf Sebastian Ramhöfflinger, der es gewohnt war, frei und unbeschwert durch die Lande zu ziehen und jegliche Arbeit großzügig zu umkreisen, war dies ein schwerer Schlag. Andererseits war er gerade einmal dreißig Jahre alt und dachte nicht daran, im Zuchthaus zu versauern. Schließlich, so überlegte er, hatte er noch viel vor. Er war voller Kraft, Wagemut und Abenteuerlust und zudem überzeugt davon, dass man ihn in diesem Zuchthaus nicht lange würde halten können.

Und tatsächlich – noch ehe drei Tage vergangen waren, war Ramhöfflinger aus dem Gefängnis ausgebrochen!

Nur wenig später hatte er auf seiner Flucht Sophia Christina kennen gelernt und in ihr eine Gleichgesinnte erkannt. Obwohl er schon immer auf Frauen eine gewisse Anziehungskraft ausgeübt hatte, beschloss er diesmal, in den heiligen Bund der Ehe einzutreten.

Grundsätzlich wäre dies ein anständiger, ehrenwerter Gedanke gewesen, zumal die Eheschließung mit einer kirchlichen Einsegnung verknüpft und nicht heimlich begangen werden sollte, wie es auch in diesem Jahrhundert noch häufig üblich war. Doch sollte eine Heirat stets auch zum wirtschaftlichen Gewinn und unter Berücksichtung des Vermögens – beziehungsweise des zu erwartenden Erbes – der jeweiligen Familien geschlossen werden oder gegebenenfalls von einer Zunft befürwortet und nicht nur aus einer Laune des Brautpaares heraus geschehen.

Ein elterlicher Konsens wäre daher auch bei längst erwachsenen Kindern vonnöten; es sei denn, die Eltern waren bereits verstorben, wie bei Wolf Sebastian Ramhöfflinger. Aber selbst dann musste der Rat eines Verwandten oder Vormundes eingeholt werden, auch wenn Ramhöfflinger sein vom Vater ererbtes Vermögen, das seine ältere Schwester Anna Katharina für ihn verwaltet hatte, inzwischen wohl längst verprasst und das Vermögen somit keine Rolle mehr gespielt haben dürfte.

Immerhin musste sich Ramhöfflinger, der keinen festen Wohnsitz in einer Stadt innehatte und somit auch kein Zunftmitglied werden konnte, bezüglich deren Vorschriften keine Sorgen machen. Zumindest in dieser Hinsicht war er autark.

Doch wie sah es mit Sophia Christina aus? Wer vertrat ihre Interessen bei den Vereinbarungen zur Eheschließung? Hatte auch sie keine Eltern und kein Vermögen?

Tatsächlich war es die gerissene Sophia Christina, die allen Grund hatte, ihre Ehe heimlich und im an der Enz gelegenen Hochdorf schließen zu lassen, war es doch vor der Eheschließung üblich, das Aufgebot während des Gottesdienstes durch den Pfarrer verlesen zu lassen. Diese öffentliche Verkündigung in der Gemeinde wurde im Allgemeinen dreimal durchgeführt und diente dem Zweck, eventuelle Einwände gegen die Heirat herauszufinden.

Diese konnten sowohl darin bestehen, dass das Brautpaar nicht in der Lage war, sich selbst zu ernähren, die Braut das erforderliche Alter nicht vorweisen konnte oder der Verwandtschaftsgrad zu eng wäre. Aber auch dem Vorwurf der Bigamie sollte entgegengewirkt werden.

In Hochdorf nun, wo sich die beiden am 24. Oktober 1695 das Ja-Wort gaben, waren sie nicht weiter bekannt, sodass sich niemand gefunden hatte, der Einwände gegen die Trauung vorzubringen gehabt hätte.

Gut gelaunt zogen sie somit im Anschluss an ihr Ehegelöbnis gemeinsam von Hochdorf fort und finanzierten ihren Unterhalt weiterhin von dem zwielichtigen Handel, den sie mit den verschiedensten Waren betrieben.

War Ramhöfflinger ursprünglich möglicherweise nur deshalb im Lande herumgezogen, um seiner durchaus lauteren Wanderpflicht als Geselle nachzukommen, so war er inzwischen längst von den so genannten ehrlichen zu den unehrlichen Leuten übergewechselt. Dies lag nun weniger daran, dass man davon ausgehen musste, er würde sein Geld mit Straftaten verdienen, sondern an der Denkstruktur der damaligen Gesellschaft, die bestimmte Berufsgruppen in ehrliche und unehrliche Leute einteilte. Schlosser, Bäcker, Schreiner und viele andere Handwerksberufe galten als ehrbar und ehrlich, der Beruf des Leinenwebers, des Baders und des Schäfers dagegen als unehrlich. Ebenso alle „fahrenden Leute" wie Spielleute, Schausteller und Hausierer oder Kleinhändler – und zu diesen zählte nun das Ehepaar Ramhöfflinger.

Auch wenn diese Berufsgruppen erforderlich waren und die Bevölkerung auf die Arbeiten derer angewiesen, so wurden sie dennoch kritisch beobachtet und kontrolliert, was möglicherweise sogar die Ursache dafür war, dass die beiden 1698 in Brackenheim aufgehalten wurden.

Ramhöfflinger war ein flüchtiger Dieb und offenbar schon mehrfach im württembergischen Lande aufgefallen. Dennoch war man seiner bisher nicht habhaft geworden. In Brackenheim nun war dies anders. Noch ehe er sich versah, fand er sich, mitsamt seinem angetrauten Weibe, im Brackenheimer Kerker wieder.

Obwohl den beiden nachgewiesen werden konnte, im Jahre 1697 in Erdmannshausen, einem gerade in diesem Jahr durch die Franzosen niedergebrannten und ausgeraubten Flecken, bei Hans Jakob Schmied Leinwand aus einem Zuber genommen, diese gestohlen, eingefärbt, verschnitten und hin und wieder weiterverkauft zu haben, lautete die Anklage inzwischen nicht mehr ausschließlich auf Diebstahl.

Die wesentlichere Straftat, die Ramhöfflinger und seiner Frau diesmal vom Vogt vorgeworfen wurde, war Bigamie; denn wie es schien, war Sophia Christina nicht nur mit Wolf Sebastian Ramhöfflinger, sondern bereits seit vielen Jahren mit dem Zimmermann Philipp Schiett aus Cannstatt verheiratet. Eine Tatsache, die sowohl Wolf Sebastian als auch Sophia Christina schlichtweg ignoriert hatten.

Bigamie war nun keine Seltenheit, in einer Zeit, in der es schwer war, die familiären Verhältnisse zu kontrollieren, insbesondere, wenn das Brautpaar nicht aus dem Ort der Vermählung stammte. Dennoch fasste die Carolina die Bigamie als qualifizierten Ehebruch auf, konkretisierte die vorgeschriebene Strafe dafür jedoch nicht. Obwohl somit durchaus die Todesstrafe durch Feuer oder Schwert in Betracht hätte kommen können, wurde dies häufig durch die Gerichte abgemildert und man begnügte sich mit der Strafe des Prangerstehens, Rutenstrafen, Brandmarken oder der Landesverweisung.

Philipp Schiett, ein Cannstatter Bürger, war 1689 während des Pfälzischen Erbfolgekrieges in Bretten von den Franzosen gefangen genommen und verschleppt worden.

Wie beinahe überall in Süddeutschland hatten die Franzosen Geißeln genommen und in den Ansiedlungen grausam gewütet.

Die Hochzeit der Elisabeth Charlotte, die schlicht „Lieselotte von der Pfalz" genannt wurde, mit dem Bruder des französischen „Sonnenkönigs" Ludwig XIV., Herzog Philipp von Orlèans, im Jahre 1671, hätte das Verhältnis zwischen Kurpfalz und Frankreich ursprünglich stabilisieren sollen, war dann aber ins Gegenteil umgeschlagen. Als Karl II., Pfälzischer Kurfürst und Bruder der Lieselotte, 1685 verstarb, versuchte Ludwig XIV., gegen den Willen seiner Schwägerin und entgegen den Vereinbarungen ihres Ehevertrages, die Kurpfalz an sich zu reißen und diesen Landgewinn durch einen langwierigen Krieg durchzusetzen. Im Verlauf dieser Kriegshandlungen legten die Franzosen zahlreiche deutsche Städte, Dörfer, Burgen und Schlösser in Schutt und Asche.

Erst 1697 wurde der Orlèansche Krieg, wie er auch genannt wurde, durch den Frieden von Rijswijk beendet und die ehemalige deutsche Reichsstadt Straßburg sowie das gesamte Elsass zu Frankreich gehörig.

Sophia Christina Schiett hatte demnach keine Hoffnung mehr gehegt, ihren Mann jemals wieder zu sehen und war, ohne sich über dessen Tod sicher zu sein oder sich scheiden zu lassen, 1695 eine neue Ehe eingegangen.

Natürlich waren Scheidungen und eine Wiederverheiratung, auch in protestantischen Gebieten, in denen dies überhaupt erst möglich war, eine absolute Ausnahme und nur unter den Voraussetzungen möglich, dass ein Ehebruch nachweisbar war oder „böswilliges" Verlassen vorlag. Beides waren jedoch Bedingungen, die man dem verschleppten Philipp Schiett definitiv nicht vorwerfen konnte, sodass die Ehefrau bei einem Scheidungsantrag wohl kaum mit einem Erfolg hätte rechnen können.

Somit saß die etwas kleinlaute Sophia Christina gegenwärtig im stark ramponierten Brackenheim in Haft und musste sich für ihre Tat rechtfertigen.

Auch Brackenheim hatte in den Kriegsjahren gewaltig gelitten. Nicht nur Raub, Plünderungen und Missernten, auch ein Großbrand im Jahre 1691, bei dem der größte Teil der Stadt zerstört worden war, hatten die Armut und den Hunger der Bevölkerung verstärkt und noch immer herrschten unruhige Zeiten im Städtchen.

Dennoch war man bereit, gegen die beiden Inhaftierten ein rechtmäßiges Verfahren zu führen, in dessen Folge es daher nicht weiter verwunderlich war, dass Sophia Christina mit dem Scharfrichter verschont und lediglich des Landes verwiesen wurde. Was sie daraus machen würde, wäre ihre Sache. Man schätze sie wohl ein, dass es ihr gelingen würde, sich durchzuschlagen und ihr Leben außerhalb Württembergs weiterzuführen.

Wolf Sebastian Ramhöfflinger dagegen wurde abermals zu einer Gefängnisstrafe verurteilt, die er in Brackenheim verbüßen sollte. Ein Urteil, das er gelassen hinnahm. Sollten sie es doch versuchen!

Später wurde darüber gerätselt, ob es nun daran lag, dass Brackenheim noch nicht ernstlich auf die Neuerung der Gefängnisstrafen eingerichtet war oder ob es an den schwierigen Verhältnissen in dieser Nachkriegszeit lag, dass der Verurteilte, wie schon einmal, nur kurze Zeit in seiner Zelle verbrachte.

Es waren Soldaten, die ihn diesmal befreiten und ihm, zum äußersten Verdruss seines Schwagers, abermals zur Flucht verhalfen.

Ramhöfflinger war offenbar einer von denen, so sinnierte der neidische Schorler, die überall unterstützt wurden, wenn sie in Schwierigkeiten gerieten. War es sein Charme oder nur seine Leichtigkeit zu leben, in Zeiten, in denen das Leben hart und arbeitsreich war, was die Menschen dazu veranlasste, ihm zu vertrauen und ihre Vorsicht vergessen zu lassen?

Der Schreinergeselle wusste jedenfalls, wie er sich durchs Leben zu schlagen hatte, ohne wirklich arbeiten zu müssen.

Kaum hatte Ramhöfflinger also das Brackenheimer Gefängnis verlassen, schloss er sich wiederum mit seiner Gefährtin Sophia Christina Schiett zusammen, die er auch künftig als seine Ehefrau ausgab, wodurch es kaum Aufsehen erregte, als diese schwanger wurde und einem gesunden Kind das Leben schenkte.

Währenddessen arbeiteten sie fleißig weiter. Eine Diebstour folgte der andern und der Erfolg ihrer illegalen Unternehmungen war äußerst gewaltig. Vielleicht wäre es dabei auch geblieben, hätten sie nicht immer wieder die gleichen Dörfer und Städte aufgesucht und dadurch irgendwann den Bogen empfindlich überspannt.

So hatten sie in Cannstatt bei dem Zimmermann Leonhard Mayer und dessen Ehefrau Christina Gottliebin eine Bundaxt sowie Kleider entwendet und diese in Besigheim an die Weiber des Hans Ulrich Stayger und des Hans Michael Zimmermann verkauft.

Dabei hatten sie die Dreistigkeit besessen, bei Stayger nicht nur zu speisen, sondern auch zu nächtigen.

Erst nachdem sich die Ramhöfflinger scherzend wieder auf den Weg gemacht hatten, mussten die verblüfften Besigheimer feststellen, dass sie betrogen worden waren und es sich bei der Ware um Diebsgut handelte, welches sie nun wieder unentgeltlich herausrücken mussten.

Stayger, der die Familie über Nacht bei sich aufgenommen hatte, musste gar eine Strafe entrichten, da er die Fremden in der Stadt hatte übernachten lassen, ohne dies ordnungsgemäß zu melden. Der Zorn der Betrogenen war übermächtig!

Als der aufgebrachte Stayger daher den leichtsinnigen Ramhöfflinger am 13. Juli des folgenden Jahres 1699 am Besigheimer Stadttor wieder erkannte, stellte er diesen sofort zur Rede.

Der Beschuldigte stritt die Tat jedoch keineswegs ab, sondern bot dem verblüfften Stayger stattdessen eine Auswahl seiner mitgebrachten Ware als Entschädigung an und bat denselben, ihn doch wieder gehen zu lassen.

Ungeachtet dessen ließ sich Stayger nicht noch einmal überrumpeln. Er öffnete den Packen und stellte fest, dass es sich bei der Ware abermals um Diebesgut handelte, woraufhin er unverzüglich die Inhaftierung des Täters veranlasste und Ramhöfflinger in den Besigheimer Turm werfen ließ.

Nur wenig später hatten sich bereits zahlreiche Personen gemeldet, die durch den Beschuldigten empfindlich geschädigt worden waren und sich gerne bereit fanden, dies vor einem Gericht zu bestätigen.

Wieder einmal wurde Ramhöfflinger nun nach Brackenheim verbracht und vor das dortige Gericht gestellt.

Zunächst war es der Wirt zu Gruppenbach, Franz Leonhard Bausch, der seine Aussage tätigen durfte. Er berichtete aufgebracht, dass der Verhaftete all die Dinge, die er in seinem Packen gehabt habe, bei ihm entwendet habe.

Als Ramhöfflinger diese Beschuldigung konsequent abstritt, legte der Wirt dar und sagte es dem Beschuldigten auch ins Gesicht, dass dieser mitsamt seinem Weib und dem Kind bei ihm vom 20. Juni auf den 21. zur Herberge gewesen sei und nach seiner Abreise am 22. bei ihm eingebrochen habe.

Ramhöfflinger habe dabei des Wirtes Hintertüre mittels Zurückschiebung des hölzernen Riegels mit einem Heurupfer, den man am andern Tag noch angetroffen habe, eröffnet, sei daraufhin zu einem offenen Laden, zwei Mann hoch hinauf eingestiegen, habe die wohlverschlossene Speisekammer geöffnet, wie auch zwei weitere Kammern auf der Bühne, deren eine mit einem Riegel und die andere mit einem Taschenschloss versehen waren, aufgebrochen und daraus unter anderem ein

„blau gestreiftes Oberbett á 14 Gulden, ein Pfulben Ziechen á 45 Kreuzer, einen blauen Bettumhang mit Kranz und Fransen á 10 Gulden, vier Viertel Speck samt ungefähr 50 Pfund Dörrfleisches á 8 Gulden 20 Kreuzer, eine fünfpfündigen Schmeer* Laib á 50 Kreuzer, zwei weitere Ziechen á [unleserlich] Kreuzer, eine blaue kölschine Bettziechen á 3 Gulden, ein 4 pfündig zinnernes Nachtgeschirr á 1 Gulden und ein anderen schmeer Laib á 3 Gulden pro 30 Kreuzer aestimiert, so sich zusammen auf 49 Gulden und 5 Kreuzer belaufen, diebischer Weise entwendet.“*

Dies alles sei unbemerkt seiner selbst, seines Weibes, des achtzehnjährigen Buben, des Knechts, zweier Mägde und auch des Hundes, der neben der Kammer gelegen habe, geschehen.

Da endlich, nach unzähligen Ausflüchten, bekannte sich Ramhöfflinger zu dem Diebstahl, blieb aber dabei, dass alles, mit Ausnahme einer Kammer, deren Schloss er mit einem Stemmeisen aufgemacht habe, offen gestanden sei.

Im Schreiben des Vogtes an Herzog Eberhard Ludwig, den zehnten Herzog von Wurttemberg, hieß es, der Wirt habe ferner erklärt, dass sich noch unterschiedliche Personen in der Nachbarschaft über den Verhafteten beklagt hätten. Unter anderem der Pfarrer zu Gronau, Beilsteiner Amtes, dem der Ramhöfflinger vor vier Wochen an die hundert Ellen flachsen und werken Tuches entwendet habe.

Auch der Schneider Peter Stringer zu Pleidelsheim, Marbacher Amtes, habe angezeigt, dass Ramhöfflinger ihm vor einem viertel Jahr Schreinerwerkzeug zu zwanzig Gulden und eine Flinte, mittels eines nächtlichen Einbruchs, entwendet habe. Ramhöfflinger habe alles geleugnet, obwohl erschwerend hinzugekommen sei, dass er an jenem Tag, in dessen darauf folgender Nacht in Pleidelsheim eingebrochen worden war, in dem Ort gesehen worden sei.

Das Schreiben ging weiter auf die Vorfälle in Waiblingen ein, als Ramhöfflinger seine leibliche Schwester bestohlen hatte.

Es hieß, dass Ramhöfflinger aufgrund des fürstlichen Reskriptes mit einem fürstlichen Peinlichen Prozess verschont worden war, hingegen acht Monate lang, darunter zwei in Springen, zu harter Arbeit in allhiesigem Garten *ad opus publicum condemniert** worden wäre, von wo er, als er kaum anderthalb Tage geschafft habe, samt den Springen durchgegangen sei.

Der Vogt gab Auskunft darüber, wie Ramhöfflinger in Bigamie gelebt hatte, obwohl, wie sich inzwischen herausgestellt hatte, der Ehemann der Frau noch gelebt und aus französischer Gefangenschaft zurückgekehrt war und ging dazu über, den Ausbruch aus dem Brackenheimer Gefängnis zu beschreiben, infolgedessen Ramhöfflinger bisher auch ungestraft geblieben sei und beendete sein Schreiben mit dem Hinweis, dass

„untertänigst Subsignierte haben nicht ermangelt, darüber gehörig zu deliberieren und weil bei dem Verhafteten eine solche Vielzahl an Straftaten vorliegen, er aus dem Gefängnis ausgebrochen ist und auch noch andere Diebstähle zusammenkommen, und daraus keine Besserung bei ihm zu erhoffen ist, so hielten sie in Untertänigkeit jedoch ganz unmaßgeblich dafür, es möchte nunmehr selbiger peinlich prozessiert und nach dessen die Juristenfakultät zu Tübingen consultiert werden … "

Die Juristenfakultät Tübingen erstellte bereits am 15. Juli 1699 ihr Urteil:

„In der Peinlichen Rechtfertigung sich haltend zwischen unserer Gnädigsten Fürsten und Herren Anwalten, Anklägern in einem, sodann Wolfgang Sebastian Ramhöfflinger, Peinlich Beklagter am anderen Teil, ist hiermit auf Klage und Antwort, wie auch all anderer Vor- und Anbringen nach getanem Rechtssatz, genommenem Bedacht und gehabtem Rat, mit Urteil zu recht erkannt, dass Peinlich Beklagter wegen seiner begangenen und bekannten Misshandlungen, dem Nachrichter an sein Hand und Band geliefert, von ihm eine viertel Stunde an das Halseisen gestellt und mit Ruten empfindlich ausgehauen werde, auch dass er sich strackes Fußes über die Donau begeben und Zeit seines Lebens nicht wieder herüber kommen wolle, auch eine geschworene Urfehde von sich zu stellen er schuldig sei."

Die Urfehde war schon seit längst vergangenen Zeiten ein bedeutsamer Eid, den der Betroffene nach seiner Verurteilung oder Haftstrafe zu schwören hatte. Er beinhaltete das Versprechen, sich künftig weder an der gegnerischen Partei, noch an der verurteilenden Stadt für die ausgesprochene Strafe und deren Vollzug zu rächen. Ein derartiger Eid war, wie alle Schwüre, absolut bindend und ein Bruch einem gänzlichen Verlust der Ehre gleichzusetzen.

Die Urfehde konnte sowohl als allein gültiges Urteil, als auch in Verbindung mit anderen Bußen, wie Geldstrafen oder, wie im Fall des Ramhöfflinger, mit Land- oder Stadtverweisungen eingesetzt werden.

Im Verlauf der Frühen Neuzeit war die Urfehde schließlich zu einem eigenständigen Strafmittel geworden, das sich gewissermaßen zu einem „Aufenthaltsverbotsschwur" gewandelt hatte und durch eine Urkunde beglaubigt wurde.

Als Erklärung für die Maßgabe des Urteils wurden im Schreiben nun die gesamten bereits bekannten Straftaten des Wolf Sebastian Ramhöfflinger wiederholt.

Die Aufzählung begann mit dem Diebstahl bei seiner Schwester, bei der er Gutes genossen und die redlichen Leute endlich, nach vorheriger genügsam ausgespähter Gelegenheit, in höchst zankbarer Weise, greulich bestohlen und ihnen in einem Säckel, nach ihrem Verklagen zweihundertvierzehn Gulden, nach seiner selbst eigenem Bekenntnis aber einhundertsiebzig Gulden baren Gelds entwendet und solches liederlicher Weise verprasset und durch die Gurgel gejagt habe.

Noch einmal wurde die Situation im Schellenwerk beschrieben und auf den Vorwurf der Bigamie im Münchingischen Flecken Hochdorf eingegangen, wo er sich hatte öffentlich copulieren lassen.

Auch nach seiner Haft in Brackenheim habe er sowohl weiterhin in Bigamie gelebt, als auch sein voriges gottloses Diebshandwerk wieder gar stark zu treiben angefangen.

Die bekannten Taten des Ramhöfflinger wurden diesmal nicht nur wiederholt, sondern auch durch eine Auflistung weiterer Taten ergänzt. So hatte Ramhöfflinger am 16. Januar

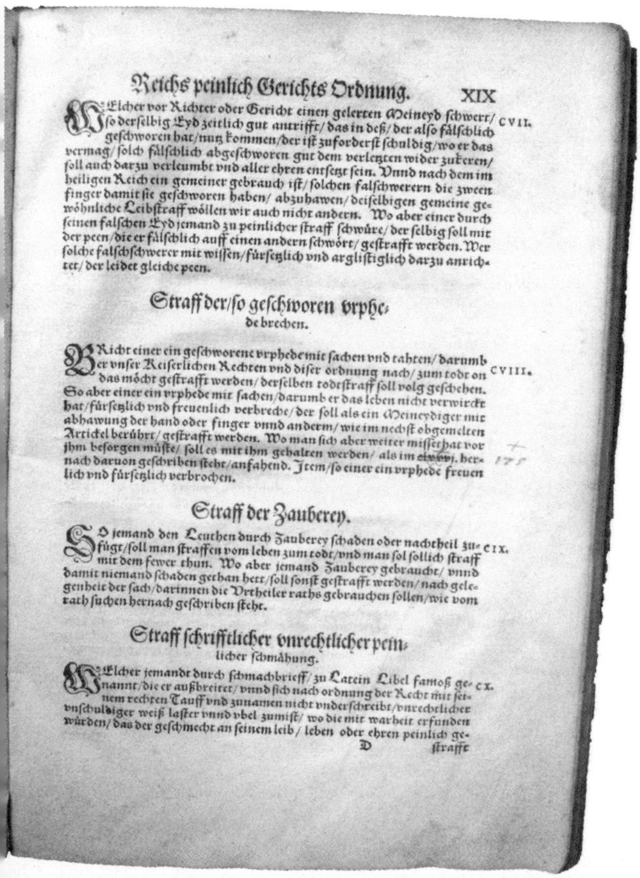
Reichs peinlich Gerichts Ordnung. XIX

Welcher vor Richter oder Gericht einen gelerten Meineyd schwert/ so derselbig Eyd zeitlich gut antrifft/ das in deß/ der also fälschlich geschworen hat/ nutz kommen/ der ist zuforderst schuldig/ wo er das vermag/ solch fälschlich abgeschworen gut dem verletzten wider zukeren/ soll auch darzu verleumbt vnd aller ehren entsetzt sein. Vnnd nach dem im heiligen Reich ein gemeiner gebrauch ist/ solchen falschwerern die zween finger damit sie geschworen haben/ abzuhawen/ deiselbigen gemeine gewöhnliche Leibstraff wöllen wir auch nicht andern. Wo aber einer durch seinen falschen Eyd jemand zu peinlicher straff schwüre/ der selbig soll mit der peen/ die er fälschlich auff einen andern schwört/ gestrafft werden. Wer solche falschschwerer mit wissen/ fürsetzlich vnd arglistiglich darzu anrichtet/ der leidet gleiche peen. CVII.

Straff der/ so geschworen vrphede brechen.

Bricht einer ein geschworene vrphede mit sachen vnd tahten/ darumb er vnser Keiserlichen Rechten vnd diser ordnung nach/ zum todt on das möcht gestrafft werden/ derselben todtstraff soll volg geschehen. So aber einer ein vrphede mit sachen/ darumb er das leben nicht verwirckt hat/ fürsetzlich vnd freuenlich verbreche/ der soll als ein Meineydiger mit abhawung der hand oder finger vnnd andern/ wie im nechst obgemelten Artickel berührt/ gestrafft werden. Wo man sich aber weiter missethat vor jhm besorgen müste/ soll es mit jhm gehalten werden/ als im [illegible] hernach daruon geschriben steht/ anfahend. Item/ so einer ein vrphede freuenlich vnd fürsetzlich verbrochen. CVIII.

Straff der Zauberey.

So jemand den Leuthen durch Zauberey schaden oder nachtheil zufügt/ soll man straffen vom leben zum todt/ vnd man sol sollich straff mit dem fewer thun. Wo aber jemand Zauberey gebraucht/ vnnd damit niemand schaden gethan hett/ soll sonst gestrafft werden/ nach gelegenheit der sach/ darinnen die Vrtheiler raths gebrauchen sollen/ wie vom rath suchen hernach geschriben steht. CIX.

Straff schrifftlicher vnrechtlicher peinlicher schmähung.

Welcher jemandt durch schmachbrieff/ zu Latein Libel famoß genannt/ die er außbreitet/ vnnd sich nach ordnung der Recht mit seinem rechten Tauff vnd zunamen nicht vnderschreibt/ vnrechtlicher vnschuldiger weiß laster vnnd vbel zumißt/ wo die mit warheit erfunden würden/ das der geschmecht an seinem leib/ leben oder ehren peinlich gestrafft CX.

D

Abb.: Constitutio Criminalis Carolina – Peinliche Halsgerichtsordnung Kaiser Karl V. Stadtarchiv Brackenheim (B 2049), Foto: C. Müller

1699 bei Hans Georg Metzger, dem Wirt zu Lorch, unterschiedliche, zu dreißig Gulden *angeschlagene** Tücher an Bettgewand, Leinwand und anderem gestohlen und bei einem Bauern in Schwäbisch Hall ein Tuch im Wert von vierzehn und einhalb Gulden entwendet.

In Winzerhausen, Bottwarer Amts, hatte er Ende Mai um drei Uhr am Nachmittag beim dortigen Pfarrer, als niemand zu Hause war und das Haus offen gestanden hatte, elf Stück Leinwand, Bettwerk und Teppiche mitgenommen.

Um dieselbe Zeit hatte er einer Witwe aus Rielingshausen, Marbacher Amts, nachdem er dort genächtigt hatte, ein paar Hosen in diebischer Weise hinweg genommen, die er später für zweieinhalb Gulden in Pleidelsheim verkauft hatte.

Es wurde im Bericht darauf hingewiesen, dass der Beklagte die Taten eisern geleugnet hatte, bis ihm die Geschädigten gegenübergestellt worden waren.

Es war unsinnig von Ramhöfflinger, die Diebstähle abzustreiten, zumal Besitz in der Frühen Neuzeit keine persönliche, sondern eine öffentliche Angelegenheit war, sodass es stets genügend Zeugen gab, die bestätigen konnten, welche Dinge wann abhanden gekommen waren; denn jeder, der im Haushalt lebte und arbeitete, egal ob Knechte oder Mägde, wusste, was die Schränke und Kammern hergaben und selbst die Nachbarn gingen im Haus, bestens informiert, ein und aus. Ein Übriges taten die Inventarlisten, die bei Todesfällen und Eheschließungen gesetzlich vorgeschrieben waren und den gesamten Nachlass zum Schutz der Erbansprüche haarklein festhielten. Dabei dokumentierten Mitglieder des Gerichts und Rats nicht nur die Barschaft und Immobilien des Verstorbenen, sondern auch den gesamten Inhalt der Speisekammer, jeden verbogenen Löffel, jedes Buch und jedes noch so winzige Detail.

Es war den Bestohlenen somit leicht gefallen, den Verlust ihres Bettzeugs, der Tuche und allem andern zu beweisen.

Nachdem Ramhöfflinger daher sowohl am Tatort gesehen als auch ein Teil des Diebesgutes bei ihm entdeckt wurde und zudem nachgewiesen werden konnte, wo er die übrige Ware verscherbelt hatte, war es nicht mehr allzu schwierig gewesen, ihn der Taten zu überführen.

Dennoch war man nicht bereit, die äußerste Todesstrafe auszusprechen, wie sie in Artikel 162 der Peinlichen Halsgerichtsordnung gefordert wurde, in dem es hieß, dass jemand, der zum dritten Male gestohlen habe und somit ein verleumdeter Dieb sei, einem Vergewaltiger gleich geachtet werden solle. Der Mann solle, laut dem Artikel, mit dem Strang, die Frau mit dem Wasser oder sonst auf anderem Wege, nach Gebrauch eines jeden Landes, vom Leben zum Tode gestraft werden.

Für Ramhöfflinger wurde strafmildernd gewertet, dass er bereits in Cannstatt eine vierwöchige Turmstrafe absolviert hatte und außerdem in Verbindung mit den vorigen Diebstählen zu einer Strafe im Schellenwerk verurteilt worden war.

Auch müsse berücksichtigt werden, so wurde deklariert, dass der Beschuldigte, solle er abermals bei einer derartigen Tat gefasst werden, befürchten müsse, der Obrigkeit ausgeliefert und daraufhin härter bestraft zu werden.

Strafverschärfend wurde allerdings hinzugefügt, dass Ramhöfflinger bei einigen Diebstählen auch Werkzeug verwendet hatte und diese Diebstähle nicht etwa aus Armut, sondern einzig und allein durch sein vergeudetes Bettlerleben veranlasst worden seien. Auch habe er sich erfrecht, diese Diebstähle mehrmals in Häusern zu begehen, in denen er Gutes empfangen hatte.

In Betrachtung dessen allen solle zwar eine Strafe ergehen, der Beklagte jedoch mit der äußersten Todesstrafe noch verschont werden.

Für die Peinliche Halsgerichtsordnung war es relevant, wie die Taten ausgeführt worden waren und welchen Wert das Gut besaß, das sich ein Täter unrechtmäßig angeeignet hatte.

So unterschied die Peinliche Halsgerichtsordnung zwischen Diebstahl über und unter fünf Gulden sowie der Frage, ob es sich um einen offenen Diebstahl handelte oder um einen Einbruch, bei dem der Täter etwas aufgebrochen hatte, beziehungsweise am Tatort eingestiegen war, wie es Ramhöfflinger selbst widerwillig gestanden hatte.

Ferner wurde zwischen einem Diebstahl bei Tag oder Nacht unterschieden, ob jemand dabei verletzt worden war und dem Alter, beziehungsweise der geistigen Reife des Täters.

Differenziert wurde zudem, ob ein Täter einen Diebstahl aus Armut begangen hatte oder um an sein Erbe zu gelangen. Selbst Diebstahl von Feldfrüchten, Holz- und Fischdiebstähle fanden jeweils einen eigenen Artikel.

„*Weil er aber ein gefährlicher Mensch ist*", so wurde im Bericht der Juristenfakultät weiter verkündet, „*und noch in dieser letzten Gefangenschaft, sich mit einem unter der Schlafhaube verborgenen Stemmmeißel der Bande ganz los gemacht und wirklich ex carcere* gekommen wäre, wenn nicht die eben damals auch darin gelegenen früheren Beischläfer den Stadtknecht herbeigerufen und er also von diesem aufgehalten worden wäre, sondern auch bisanhero ganze vier Jahre mit der Schiettin in einem continuo adulterio* gelebt hat, so können wir nicht ermessen, dass diesem bösen Menschen das hochfürstliche General Rescript von Anno 1627, unerachtet seines Handwerks, weiter gestatten können solle oder möge.*"

Die Juristen forderten auf, die Strafe zu vollziehen sowie Ramhöfflinger ernstlich vorzuhalten und einzuschärfen, dass er, sollte er sich im Anschluss daran jemals wieder an fremdem Eigentum vergreifen, ohne Gnade mit dem Strang abgestraft werden würde.

Es unterzeichneten die Dekane und Doktoren der Juristischen Fakultät bei der Fürstlichen Württembergischen Universität Tübingen.

Die Oberräte fühlten sich durch dieses Urteil zutiefst brüskiert.

Der Beschuldigte Wolf Sebastian Ramhöfflinger hatte bei seinen Diebstählen sämtliche rechtlichen Grenzen überschritten, die ihn zu einem schweren Straftäter abstempelten. Er gehörte nicht zu jenen, die gezwungen waren, aus Armut oder Hunger zu stehlen. Auch war er bedenkenlos in Häuser eingestiegen und hatte dort sowohl

Türen als auch Schlösser aufgebrochen, obwohl er durch seinen erlernten Beruf in der Lage gewesen wäre, ein ehrbares Leben zu führen.

Die Todessstrafe wäre in den Augen der Oberräte das einzig richtige Urteil gewesen! Abgesehen davon war die Ehrenstrafe am Halseisen von einem „Unehrlichen", wie ihn Ramhöfflinger verkörperte, mit Sicherheit emotional relativ leicht zu ertragen, auch wenn das Auspeitschen selbst für einen hart gesottenen Mann eine schwere Strafe bedeutete.

Ramhöfflinger, dem das Urteil vorgetragen wurde, war sich bewusst, dass die Richter den Henker mit Sicherheit dazu veranlassen würden, seine Schläge mit aller Kraft und nachhaltig durchzuführen. Sein Rücken würde völlig zerfetzt werden, Muskeln und Sehnen verletzt und die Wunden nur schwer abheilen. Die Narben würden ihn zudem für alle Zeiten als Verurteilten kennzeichnen und auch für einen „Ehrlosen" wie ihn war die Landesverweisung eine Reise ins Ungewisse.

Andererseits: Er würde dem Tod entgehen und hätte sicherlich keine Schwierigkeiten damit, sich weiterhin durchs Leben zu schlagen.

Doch die Stuttgarter Oberräte gaben noch nicht auf und machten sich daran, die Entscheidung der Juristenfakultät anzufechten.

Bereits am ersten August wandten sie sich daher an den Herzog, dem sie den gesamten Fall noch einmal kurz schilderten. Sie deuteten auf die Schwere der Taten hin und darauf, dass der Täter zwar aufgrund seiner Diebstähle schon einmal abgeurteilt worden war, diese Strafen sich aber nur auf die früheren Taten bezogen hatten und nun auch die neueren Taten berücksichtigt und nach Artikel 161 der Peinlichen Halsgerichtsordnung bewertet werden müssten.

Dieser Artikel wiederum wies im Falle des Ramhöfflinger auf die nachfolgenden Artikel, in denen die Strafe für das Einsteigen und Diebstähle höherer Geldbeträge bedeutend strenger beurteilt wurden.

Hervorgehoben wurde das niederträchtige Handeln, das ihn dazu gebracht hatte, gerade diesen Menschen zu schaden, denen er Gutes zu verdanken hatte.

In höflichen Worten baten die Oberräte deshalb, die juristische Entscheidung noch einmal zu überprüfen.

Die Juristenfakultät hingegen ließ sich von den durchaus verständlichen Argumenten der Oberräte nicht beeindrucken. In ihren Augen war die gesetzliche Lage eindeutig: Die äußerste Todesstrafe war hier nicht gerechtfertigt!

Die Vollstreckung des Urteils zog sich, sehr zu Ramhöfflingers Freude, immer weiter hinaus.

Irgendwann, davon war er überzeugt, würde er die Chance auf eine erneute Flucht erhalten.

Inzwischen war jedoch nicht nur Ramhöfflinger im Rahmen der Peinlichen Halsgerichtsordnung zum Streitpunkt geworden, sondern zusätzlich noch ein weiterer Delinquent, dieser allerdings aus Ottenhausen stammend und schon früher in Neuenbürg, einer Oberamtsstadt im westlichen Nordschwarzwald, verurteilt worden. Inwiefern er nun in den Fall des Ramhöfflinger involviert war, wurde in den Akten nicht verzeichnet.

Jedenfalls ließen die Oberräte nicht locker und versuchten es Mitte des Monats noch einmal mit einem Schreiben an den Herzog, von dem es hieß, dass er extrem wankelmütig und beeinflussbar sei, sodass die Geschicke des Landes stark von seinem jeweiligen Umfeld abhängig seien. Möglicherweise, so erwogen sie, wäre das Umfeld gerade günstig …

Die Herren Oberräte verbildlichten, dass Hans Caspar König aus Ottenhausen, der in Neuenbürg vormals lediglich zu einer Haftstrafe mit anschließender halbjähriger öffentlicher Arbeit bestraft worden sei, diese jedoch nur die halbe Zeit absolviert habe. Er habe somit bislang weder einen peinlichen Prozess noch eine Kriminalstrafe erlitten und auch Ramhöfflinger habe zwar vier Wochen in Haft gesessen, seine achtmonatige Strafe im Schellenwerk jedoch nicht verbüßt, sodass zumindest eine Wandelung der Strafe von ewiger Landesverweisung in eine Schwertstrafe erforderlich sei – denn immerhin war der Tod durch das Schwer weit ehrenvoller als der durch den Strang. Ramhöfflinger könnte sich demnach glücklich schätzen…

Doch entgegen aller Einsprüche und Forderungen seitens der Oberräte beharrte die Juristenfakultät auf ihrer Maßgabe. Es war ein Kopf-an-Kopf-Rennen der Mächte. Wem würde der Herzog zustimmen?

Noch einmal tagten die Oberräte, um in dieser leidigen Streitfrage endlich zu einem Abschluss zu gelangen, und nach reiflicher Überlegung teilten sie am 23. August 1699 ihr endgültiges Urteil dem württembergischen Herzog mit, den sie gleichzeitig um seine Einwilligung baten.

„Unser gnädiger Fürst und Herr lassen die hier wiederholte rationes der Juristischen Fakultät zu Tübingen, damit wir ihre beide Consilia und Gutachten, ob wir über die Bestrafung des Caspar König von Ottenhausen und des Wolf Sebastian Ramhöfflinger von Beuttelsbach unter dem 26. Juli et 11. August, erteilt, nochmalen zu salvieren gemeint …"

Abermals störten sich die Oberräte unter anderem daran, dass ein Täter nur deshalb nicht mit dem Strang gerichtet werden sollte, weil er für seine ersten, bekannten Delikte bereits früher bestraft worden war und eine strafmildernde, herzogliche Verordnung vorlag, derartige Straftäter ins Schellenwerk zu stecken, anstatt sie mit Ruten auszustreichen oder ihnen die Ohren abzuschneiden.

In vielen juristischen Floskeln und Redewendungen wogen sie sämtliche Möglichkeiten ab, zerlegten die rechtlichen Grundlagen und argumentierten letztendlich damit, dass ein drastisches Urteil nicht nur eine gerechte Bestrafung der Delinquenten sei, sondern zudem als abschreckendes Exempel der Bevölkerung diene.

Sie gaben daher, unter Ablehnung der juristischen Maßgabe der Fakultät, ihr endgültiges Urteil bekannt, in dem es hieß, dass sowohl Hans Caspar König von Ottenhausen als auch Wolf Sebastian Ramhöfflinger von Beutelsbach definitiv mit dem Strang vom Leben zum Tode gerichtet werden sollten.

Abb.: Die Elster auf dem Galgen (Pieter Breugel der Ältere, 1568)

Als Wolf Ramhöfflinger dieses Urteil vernahm, glaubte er, bereits die enge Schlinge um seinen Hals fühlen zu können, die sich gnadenlos zuzog. Wo war nur sein Glück geblieben? Er war doch bislang immer ganz gut davongekommen! Sollte sich das Blatt tatsächlich wenden? Noch lag die Zustimmung des Herzogs nicht vor …

Wolfgang Sebastians Furcht wuchs angesichts des Diakons, der sich um den Verurteilten zu kümmern hatte. Nein, er würde nicht aufgeben! Noch einmal wollte er eine Aussage tätigen, in der Hoffnung, damit Strafmilderung erlangen und sein Leben retten zu können.

Wie hatte er nur diese letzte Möglichkeit nicht schon früher erkennen können?

Ramhöfflinger offerierte dem aufmerksam lauschenden Gericht die Geschichte, wie er sich über seine Schwester maßlos geärgert habe, nachdem diese das Erbe einer Base unterschlagen habe. Die Base, bei der er selbst sich längere Zeit aufgehalten habe, habe ihnen fünfhundert Gulden vermacht. Davon habe seine Schwester testamentarisch zweihundert Gulden erhalten. Von den übrigen dreihundert Gulden hätten ihm einhundert gebührt. Diese jedoch habe seine Schwester unterschlagen, sodass er sich in seinem Ärger bei ihr habe rächen wollen. In der Schublade habe er dann eine größere Menge Geldes gefunden. Da er jedoch gewusst habe, dass seine Schwester und sein Schwager nach dem Brand kein Vermögen mehr hatten, war ihm klar gewesen, dass es sich nur um das Geld der Base handeln könne. Also habe er sich einhundertsiebzig Gulden genommen, den Rest aber liegen lassen. Er habe also nur siebzig Gulden gestohlen, denn das andere sei sein Erbgut gewesen. Außerdem sei er wegen dieser Tat bereits in Waiblingen vier Wochen lang in Haft gezogen worden.

Ramhöfflinger setzte mit seiner Aussage auf Artikel 165 der Peinlichen Halsgerichtsordnung, der sich mit dem Diebstahl des Erbes befasste und in dem angewiesen wurde, dass die Obrigkeit oder Richter in diesen Fällen von Amts wegen nicht klagen noch strafen sollten.

Es war schwierig. Müsste nun der gesamte Fall noch einmal aufgerollt werden? War das Urteil aufgrund der neuen Erkenntnisse ungültig?

Der Brackenheimer Vogt, der Stabhalter sowie die Mitglieder des Gerichts setzten schließlich ein weiteres Schreiben an die Stuttgarter Oberräte auf, in denen sie die neuen Gesichtspunkte schilderten und ließen sich in Untertänigkeit Bescheid erhoffen, ob dessen ungeachtet mit *Publicationem** und *Execution** der überschickten Urteile an den Maleficcanten vorgegangen werden solle.

Die gereizten Oberräte durften allerdings nicht weiter entscheiden, sondern mussten sich mit dieser Nachricht wiederum an den Herzog wenden, dem sie zudem mitteilen ließen, sie hätten hierüber gehörig beraten und wüssten nun nicht, ob aufgrund der Umstände die Schwester des Beklagten und deren Mann noch einmal vernommen werden sollten.

Am selben Tage noch erhielten sie die Antwort des Herzogs, die beinhaltete, dass sowohl der Bericht der Juristenfakultät Tübingen als auch die Vernehmungen des Beschuldigten Ramhöfflinger noch einmal überprüft worden wären und man zu dem Schluss gelangt sei, das Urteil vom 23. August nicht noch einmal in Frage zu stellen, sondern dasselbe ausführen zu lassen.

Wolfgang Sebastian Ramhöfflinger und Hans Caspar König waren somit zum Tode durch den Strang verurteilt worden – und dies, obwohl die Juristenfakultät Tübingen lediglich ein Urteil auf Landesverweisung und Prügelstrafe vorgegeben hatte. Ramhöfflinger konnte es nicht fassen!

Viel zu schnell war alles für den großen Tag vorbereitet. Der Scharfrichter war informiert und angereist, die Bevölkerung drängte sich am Wegesrand.

Der Brackenheimer Galgen befand sich außerhalb der Stadt auf einem Bergssporn in Richtung Frauenzimmern, sodass er, wie überall, als Zeichen der Hochgerichtsbarkeit, weithin sichtbar war und dem Gesindel zur Abschreckung dienen konnte.

Aufgestellt wurde der Galgen im Auftrag der Obrigkeit von den Handwerkern der Stadt. Da die Berührung eines Galgens jedoch ehrlos machte, war diese Arbeit verpönt und wurde daher häufig, um keinen zu benachteiligen, von allen Handwerkern gemeinsam durchgeführt, auch wenn diese zum Teil nur Handlangerdienste vollbringen konnten. Schließlich war diese Vorgehensweise die allein ersichtliche Möglichkeit, keinen Einzelnen der Ehrlosigkeit und Schmähung auszusetzen.

Hatten die frühen Galgen noch die übliche T-Form besessen, so wurden diese Kniegalgen schon bald abgelöst, da sie insgesamt recht instabil waren und das Gewicht des Erhängten den Galgen in eine unerwünschte Schieflage brachte, sodass an einem solchen Galgen immer nur einer der Verurteilten aufgeknüpft werden konnte.

Meist bestand ein Galgen des 12. bis 16. Jahrhunderts daher aus zwei senkrechten Pfosten, die mit einem darüber liegenden Querbalken verbunden waren. Der Balken lag in einer Astgabel, weswegen nicht nur die Bezeichnung „Zweischläfriger Galgen“, sondern auch „Gabelbalken“ verwendet wurde.

In späteren Zeiten wurden neben den zweibeinigen auch dreibeinige Galgen, die so genannten „Dreischläfrigen Galgen“ üblich, auf deren drei senkrechten Pfosten die drei Querbalken auflagen, welche ein Dreieck bildeten.

Diese Pfosten wurden häufig aus Holz, teilweise aber auch aus Steinen erbaut oder standen zumindest auf einem steinernen Sockel beziehungsweise einem gemauerten Podest, sodass der Aufwand und die Kosten, die für dieses Herrschaftssymbol aufgebracht wurden, nicht selten von beträchtlicher Höhe waren.

Für extrem schwere Verbrechen wurde auf dem unteren Galgen noch ein weiterer Galgen aufgesetzt, um die Strafverschärfung durch die Höhe des Galgens hervorzuheben. Bei herausragend schändlichen Taten dagegen wurden die Verurteilten gemeinsam mit einem Tier, etwa einem streunenden Hund, aufgehängt.

Zum Aufhängen wurde ein Hanfseil oder eine Kette verwendet, wobei die Art der Hinrichtung uneinheitlich war. So konnte es durchaus sein, dass dem Delinquenten ein Seil um den Hals und dieses über den Galgen hinweg oder durch den Galgenhaken hindurch zu den Henkersknechten oder einem Pferd geführt wurde, wodurch diese die Möglichkeit hatten, den Verurteilten daran in die Höhe zu ziehen. Diese Art der Hinrichtung bedeutete einen extrem langsamen und qualvollen Tod.

Die Alternative dazu bestand darin, bei der Hinrichtung zwei Leitern an den Galgen zu stellen, auf deren eine sich der Henker befand, der die

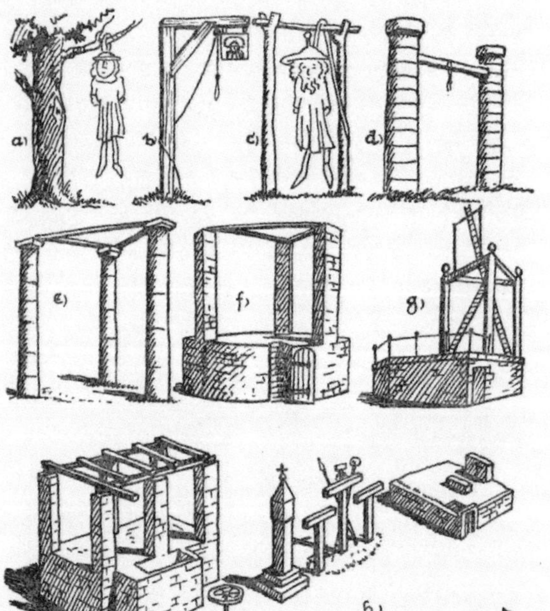

Tafel III: Galgen und Richtstatt

a) Der Baum als Galgen; b) Kniegalgen mit Deserteurtafel (nach v. Fleming, Der Teutsche Soldat 1726); c) Gabelgalgen mit gehängtem Juden (nach Osp. III, 7/II, Tafel 74); d) steinerner Gabelgalgen (Hopfmannsfeld); e) dreistempliger Galgen (Beerfelden); f) schlesischer Galgen mit Unterbau; g) der ehemalige Galgen zu Berlin mit dem „höchsten Galgen“ (Kupferstich von 1718); h) die ehemalige Richtstätte von Nürnberg nach alten Abbildungen, örtlich näher zusammengerückt, bestehend aus Gerüstgalgen mit dem äußeren Balken für Juden, davor Radstock, daneben Beichtenmarter und die 3 Golgathakreuze, rechts die Enthauptungsstätte.

Abb.: Typologie der Galgen und Richtstätten, aus „Alte deutsche Rechtsmale“ von Wilhelm Funk, 1940

Schlinge am Galgenhaken befestigte. Der Verurteilte stand auf der anderen Leiter und musste sich die Schlinge um den Hals legen lassen. Nachdem der Henker seine Leiter verlassen hatte, stieß er die Leiter des Verurteilten um, sodass dieser frei in der Luft baumelte.

Die Schlinge zog sich nun durch das Gewicht des Delinquenten unbarmherzig zu und drückte auf die Luftröhre, sodass sich der Verurteilte im Todeskampf wand und krümmte. Durch das Verschließen der Blutgefäße am Hals verfärbte sich das Gesicht, die Zunge quoll zwischen den Lippen hervor und letztlich, wenn alle Muskeln erschlafften, gingen Urin und Kot ab.

Nur wenn die Knechte des Henkers sich an die Beine des Verurteilten hängten, kam es zu einem schnellen, gnädigen Genickbruch.

Wolf Sebastian Ramhöfflinger kannte dies alles. Schon oft war er bei Hinrichtungen anwesend gewesen und hatte mit der zahlreichen Bevölkerung den Todeskampf des Verurteilten betrachtet. Nur heute war es anders.

Während sein gehetzter Blick unstet umherirrte, wurde er gemeinsam mit Hans Caspar König aus der Stadt hinaus und zum Galgenberg geführt. Wo blieb seine Rettung? Hektisch suchte er Unterstützung beim Publikum zu finden, glaubte aber, nur all die Menschen zu sehen, die er betrogen und bestohlen hatte. Waren da nicht gerade sein Schwager und seine Schwester gestanden?

Bald schon war der Richtplatz erreicht, von dem aus Wolf Sebastian über die im Tal gelegene Hochgerichtsstätte hinweg die kleine Michaelskirche auf dem südlich gelegenen Hügel erblicken konnte. War dies Mahnung oder Verheißung?

Abb.: Zwei Männer am Galgen, Fresken in Sant' Anastasia, Verona (von Antonio Pisanello, frühes 15. Jahrhundert)

Der raue Strick wurde ihm um seinen Nacken gelegt, sein Optimismus war verflogen.

Das aufregende Leben des Wolfgang Sebastian Ramhöfflinger war beendet.

Im Allgemeinen blieb die Leiche als Teil der besonders schändlichen und ehrlosen Strafe am Galgen hängen, bis der natürliche Zersetzungsprozess und der Tierfraß soweit fortgeschritten waren, dass die Leiche oder deren einzelne Körperteile von selbst herunterfielen. Ein Vorgang, der Monate, manchmal Jahre andauern konnte und die Bevölkerung einem bestialischen Gestank aussetzte.

Eine vorzeitige Entfernung des Toten galt als illegaler Eingriff in den Strafvollzug und wurde juristisch geahndet. Die Überreste des Leichnams wurden schließlich, wenn überhaupt, unter dem Galgen verscharrt. Ein „ehrliches" Begräbnis auf einem Friedhof, wie es bei Hinrichtungen mit dem Schwert – der leichtesten und ehrbarsten Todesstrafe – teilweise vorkam, war bei einem Erhängen gänzlich ausgeschlossen.

Gelegentlich konnte es jedoch geschehen, dass die Leiche eines Erhängten gestohlen wurde; vermutlich, um diese zu Heilzwecken oder heimlichen medizinischen Forschungen zu verwenden.

Am 1. Mai 1811 erließ König Friedrich I., der im Ludwigsburger Schloss residierte und auf seinem Weg zur Sommerresidenz in Freudental stets am abstoßenden Anblick des dreischläfrigen Bietigheimer Galgens vorbeikam, den schriftlichen Befehl, alle Galgen an und bei den Landstraßen abzubrechen. Er betonte, dass dabei mit dem Bietigheimer Galgen unverzüglich zu beginnen sei.

Doch anscheinend hatte man in Bietigheim diese Anweisung schon etwas früher erhalten, denn bereits am Morgen des 27. April 1811 war der Galgen, als der erste im Land, beseitigt worden.

Lediglich Galgen, die militärischen Zwecken dienten und an denen Personen „in effigie" angeschlagen wurden, waren von der Anweisung ausgenommen. Die Deserteure wurden dabei nicht tatsächlich hingerichtet, sondern ein Bildnis oder ein Zettel mit dem Namen des verurteilten Soldaten wurde an dessen Stelle an den Galgen gehängt. Eine Vorgehensweise, die von der Tradition der Schmähbriefe und Schandbilder herrührte.

Quelle: HStAS A 209 I Bü 616a

Die Spur des Jägers

Wurmlingen/Tuttlingen, Winter 1680/81

Er lachte, jauchzte und setzte sich im Jägerhaus aufs Bett der Kinder. Er war überall zugleich – der Lapphut.

Einsam stapfte der Mann durch den tiefen Schnee. Das grelle Licht blendete ihn und er kniff die Augen zusammen. Die Landschaft wirkte durch die weiße Fläche verändert, doch er wusste seinen Weg Richtung Talheim auch ohne die üblichen Markierungen zu finden. Die Vögel waren wohl ob der Kälte verstummt, denn es herrschte eine unnatürliche Stille. Auch die Elta, die im Sommer munter rechts des Weges plätscherte, war bereits zugefroren. Nur das leise Knirschen des Schnees unter den Tritten des Wurmlinger Büttels war im Tal zu vernehmen.

Seine Aufgabe war es heute, hier im Konzenbergischen Wald für Ordnung zu sorgen, so, wie er überall in Wald und Flur die Aufsicht innehatte.

Lange schon war er an diesem späten Oktobertag unterwegs gewesen und hatte daher beschlossen, am Fuße der mittelalterlichen Burg Konzenberg, oberhalb der Abzweigung nach Seitingen, sein Tagewerk zu beenden.

Das nahe an der Mündung des Faulenbachs in die Elta, in einem weiten Talkessel gelegene Wurmlingen, war zentraler Ort der Herrschaft Konzenberg. Zu ihr zählten, außer der zeitweise als Gefängnis genutzten Burg Konzenberg, einige umliegende Dörfer, die ebenso im Besitz des Konstanzer Domkapitels – des Kollegiums der Geistlichen an der Konstanzer Domkirche – waren. Obwohl das Bistum seinen Sitz am Bodensee hatte, erstreckte sich sein Gebiet vom Gotthardmassiv bis zum mittleren Neckar und vom Rhein bis an die Iller, sodass es flächenmäßig die größte Diözese im Heiligen Römischen Reich war. Im Zuge der Reformation war jedoch auch Konstanz 1527 reformiert worden und der Bischof hatte nach Meersburg fliehen müssen.

Erst einundzwanzig Jahre später hatten die Habsburger die Rekatholisierung der Stadt erzwungen, die ihren Status als Freie Reichsstadt verloren hatte und nach Vorderösterreich eingegliedert worden war. Offiziell war der Bischof nun zwar nach Konstanz zurückgekehrt, seine Residenz jedoch in Meersburg verblieben.

Eine Tatsache, die das Leben der Menschen in Wurmlingen allerdings nicht weiter berührt hatte.

In Wurmlingen, so wusste man dort zu erzählen, hatten seit 1392 die Beginen gelebt und eine Frauenklause gegründet. Beginen waren Frauen, die sich vor allem im Mittelalter, als es für Weibsleute im Allgemeinen nur ein Leben in der Ehe oder dem Kloster gab, zusammengeschlossen hatten, um in einer ordensähnlichen Hausgemeinschaft ein frommes und keusches Leben zu führen. Sie waren als fleißige

Frauen bekannt, die ihren Unterhalt als Hebammen, Lehrerinnen, Seidenweberinnen, Stickerinnen oder auch als Wäscherinnen verdienten.

Mitte des 16. Jahrhunderts hatten die Beginen ihre Klause in Wurmlingen jedoch aufgegeben, sodass die Einkünfte derselben seither vom Ortsmagistrat verwaltet wurden, der darüber jährlich der Dompropstei Rechnung abzulegen hatte. Inzwischen waren Gebäude und Hofstatt zum Pfarrhaus geworden und die Einkünfte der Klause flossen schon seit Jahrzehnten in die Schulstelle.

In derartige Gedanken versunken verließ der Büttel die schmale Schneespur des Weges und kämpfte sich ein Stück den bewaldeten Berg hinauf, bis er einen dürren Ast auf dem Boden entdeckte, den er aus dem Dickicht zu ziehen gedachte. Mühsam zerrte er an dem Reisig und schleifte es hinter sich her, die Böschung hinab.

Der Schnee dämpfte jedes der Geräusche, sodass er völlig überrascht stehen blieb, als ihn plötzlich ein rundes Gebilde von der Größe eines Krautkopfes überholte und an ihm vorbei den Berg hinunterrollte. Rasch ließ der Büttel sein Holzstück fallen, folgte der eigenartigen Kugel und erstarrte entsetzt, als er erkannte, was er da in Bewegung gesetzt hatte. Fassungslos bückte er sich, um den Gegenstand näher zu betrachten. Kein Zweifel, sein Fundstück war ein Knochen – aber nicht irgendein Knochen, auch nicht der eines Tieres, sondern der blanke Schädel eines Menschen!

Vorsichtig nahm der Mann sein Fundstück auf. Vergessen war das Holz und seine Arbeit. Der Totenkopf musste zur Obrigkeit, der Sachverhalt aufgeklärt werden.

Düstere Gedanken begleiteten den Büttel auf seinem Weg zurück ins Dorf. Sicherlich hatte ein hungriges Tier das Leichenteil ausgegraben und sich daran gütlich getan; doch wer hatte den Kopf einst hier versteckt? Lag hier womöglich eine komplette Leiche begraben? Und wer war der Tote? Oder war es gar eine Frau?

Der Weg nach Wurmlingen schien endlos. Trotz der Kälte geriet der Büttel mit seiner Last bald ins Schwitzen. Was würde der Vogt dazu sagen?

Schon am Ortseingang begegneten ihm die ersten Einwohner, die seinen grausigen Fund bestaunten. Nicht wenige folgten ihm auf seinem weiteren Gang zur Vogtei, einem imposanten Gebäude aus dem beginnenden 15. Jahrhundert.

Doch heute hatte der Büttel keinen Sinn für den herrschaftlichen Bau, der nahe dem vom Dompropst Jakob Fugger 1595 neu erbauten Schlösschen lag. Er wollte nur noch seinen Fund so schnell wie möglich aus der Hand legen.

Der Wurmlinger Amtmann der Konzenbergischen Herrschaft trug dem Büttel allerdings auf, den Schädel unverzüglich in das hiesige Beinhaus zu tragen, damit dieser an christlicher Stätte beigesetzt würde.

Da der um die Kirche angelegte Gottesacker im Laufe der Zeit der ansteigenden Bevölkerungszahl nicht mehr gewachsen war, hatte man letztlich die dortigen Gräber nach gut fünf Jahren ausgehoben und sämtliche Gebeine im Beinhaus untergebracht.

Wie zu erwarten, hatte sich der unheimliche Fund schnell im Flecken herumgesprochen. Die Menschen strömten trotz der Kälte auf die Gassen und diskutierten den Vorfall heftig.

Man erinnerte sich, dass vor wenigen Jahren, während der Franzosenkriege, ein Soldat spurlos verschwunden war. Über den Verbleib des Mannes, der sich auf dem Weg von Tuttlingen nach Talheim befunden hatte, hatte man damals, trotz aller Anstrengungen, nichts in Erfahrung bringen können.

Hannß Thenіß war ein Reitersmann unter dem Obrist von Hallweilschen Regiment gewesen, dessen Quartier sich in dieser schlimmen Kriegszeit in Talheim befunden hatte, einem kleinen Dorf, das von einem mächtigen gotischen Turm überragt wurde und bis zur zweiten Hälfte des 15. Jahrhundert den Sitz einer Nonnenklause gebildet hatte.

Der Weg von Tuttlingen nach Talheim führte direkt am Konzenberg vorbei, sodass der Soldat auf dem Weg zu seinem Quartier am jetzigen Fundort des Schädels vorbeigekommen sein musste.

Der Krieg, der die Ursache für die Anwesenheit des Regiments bildete, war 1672 ausgebrochen, als Frankreich den Niederlanden den Krieg erklärt hatte, die französische Armee Ludwigs XIV. über Lüttich und Kleve nach Gelderland vorgedrungen und Utrecht eingenommen hatte. Ein Jahr später war Maastricht besetzt worden, sodass Spanien mit einem weiteren Angriff auf die spanischen Niederlande rechnen musste. Diese Befürchtung hatte den Österreichischen Kaiser auf den Plan gerufen, der sich bereits 1671 verpflichtet hatte, im Falle eines direkten Angriffes auf Spanien oder Deutschland in den Krieg einzugreifen, sodass sich der Krieg auf große Teile Europas ausgeweitet hatte. Ludwig XIV. hatte daraufhin seine Feldherren Turenne und Condé ausgesandt, um am Mittelrhein und im Elsass die kaiserlichen Truppen aufzuhalten.

Hannß Theniß war einer der Soldaten, die in diese Kriegshandlungen, Einquartierungen und Kriegskontributionen des Jahres 1677 verwickelt gewesen waren, die der Bevölkerung so sehr zu schaffen gemacht hatten. Dennoch war er nicht nur ein fordernder Soldat gewesen, sondern hatte auch den durchaus menschlichen Zug inne gehabt, sich im eisigen Januar in ein wärmendes Tuttlinger Wirtshaus begeben zu wollen.

Bereits ein wenig angetrunken hatte er sich schließlich am Nachmittag auf den Rückweg gemacht und wäre wohl gegen Abend in Talheim eingetroffen – wenn er nicht plötzlich spurlos verschwunden gewesen wäre.

Heute jedoch, vier Jahre nach dem Verschwinden des Soldaten und zwei Jahre nach Inkrafttreten des Friedensvertrages, deutete alles darauf hin, dass Theniß das ahnungslose Opfer eines furchtbaren Verbrechens geworden war.

Es währte infolgedessen nicht lange, bis sich Gerüchte ausbreiteten, dass es Zeugen gäbe, die etwas über den einstigen Vorfall wüssten. Allerdings nicht hier in Wurmlingen oder in einem der umliegenden katholischen Dörfer, sondern im evangelischen Tuttlingen, das der württembergischen Herrschaft unterstand.

Das im Donautal liegende Tuttlingen war von den Belastungen des letzten Krieges weitestgehend verschont geblieben. Wohl waren kostspielige Einquartierungen und Kontributionen in Kauf zu nehmen gewesen, doch hatten sich die grenzenlosen Schrecken des Dreißigjährigen Krieges, zur Erleichterung der Bevölkerung, nicht mehr wiederholt.

Damals hatte es zahlreiche Plünderungen, Verwüstungen und Brände, dazu Pest und Hagel gegeben, welche die Bevölkerung um beinahe zwei Drittel auf nur fünfhundertneunundvierzig Bewohner reduziert und die Stadt weitestgehend zerstört hatten. Sogar die Honburg mit ihrem Schloss, den Zinnengiebeln und Rundtürmen, ursprünglich von Eberhard im Barte als erste moderne württembergische Festungsanlage oberhalb von Tuttlingen erbaut, war inzwischen eine Ruine geworden, die von der Bevölkerung als Steinbruch genutzt wurde. Es war kaum noch vorstellbar, dass der Tuttlinger Obervogt lange Zeit hier residiert hatte, nachdem er seinen Wohnsitz vom Tuttlinger Stadtschloss einst hierher verlegt hatte.

Auch Tuttlingen selbst hatte seinen wehrhaften Charakter längst verloren. Die Stadtmauern, die Kirche St. Martin auf dem Friedhof, die Kapellen und weitere siebzig Häuser waren nach dem Dreißigjährigen Krieg in Schutt und Asche gelegen. Nur der festungsartige Turm des alten Stadtschlosses, der noch immer als Gefängnis diente, die Peter und Paul geweihte Kirche in der Stadt sowie einige andere Gebäude hatten sich über den Krieg hinüberretten können. Tuttlingen war damals ein Trümmerhaufen gewesen, der mehr einem mittleren Dorf, denn einer Stadt geglichen hatte.

Aber die Bevölkerung hatte nicht aufgegeben. Mit viel Fleiß war die Stadt in den darauf folgenden Jahrzehnten wieder aufgebaut und die Wirtschaft in Schwung gebracht worden. Ein neues Schulhaus stand auf dem alten Platz und die Trinkwasserversorgung war verbessert worden. Pump-, Schöpf- und Ziehbrunnen würden die inzwischen wieder auf rund eintausendzweihundert Einwohner angewachsene Bevölkerung auch im strengen Winter versorgen können.

Einer dieser Tuttlinger Bürger war der Müller Georg Martin, der sich, als er von dem Fund des Schädels erfahren hatte, sofort auf den Weg zum hiesigen Keller machte und bereitwillig sein Wissen zur Verfügung stellte.

Der Tuttlinger Keller hatte die Funktion eines Untervogtes oder Amtmannes und war zugleich geistlicher Verwalter. Die Aufgabe des Vogtes bestand in der Erhebung und Verwaltung der herrschaftlichen Einkünfte in Geld und Naturalien. Außerdem galt er als Vertreter des Obervogtes, der seit 1653 für Tuttlingen, Rosenfeld, Balingen und Ebingen gleichsam zuständig war und nicht mehr auf der Honburg, sondern derzeit in Balingen residierte. Der Keller wurde daher auch in Fällen der Blutgerichtsbarkeit eingeschaltet und hatte den Obervogt darüber zu informieren.

Um eventuellen Annexionsabsichten der Vögte vorzubeugen, erfolgte die Vergabe der umfangreichen Vogtrechte nur jeweils für ein Jahr, konnte aber anschließend verlängert werden.

Der Schultheiß, der bis 1634 den Vorsitz der Niedergerichtsbarkeit geführt hatte, war zum äußersten Verdruss der Bevölkerung durch ein hochfürstliches Landvogtgericht von dieser Aufgabe, die nun ebenfalls der Keller übernommen hatte, entbunden worden. Dennoch gab es in Tuttlingen weiterhin sowohl einen Vogt als auch einen Schultheißen; ein Umstand, der in Württemberg äußerst ungewöhnlich war.

Georg Martin teilte nun dem amtierenden Keller wortreich mit, dass er bereits vor vier Jahren von einem Mord gehört habe. Damals habe ihm Heinrich Knirsch, einer der beiden Müller von Emmingen, zur Stühlinger Herrschaft gehörig, erzählt, dass der zu Wurmlingen lebende Christian Gehrin den gesuchten Reiter Theniß umgebracht habe.

Georg Martin habe daraufhin, als er mit dem Gehrin und Heinrich Knirsch bald nach diesem Vorfall nach Wurmlingen gegangen sei, den Täter unterwegs, bei dem „Aichlin", auf seine Tat angesprochen. Er habe ihn gewarnt, er solle so etwas sein Leben lang nicht mehr tun, sonst würde er dem Henker unter die Hände kommen. Daraufhin habe ihm der Gehrin die Tat ohne viele Worte gestanden und ihn beschworen, er solle es doch niemandem sagen und er wolle es auch ganz sicher nicht mehr wieder tun.

Dabei habe er, der Georg Martin, es dann auch belassen.

Obwohl jedes Dorf und jede Stadt auf einen Müller angewiesen war, galt dieser in manchen Regionen dennoch als ein Mann von zweifelhaftem Ruf. Außerhalb der Stadt, in der herrschaftlichen oder gemeindeeigenen Mühle lebend, galt er häufig als unehrlich, was jedoch nichts mit eventuellen Betrügereien zu tun hatte, sondern möglicherweise mit der Tatsache, dass sein Lebensstil aufgrund seiner abgeschiedenen Lage nur schwer zu kontrollieren war. Außerdem war ein Müller in manchen Städten mit dem Beruf des Bordellwirtes konform, wodurch es nicht weiter verwunderlich war, dass sich ein Müller seine Ehrlichkeit oftmals immer wieder bestätigen lassen musste.

Bei Georg Martin und Heinrich Knirsch schien es sich allerdings um angesehene Bürger gehandelt haben, die über jeden Zweifel erhaben waren.

Georg Martin fügte weiter an, dass er außerdem von dem Tuttlinger Bürger und Messerschmied Hannß Schönlin dasselbe erfahren habe. Auch diesem habe Heinrich Knirsch erzählt, dass damals, als der Soldat verschwunden war, ein Christian aus Wurmlingen ihm gegenüber behauptet habe, einen Mord begangen zu haben.

Die Anschuldigungen waren enorm. Wohl lebte man in einer Zeit, in der Gewalt und körperliche Angriffe schon allein durch das immer wieder auftretende Kriegsgeschehen allgegenwärtig waren und auch die Tatsache, dass im Grunde ein jeder stets eine Waffe – und sei es auch nur ein Messer – mit sich führte, trug wohl zur Verschärfung mancher Auseinandersetzung bei. Doch dass es sich hier um einen wirklich schwerwiegenden und eindeutigen Raubmord handelte, war den Richtern augenblicklich einleuchtend.

Alsbald wurde daher die Fahndung nach dem Schreiner Christian Gehrin eingeleitet, der dann auch am 3. Januar 1681 in Tuttlingen gefasst werden konnte. Man einigte sich darauf, dass der Fall, obwohl der Schädel auf Konzenbergischer Gemarkung gefunden worden war, in einer Art nachbarschaftlicher Amtshilfe von Tuttlingen übernommen würde.

Gehrin wurde folglich arrestiert, in Bande geschlossen und am nächsten Tag vor die Mitglieder des Tuttlinger Gerichts geführt.

Der Vierundzwanziger, wie Gericht und Rat aufgrund seiner Mitgliederzahl genannt wurden, war inzwischen um eine weitere Person aufgestockt worden. Hatte sich der Magistrat früher aus dem Schultheißen, dem Bürgermeister, zehn weiteren Mitgliedern des Gerichts sowie den zwölf Ratsmitgliedern rekrutiert, so hatte stets der Amtsdiener bei einem Urteilsspruch mit Stimmengleichheit die Entscheidung treffen müssen. Inzwischen war ein weiterer Bürgermeister bestellt worden, sodass der Amtsdiener von dieser schwierigen Pflicht befreit worden war.

Obwohl dem Gericht Gehrins persönliche Daten durchaus bekannt waren, wurde er der Ordnung halber nach seiner Herkunft und seinem Beruf gefragt. Christian Gehrin war Schreiner und stammte aus Habstetten, Berner Gebiets.

Auf die gütliche Frage, was er an dem betreffenden Tage getrieben habe, behauptete der Beschuldigte, er sei im Sigmaringer Forst auf der Jagd gewesen und habe auf einen Hirschen geschossen, den er aber nicht habe erlegen können. Das Ross, auf dem er dabei geritten sei, habe er von einem aus Hurnstetten auf dem Hardt, Friedrich genannt, entlehnt.

Noch waren die Gerichtsverwandten dem Beschuldigten freundlich gesonnen. Vielleicht, so brachten sie vor, hatte ihm der Reiter zuvor ein Leid angetan – und weil dieser ein Soldat war und die Leute mit unterschiedlichen Plagen und Torturen misshandelt hatte, mag der Gehrin gemeint haben, man würde es ihm nicht so schwer anrechnen, wenn er den Soldaten niederschlüge?

Doch Christian Gehrin war nicht bereit, mit der Sprache herauszurücken. Zu viel stand für ihn auf dem Spiel, sollte man ihm die Tat nachweisen können. Niemals wäre er bereit, sich freiwillig zu den Beschuldigungen zu äußern. Er schwieg.

Schließlich musste man den Zeugen Georg Martin herbeirufen, der dem Angeklagten ins Gesicht sagte, was er von ihm wusste. Dennoch leugnete dieser weiterhin hartnäckig und forderte das Gericht respektlos auf, man solle doch den Emminger Müller Heinrich Knirsch selbst herholen und diesen befragen, was er denn gegen ihn vorzubringen hätte.

Auf solch beharrliches Ableugnen hin wurde der Beschuldigte nun doch härter eingeschlossen, indem man ihn an diesem frostigen Abend im kalten Turm auf den blanken Boden warf.

Bereits seit einigen Jahren waren die Winter extrem hart gewesen. Wer kein Holz zum Heizen besaß oder sich des Nachts zu lange im Freien aufhielt, erfror unerbittlich. Die Flüsse waren allesamt bis auf den Grund vereist und die Winter schienen endlos zu dauern. Selbst der Bodensee war in manchen Jahren zugefroren, sodass die voll beladenen Fuhrwerke die glatte Fläche problemlos überqueren konnten.

Nur die alten Leute konnten sich erinnern, dass es schon einmal, bis in die Anfänge des 17. Jahrhunderts hinein, eine solch frostreiche Zeit gegeben hatte[5], die erst inmitten des Dreißigjährigen Krieges in eine wärmere Periode gewechselt hatte.

Auch auf Christian Gehrin schien diese bitterkalte Nacht ihre Wirkung nicht zu verfehlen, denn auch ohne Androhung der Tortur zeigte er sich am nächsten Tag weitaus einsichtiger. Im Bericht stand daher zu lesen, dass er in sich gegangen sei und das factum folgender gestalten bekenne.

Gespannt lauschten die Richter den Worten des jungen Mannes, der erzählte, was sich am Abend eines Tages, den er nicht näher anzuzeigen wüsste, zugetragen habe. Er gab an, er sei an jenem besagten Tag mit Hannß Meckh, dem Schreiner zu Wurmlingen, unterwegs gewesen. An jenem Morgen wären sie mit zwei Rohren zur Pirsch ausgegangen und den ganzen Tag in dem Wäldlin herumgezogen, am Abend aber den Berg hinab und heimwärts gegangen.

Die Jagd war in Tuttlingen eine Angelegenheit, die nicht, wie in anderen württembergischen Gebieten, der Herrschaft vorbehalten war, sondern, sehr zur Missgunst derselben, den Tuttlinger Gemeindemitgliedern zustand. Ein jeder durfte auf der gesamten Tuttlinger Markung jagen, schießen und anderes Waidwerk begehen. Nur die zur Schonung des Wildes von der Gemeinde erlassenen Gesetze mussten hierbei Berücksichtigung finden.

Wie sie so den Berg herabgekommen seien, gestand Gehrin zögernd weiter, sei dieser Reiter von Tuttlingen heraus gekommen und gegen sie daher geritten. Daraufhin habe der Schreiner ihn, Gehrin, angewiesen, er sollte diesen herunterschießen. Es sei doch nur ein Soldat und da gelte es gleich, ob er jetzt oder ein andermal sterben müsse. Das hätte nicht so viel zu bedeuten. Sein Leben hätte er sowieso schon verkauft. Auch würden die Soldaten den Leuten allerhand Plagen antun. Daraufhin habe er, Gehrin, sein Rohr auf den Reiter angeschlagen, welcher nun seinerseits seinen Karabiner hochgezogen und lauthals geschrieen habe.

Ein Karabiner war eine Waffe des 17. Jahrhunderts, die nach dem französischen „carabine", der „Reiterflinte" bezeichnet wurde. Ihren Namen hatte sie durch den

5 Die sogenannte „Kleine Eiszeit"

im Vergleich zum Infanteriegewehr verkürzten Lauf erhalten, der es den Reitern ermöglichte, die Waffe auch auf dem Pferd leicht zu handhaben. Karabiner waren anfänglich mit einem Ring am Beschlag der linken Seite des Schaftes versehen, wodurch die Waffe nach der Schussabgabe fallen gelassen werden konnte, um den Kampf auf eine kurze Distanz mit der Pistole, dem Säbel oder der Lanze, Mann gegen Mann weiterzuführen.

Gehrin schilderte weiter, wie der Mann ihn angeschrieen und er daraufhin abgedrückt habe. Er habe den Reiter oberhalb des Sattelknopfs in den Leib getroffen, worauf dieser sogleich zurückgesunken und tot vom Pferd gefallen sei. Der Schreiner habe das Tier eingefangen und an einem Baum im Wald angebunden.

Auf die Frage, wo dies alles geschehen sei, gab Gehrin die Auskunft, es sei gleich unterhalb dem Stich im Conzenbergischen territori passiert.

Er fügte hinzu, dass er dem Verwundeten keine weiteren Schläge gegeben habe, weil dieser das Leben gleich gelassen hätte und ergänzte, um Verständnis heischend, dass, wenn er den Soldaten nicht heruntergeschossen hätte, so es doch sein Kamerad, der Schreiner getan hätte.

Nachdem der Soldat also vom Pferd gefallen sei und den Geist aufgegeben habe, hätten sie ihm die Montur abgenommen, ihn den Berg hinunter an den vorbei fließenden Bach geschleppt und dort hineingeworfen. Dann hätten sie es sich aber anders überlegt und die Leiche wieder den Berg hoch getragen und in ein bei einer umgestürzten Buche befindliches Loch gelegt, welches am anderen Tag der Schreiner besser zugescharrt und verdeckt hätte.

Die Montur des Soldaten, wie Mantel, Rock, Hosen, Karabiner, Stiefel und Sporn hätte der Meckh an sich genommen. Die Pistole und das Goller jedoch hätte der Reiter in Tuttlingen gelassen.

Ein Goller war eine Art loser Kragen, der um Hals oder Schultern getragen wurde, zum Teil aber auch Brust und Rücken bedecken konnte und zwischenzeitlich zu einem ledernen Harnisch der Reiterei weiterentwickelt worden war.

Das Pferd, so unterbreitete der Beschuldigte nun, habe er gesattelt und sei mit ihm ohne Halfter und Schabracke in die Schweiz geritten, wo er es um zweiunddreißig Gulden verkauft habe. Das Geld habe er anschließend mit dem Schreiner geteilt.

Noch während der Vernehmung des Gehrin wurde ein Bote nach Wurmlingen ausgesandt, der die Festnahme des Schreiners Hannß Meckh veranlassen sollte. Doch Meckh hatte dies bereits geahnt und die Flucht ergriffen, sodass man seiner nicht mehr habhaft werden konnte.

Man erwog daher, am Konzenberg nach der Leiche zu suchen. Aber aufgrund der extremen Witterung war es völlig ausgeschlossen, eine nähere Besichtigung des Tatortes vorzunehmen oder gar nach der Leiche zu graben. Der Boden war bis in die Tiefe gefroren, steinhart und mit einer hohen Schneeschicht bedeckt. Man würde warten müssen, bis das späte Frühjahr eintrat, um weitere Beweise sammeln zu können.

Allerdings war es in Anbetracht der gnadenlosen Kälte undenkbar, den Beschuldigten die nächsten Monate, bis der Schnee ab- und der Boden aufgetaut waren, im Gefängnis verbleiben zu lassen. Schon ein weiterer Aufenthalt im Turm konnte seine Gesundheit gravierend gefährden, sodass man entschied, ihn bis zu seiner Verurteilung beim wenig begeisterten Stadtknecht unterzubringen – wobei auch diese Lösung nur vorübergehend in Anspruch genommen werden konnte.

Auf Anraten der Stuttgarter Oberräte Ende Januar, die über die Vorkommnisse informiert worden waren, beschloss man, den Büttel noch einmal zu verhören und seine bisher getane Aussage mit einem leiblichen Eid belegen zu lassen, war sie doch ausschlaggebend für die weiteren Entscheidungen. Der Wurmlinger Büttel erläuterte folglich noch einmal, wann, wo und wie er den Totenkopf gefunden hatte, führte die Gerichtsverwandten an den Fundort und war durchaus bereit, seine Angaben zu beeiden.

Auch der Beklagte wurde noch einmal befragt, wo er den erschossenen Reiter vergraben hätte und da seine Beschreibung des Tatortes mit der des Büttels insoweit übereinstimmte, dass es sich bei beiden Örtlichkeiten zumindest um dasselbe Revier handelte, ging man davon aus, dass es mit dem corpus delicti, dem Beweisstück, offenbar seine Richtigkeit hatte.

Christian Gehrin wusste, dass ihm die Todesstrafe drohte. Vier lange Jahre hatte er täglich mit der Angst gelebt, die Tat könne aufgedeckt und er tatsächlich vor das Gericht gestellt werden. Längst hatte er nicht nur den Mord, sondern auch seine Dummheit bereut, die ihn damals dazu veranlasst hatte, nach der Tat zur Mühle zu gehen und dort von dem Mord zu erzählen. Dummheit, ja, grenzenlose Dummheit war es gewesen, die ihn überhaupt hatte die Waffe heben lassen – und das kindliche Vertrauen in den Meckh. Der Glaube daran, dass dieser schon wüsste, was richtig war. Dabei hatte gerade dieser Meckh im Anschluss an die Tat den Großteil des geraubten Gutes an sich genommen, während er, Gehrin, das Risiko getragen hatte. Sollte sein Leben nun tatsächlich schon zu Ende sein oder konnte er mit der Gnade des fürstlichen Regenten, Friedrich Karl von Württemberg-Winnental, rechnen, der als Vormund des vierjährigen Herzogs Eberhard Ludwig agierte?

In der Hoffnung, doch noch etwas für sich erreichen zu können, hatte Christian Gehrin bei seiner Gerichtsverhandlung die Hilfe eines Fürsprechers in Anspruch genommen, der sich überzeugend für ihn einsetzte und die Entschuldigung des Beklagten vortrug.

Gehrin bezeugte dabei verzweifelt,

„dass er leider! diese Übeltat getan habe, er könnte solches auch keineswegs leugnen. Er bitte Gott und die Welt um Verzeihung. Weil er sich aber vor und nach solcher Übeltat jederzeit fromm und redlich verhalten habe, bitte er fußfälligst und um Gottes

Barmherzigkeit willen, ihm ein gnädiges Urteil zu verleihen und ihn mit dem Leben zu begnadigen. Es wolle ihm ein solches die Zeit seines Lebens eine Warnung sein lassen, desgleichen nimmer tun, sondern sich besser und frömmer verhalten."

Die Gerichtsverwandten waren erleichtert, dass nicht sie, sondern die Tübinger Juristenfakultät eine Urteilsempfehlung vorzulegen hatten. Ein kaltblütiger, grausamer Mord war geschehen, verbunden mit einem brutalen Raub, der einzig der Raffgier entsprang. Und doch neigte man in Tuttlingen dazu, auch die äußeren Umstände zu berücksichtigen, die zu diesem Verbrechen geführt hatten: die gewalttätigen Kriegszeiten und das Alter des Täters.

Schließlich wurde die Akte zur Entscheidung bei der Juristenfakultät Tübingen eingereicht.

Diese ließ nicht lange auf sich warten. Bereits am 29. Januar 1681 schrieben die Juristen nach den üblichen Höflichkeitsfloskeln, dass sie die Akte genau studiert und in dem Collegium reiflich beratschlagt hätten.

Noch einmal wurde der vorgetragene Sachverhalt ausführlich wiederholt, jedes Detail genauestens beleuchtet, bevor auf den Artikel 137 der Peinlichen Halsgerichtsordnung verwiesen wurde, in dem verlangt wurde, dass der Mörder oder Totschläger, der für seine Tat keine bedeutende Entschuldigung vorzuweisen hätte, mit dem Rad gerichtet werden solle und die Juristen daher die Hauptsache betreffend, keiner anderen Meinung sein könnten, als dass der Verhaftete das Leben verschuldet und den Tod verdient habe. Wie er denn selbst keine redliche Entschuldigung für diesen vorsätzlichen Mord habe, sondern habe gestehen müssen, dass er den Mann um des Raubes Willen, um sein Pferd und die Montur zu bekommen, erschossen habe.

Zudem wurde erläutert, dass es bei den genannten Rechtslehren unstrittig sei, dass der Beklagte schuldig wäre, den Mann erschossen zu haben. Nach seiner freien Bekenntnis und Inhalt der Peinlichen Halsgerichtsordnung und anderer loblichen Landrechte und Ordnungen sowie des ergangenen fürstlichen Befehls müsse der Beklagte dem Schafrichter an sein Hand und Band gegeben, mit dem Rad, durch Zerstoßung seiner Glieder, vom Leben zum Tod gerichtet und anschließend öffentlich darauf gelegt werden.

Als Christian Gehrin frierend, am Fuße der Ratshaustreppe stehend, das Urteil vernahm, wurde ihm entsetzlich übel.

Die Todesstrafe mit dem Rad war eine der grausamsten. Der Verurteilte wurde dabei auf dem Rücken liegend mit gespreizten Armen und Beinen an vier Pflöcken festgebunden. Mehrere Holzstangen wurden unter seinen Körper geschoben, sodass dieser keinen festen Rückhalt auf dem Boden fand. Alsdann stieß der Henker beim Urteil „von unten" das schwere, eisenbeschlagene Rad mit all seiner Kraft auf die Gliedmaßen des Delinquenten, bis diese zerbarsten. Beginnend an Scheinbeinen und Unterarmen rückte er langsam zum Halse vor. In manchen Urteilen wurde die Anzahl

Abb.: Folterkreuz mit Rad
Städtisches Museum im Kornhaus, Bad Waldsee / Stadtarchiv Bad Waldsee

der Stöße genauestens vorgegeben, wobei die lebenswichtigen Körperteile ausgespart wurden, um ein möglichst langes Leiden zu ermöglichen. Unerträglicher Schmerz und Schock konnten zu gnädiger Bewusstlosigkeit führen, die der geübte Henker jedoch zu unterbinden wusste. Nur in seltenen Fällen wurde der Verurteilte zu einem Tod „von oben herab" begnadigt und dabei durch einen Herz- oder Kopfstoß sofort getötet.

Oftmals schon vor dem Tode des Gemarterten wurde dieser auf das Rad geflochten, indem die zerbrochenen Gliedmaßen durch die Speichen geführt wurden. Das Rad wurde anschließend waagerecht auf einem hohen Pfahl befestigt und dieser an der Richtstätte, häufig neben dem Galgen, aufgerichtet. Der schonungslose Anblick des gepeinigten Menschen diente zur Abschreckung und Warnung der Bevölkerung. Wie beim Erhängten, durfte auch der Geräderte nicht abgenommen werden, sondern musste bis zur völligen Verwesung liegen bleiben.

Doch der Stabhalter war mit seiner Verlesung des Urteils noch nicht fertig. Gehrin vernahm daher:

Abb.: Das Zellische Gericht, 1699
Die Hinrichtungen der Räuberbande des Nickel List
List selbst wurde „von unten auf" mit acht Schlägen zerschmettert; dem noch Lebenden wurde mit einem Beil der Kopf abgetrennt und auf einen hohen Pfahl genagelt. Der übrige Leichnam wurde auf dem Scheiterhaufen verbrannt. (Zeitgenössischer Kupferstich)

„Da diese Tat aber vor vier Jahren und somit zu solcher Zeit geschehen war, da der Beklagte noch in minori, also minderjährig, gewesen sei und geglaubt habe, dass er eine weniger große Sünde und Unrecht begehe, wenn er einen Soldaten, welcher sein Leben ohnehin verkauft habe, umbringe, wird das Urteil abgewandelt:
Es wird daher von der ordinaria poena rotae, der gewöhnlichen Strafe mit dem Rad, abgesehen und es ergeht folgendes Urteil:
Im peinlicher Rechtfertigung fürstlichen Anwalts Klägern eines, entgegen und wider Christian Gehrin, Peinlich Beklagter andern Teils, erkennt ein ehrsam Gericht auf Klag, Antwort, des Beklagten eigenen Bekenntnisses und all anderer gerichtlichen Vorbringens, nach getanem Rechtssatz, genommenem Bedacht und gehabtem Rat, mit Urteil zu Recht, dass der Beklagte wegen seiner Misshandlung dem Nachrichter an sein Hand und Band geliefert, von selbigem zur gewöhnlichen Richtstatt geführet und allda ihm selbst zur wohlverdienten Strafe, anderen aber zu einem abscheulichen Exempel mit dem Schwert vom Leben zum Tod gerichtet und dessen Körper auf das Rad gelegt werden soll.
Welches denen gnädiglich wir nächst göttlichen Gnaden Empfehlung nicht verhalten sollen."

Der Stab wurde gebrochen und Christian Gehrin in Schließen in sein Gefängnis beim Stadtknecht zurückgebracht. Der Richtplatz würde nun vorbereitet und dem Henker der Auftrag erteilt werden.

In dieser Nacht schlief Christian Gehrin kaum. Um seine Notdurft zu verrichten, war er gezwungen, den Stadtknecht zu wecken, der an diesem Abend schon allerhand getrunken hatte.

Nachdem sich der Gefangene erleichtert hatte, kettete ihn der Knecht wieder an, legte sich zu seinem Weib schlafen und erwachte erst am nächsten Morgen. Und da gab es ein böses Erwachen:

Der Verurteilte Christian Gehrin war weg!

In dem Bericht an den Balinger Obervogt, Georg Ehrenreich von Closen zu Heidelberg, wie er sich nennen durfte, der sein hiesiges Amt seit dem 1. Advent 1675 innehatte, stand später zu lesen,

„dass der Stadtknecht, als er den Verurteilten die Notdurft hat verrichten lassen, den Schließ und die Kette herausgezogen und nachgehends, als er die Kette visitiert, sich der Verurteilte darauf gelegt hatte, sodass der Stadtknecht es nicht recht gesehen hatte. Nachdem der Stadtknecht und sein Weib geschlafen hatten, hatte der Verurteilte die Kette aufgelöst, sei der Stuben entwichen, ob dem Rathaus gegangen und über die Mauern hinaus gesprungen. Woran der Stadtknecht, der trunken gewesen und die Kette nicht richtig visitiert, noch die Türen richtig verschlossen, die Ursache gewesen sei."

Es war eine unangenehme Situation: Einem Mörder und Räuber, der aus Gefälligkeit nicht im konzenbergischen Wurmlingen, sondern in Tuttlingen inhaftiert worden war, war es gelungen, sich durch heimliche Flucht seiner gerechten Todesstrafe zu entziehen! Eine fatale, peinliche Sache! Der Tuttlinger Keller konnte dies unmöglich auf sich beruhen lassen.

Eiligst setzte er daher alle ihm zur Verfügung stehenden Hilfsmittel ein, um den Flüchtigen wieder in seine Gewalt zu bekommen. Erschwert wurde seine Fahndung jedoch durch die sturen Tuttlinger Metzger, denen es, wie überall in Württemberg, seit jeher zur Auflage gemacht worden war, Postpferde zu halten und mit ihnen den Postdienst innerhalb des Herzogtums zu versehen. Ungeachtet dessen hielt sich hier, in Tuttlingen, ab dem Dreißigjährigen Krieg niemand mehr an die althergebrachten Verträge und Verpflichtungen, sodass auch die Metzger einen Grund fanden, sich seit 1632 zu weigern, den ihnen auferlegten, unliebsamen Postdienst zu betreiben und der Keller daher gezwungen war, auf anderweitige Boten zurückzugreifen, um seine Nachricht zu verbreiten.

Das Hauptpostsystem des Heiligen Römischen Reiches unterlag glücklicherweise jedoch den Thurn und Taxis, welche die Briefe des Kellers nun, gegen eine Gebühr an ihre im Land stationierten Postmeister, über Württembergs Grenzen hinaus transportierten.

Das eifrige Nachforschen blieb indes nicht ohne Erfolg, denn schon bald wurde in Tuttlingen bekannt, dass sich der Gesuchte in Schaffhausen, einer Stadt am Rhein, die vor gut zehn Jahren vom Grafen von Sulz die Hohe Gerichtsbarkeit und somit die Herrschaft über den nördlichen Teil der Landgrafschaft Klettgau erworben hatte, befinden würde. Doch noch bevor man den Flüchtigen fassen konnte, war Gehrin bereits nach Rheinau weiter gezogen.

Das Kloster Rheinau lag auf einer Insel, die durch eine Doppelschleife des Rheins gebildet worden war und galt, wie die dazugehörigen Ländereien, als reichsfreies Territorium, dem seit beinahe dreißig Jahren Abt Bernhard I. von Freiburg vorstand.

Das katholische Kloster hatte ein frei gewähltes Schutzverhältnis mit der Schweiz getroffen, wodurch die Eidgenossen zwar für die übergeordneten Gesetze zuständig waren, nicht jedoch für die Regelungen das Klosterleben betreffend. Dem Abt, dem die Gerichtsbarkeit auf seinem Gebiet oblag, stand zur entsprechenden Inhaftierung ein Gefängnisturm auf seiner Insel zur Verfügung, der gleich links neben der Kirche stand, direkt am Ufer des Rheins. Die Durchführung der vom Abt beschlossenen Urteile wurde dagegen von der Schweiz, in Thurgau, vorgenommen.

Als Christian Gehrin über die steinerne Brücke und den äußeren Torbau die Insel betrat, war er sich sicher, dem Machteinfluss der Württemberger entkommen zu sein. Er staunte über die linker Hand liegende, beeindruckende Klosterkirche, deren Zugang durch einen Glockenturm mit zwiebelförmigem Dach und lang gezogener Spitze erfolgte, auf dem sich ein Engel im Wind drehte. Gehring legte seinen Kopf in den Nacken und glaubte vage zu erkennen, dass es sich bei dem Engel um eine Frau handelte. Doch er hatte keine Zeit, weiter darüber nachzudenken. Stattdessen besah er sich die Gebäude auf der Insel, die Kanzlei, das Spitzkirchli und den vor ein paar Jahren erbauten Männergasthausflügel, von dem er schon gehört hatte und weswegen er hier war. Er wusste, dass es Aufgabe des Klosters war, Mittellose aufzunehmen und ihnen Asyl zu gewähren. Bettler, Witwen und Kranke erhielten Essen aus dem Muskübel und eine zeitweilige Unterkunft. Außerdem wurden im Kloster immer wieder Handwerker benötigt – und arbeiten konnte er.

Tatsächlich wurde Christian Gehrin von den freundlichen Benediktinern Obdach gewährt.

Allerdings hatte er nicht mit der Ausdauer des Tuttlinger Kellers gerechnet. Dieser hatte den Verurteilten in Rheinau schnell ausfindig gemacht und den Abt veranlasst, Gehrin gefangen zu setzen, bis er wieder nach Tuttlingen gebracht werden könne.

Am 9. März desselben Jahres wurde von den Stuttgarter Oberräten infolgedessen entschieden, dass an dem nun wieder in württembergischer Haft sitzende Christian Gehrin unverzüglich das von der Juristenfakultät Tübingen an Hand gegebene Urteil zu vollziehen sei.

Nun gab es für den Verurteilten kein Entkommen mehr.

Der Geistliche begab sich zu dem erschöpften Delinquenten und bereitete ihn auf die private Beichte vor, die zwar nach der Reformation ihren sakralen Charakter verloren hatte, aber dennoch im Sinne der lutherischen Ethik zur Ermittlung und Vergebung der Sünden für unerlässlich gehalten wurde. Anschließend wurde dem Täter das Abendmahl gereicht.

Am nächsten Tag wurde Christian Gehrin mit dem dreckigen und nach Verwesung stinkenden hölzernen Karren des *Wasenmeisters** zur Richtstätte gefahren, umgeben von der üblichen Vielzahl interessierter Menschen, die er kaum wahrnahm.

Für das neugierige Volk jedoch war es von enormer Bedeutung, ob der Verurteilte seinen Blick nach vorne richten durfte – denn dies war nur dem reuigen Sünder erlaubt – oder ob er, wie der verstockte, rücklings zum Richtplatz gebracht wurde.

Als Gehrin unsicher auf dem Rabenstein stand, erschallte, wie erforderlich in grenznahen Gebieten, der laute Ruf: *„Hier richtet der Herzog von Württemberg!"*

Viele der Schaulustigen konnten letztlich nur anhand der Geräusche erkennen, was weiter geschah.

Erst der Aufschrei, den die Menge ausstieß, nachdem der Kopf des Mörders auf den Boden gepoltert war und der Henker diesen zum Zeichen der Vollstreckung in die Höhe hielt, ließ auch die weniger großen Zuschauer beeindruckt aufstöhnen.

Schließlich wurde das blutverschmierte Rad mit dem Toten auf dem Leutenberg, gleich neben der dreischläfrigen Holzanlage des Galgens, aufgerichtet. Weithin sichtbar lag es auf einem hohen Pfosten, umkreist von den ersten Raben. Die Hinrichtung war vollbracht.

Abb.: Das Hochgericht auf dem Galgenfeld, Darstellung einer Hinrichtung durch das Rad, Frankfurt 1741

Über den Konzenberg jedoch hatten sich die Leute noch Jahrhunderte später seltsame Geschichten zu erzählen. Es hieß, der Lapphut, Schlapphut oder Trallare gehe in den umliegenden waldigen Höhen um. Sein Kennzeichen sei, wie der Name schon sagte, ein großer, breitkrempiger Hut. Auch Männer, die sich im dortigen Jagdhaus aufgehalten hatten, wollten ihn zu gleicher Zeit von nah und fern jauchzen gehört haben und ein Rosshirte, der aufgrund des übergetretenen Mühlbaches nicht nach Wurmlingen hatte heimkehren können, sondern mit den anderen Hirten auf dem Konzenberg hatte übernachten müssen, war vom Lapphut des Nachts derart erschreckt worden, dass er in die Hütte gerannt kam und sich mit seinen Freunden hinter dem Ofen versteckt hatte.

Noch manch anderer Streich war dem Lapphut zuzuschreiben und man fragt sich unwillkürlich, ob es nicht vielleicht der Soldat Thenіß war, der sich dort mit seiner auffallenden Kopfbedeckung unvergesslich hatte machen wollen.

Quelle: HStAS A 209 II Bü 1973

Bis dass der Tod uns scheidet

Mössingen/Tübingen, Sommer 1693

Aufgeregt hielt er die Luft an, wagte kaum zu atmen. Würden sie ahnen, dass er sich hier versteckt hielt, ihn finden? Leise atmete er aus …

Höllischer Lärm riss Maria aus ihrem tiefen, wohlverdienten Schlaf. Erschreckt fuhr sie auf, das Herz heftig pochend. Was war los? Hatte sie wieder einmal schlecht geträumt?

Doch diesmal war es kein Traum, der sie so unsanft geweckt hatte, sondern das Vieh im Stall unter ihrer Kammer, das diesen heftigen Krach ganz real verursachte. War ein Fuchs in den Stall eingedrungen oder eines der Tiere erkrankt?

Nun, wohl oder übel würde sie nachsehen müssen, auch wenn es mitten in der Nacht war.

Seufzend schwang Maria daher ihre schweren Beine aus dem Bett, entzündete die *Unschlittkerze** in der Laterne und schlurfte schlaftrunken die Stiege in den engen Hausflur hinab, der zum angrenzenden Stall führte.

Im Stall selbst musste Maria jedoch feststellen, dass das Vieh keineswegs erkrankt war, sondern Kühe und Kälber losgelöst von ihren Stricken emsig einher spazierten, umkreist von den beiden aufgebracht gackernden alten Hennen.

Völlig verwundert fing Maria die zwei lebhaften Kälber und die beiden Kühe wieder ein, band sie fest und stieg abermals die Treppe zu ihrer Kammer hoch. Doch obwohl sie das Licht sofort löschte, war an Schlaf nicht zu denken.

Unaufhaltsam wirbelten ihr allerhand Gedanken durch den Kopf. Weshalb bloß war das Vieh nicht mehr angebunden gewesen? Hatte sie sich am Abend derart nachlässig verhalten? Wurde sie etwa mit ihren zweiundsechzig Jahren langsam vergesslich? Oder war sie einfach nur überlastet und grenzenlos erschöpft nach all dem, was ihr in den vergangenen Jahren an Unbill widerfahren war?

Maria fand keine Ruhe.

Sie wünschte sich, sie könnte die Zeit noch einmal zurückdrehen, ihr Leben neu beginnen. Ein Leben ohne ihren Ehemann, ohne Bernhard Streib, den Leinenweber. Der Mann, der seit jeher im ganzen Flecken nur als der „Föll Bernhard" bezeichnet wurde, da seine Großmutter eine ledige „Föll" gewesen war, als sie Bernhards Vater Jephta geboren hatte. In Mössingen, einem Dorf im Steinlachtal am Fuße der Alb, hatte man, infolge dieser alten Geschichte, die Gelegenheit genutzt, die große Anzahl an „Streib" durch diesen Beinamen zu unterscheiden.

Nun damals, 1670, war sie, Maria, in ihr Unglück gerannt, als sie vermeint hatte, ihr Glück in dem achtzehn Jahre jüngeren Mann gefunden zu haben und diesen geheiratet hatte.

Dabei hatte zunächst alles recht verheißungsvoll begonnen:

Die Väter, Jephta Streib und Hanns Benßlin, hatten die Vermögensverhältnisse ausgehandelt, bei denen das Brautpaar nicht schlecht abgeschnitten hatte, und die Hochzeit mit Bernhard war ein glanzvolles Fest gewesen, zu dem, wie üblich, das ganze Dorf geladen war.

Nach der Hochzeit schließlich lebte das frisch vermählte Paar in seinem eigenen kleinen Haus, hatte eine Scheune und ein Gärtchen sowie geringe Anteile an Wiesen, Äckern, Weinbergen und Hanfland. Man konnte davon leben und eine sparsame Familie gründen.

Viele in Mössingen besaßen weit weniger als sie, denn manche Häuser im Dorf waren nicht selten im Zuge der *Erbregelung** einfach in der Mitte getrennt und dabei längs oder quer eine geschlossene Wand durch das ganze Haus gezogen worden. Küche, Stuben, Scheunen – einfach sämtliche Räume, die sich in der Hausmitte befanden, wurden halbiert, wonach jeder Erbe eine Hälfte erhielt. Und manchmal, wie in der Hirschgasse, waren die Häuser sogar noch ein weiteres Mal geteilt worden, wodurch die Erben nur noch ein Viertel des ursprünglichen Hauses bewohnten und die Kammern immer kleiner wurden, sodass man außen am Haus anbauen musste.

Nein, diesbezüglich konnte sich Maria wahrlich nicht beklagen.

Bernhard und sie wohnten in einem eigenen Haus in der Sulzgasse, unten im Dorf, zwischen dem gemeinen Bach und Bernhard Bolls *Wittib**, in der Nähe der Sägemühle – und dort fühlte sie sich wirklich wohl.

Aber das Vermögen war es auch nicht, das Maria um den Schlaf brachte. Es waren die traurigen Erinnerungen, die des Nachts über sie kamen. Zu viel Leid hatte ihr das Leben beschert, als dass sie noch Ruhe gefunden hätte.

Das erste Ehejahr hatte sich anfänglich durchaus positiv präsentiert: Maria war schwanger und voll Freude auf das Kind gewesen, das im November 1671 geboren wurde. Ihr kleiner Michael. Doch wie unendlich schwer hatte es sie getroffen, als Gott den kleinen Jungen nach nur zwei Tagen zu sich gerufen hatte.

Lag es an ihr, der Mutter, die damals gerade das vierzigste Lebensjahr überschritten hatte, dass der Junge gestorben war? Hatte sie versagt? Maria wusste es bis heute nicht und doch litt sie noch immer darunter, niemals wieder ein Kind bekommen zu haben.

War ihre Kinderlosigkeit, ihr Versagen, Schuld daran, dass ihre Ehe gescheitert, ihr Mann ein Außenseiter geworden war?

Wieder einmal, wie in unzähligen Nächten zuvor, dachte Maria traurig über ihr Leben nach.

Vielleicht hätte manches anders verlaufen können, wäre nicht zehn Jahre nach dem Tod des Kindes erneut großes Unglück über die Familie Streib hereingebrochen.

Die Streib waren in Mössingen eine weit verzweigte Familie, deren Ursprung niemand mehr kannte. Es gab Reiche und Arme mit diesem Namen. Michael Streib, der Sonnenwirt, war sicherlich einer der Wohlhabenderen, und auch eines der nobelsten Häuser im Flecken gehörte einem Streib.

Maria hatte dieses Haus an einer Ecke der Waibachgasse immer bewundert, besaß es doch ein massives Kalksteinfundament und teuere Balken aus Flößerholz. Vermutlich war es auch, wie die eleganten Bürgerhäuser in Tübingen, mit Bodenfliesen aus ungebranntem Ton und ausgefallenen Wandmalereien ausgestattet. Ein Luxus, den sich nicht jeder leisten konnte.

Maria war immer stolz darauf gewesen, den Namen Streib zu tragen – bis eines Tages das Unfassbare geschehen war.

Der Schwiegervater des Jephta Streib, Markus Wagner, hatte sich das Leben genommen!

Es war ein Alptraum, ein unendliches Drama, ein Abgrund, der sich auftat:

Markus war zweiundsiebzig Jahre alt, blind und seit achtzehn Jahren Witwer gewesen. Er hatte im Hause seiner Tochter Anna, der zweiten Ehefrau des Jephta Streib gelebt, die bei Bernhard und seinen Geschwistern die Mutterrolle vertrat.

Nie hatte Markus den Eindruck erweckt, derart des Lebens überdrüssig zu sein und doch hatte er sich damals selbst an der Bühnenstiege des Hauses erhängt.

Offenbar hatten sie alle keine Vorstellung davon gehabt, was in dem alten Manne vorgegangen war, wie sie sich nun vorwurfsvoll eingestehen mussten. Wie hoffnungslos und niedergeschlagen musste er sich gefühlt haben!

Suizid war eine der schwersten Sünden im Leben eines Menschen und zeigte auf, dass der Unglückliche nicht mehr an die Gnade und Güte Gottes geglaubt hatte. Er hatte Gottes Allmacht und Herrlichkeit in Abrede gestellt und dadurch sein ewiges Seelenheil verwirkt. Und nicht nur das: Er hatte auch das Unglück auf seine Mitmenschen herab beschworen, die nun damit rechnen mussten, dass sie durch Hagel, Dürre oder Unwetter für sein Vergehen bestraft würden.

Es war zum Verzweifeln! Die Endgültigkeit, die Ohnmacht und das Wissen, dass jede Hilfe zu spät kam, brachten die Angehörigen beinahe um den Verstand. Die Not war unendlich.

Dennoch musste die Obrigkeit informiert und, wie immer in einer solchen Situation, ein Ermittlungsverfahren eingeleitet werden.

Zunächst galt es, die Frage abzuklären, ob es sich denn tatsächlich um einen Suizid handelte oder ob eine fremde Person den Tod verschuldet hatte. Auch die Ergründung der Ursache des Selbstmordes war relevant und für die Erben von großer Bedeutung. Die Tat konnte aus purer Verzweiflung oder Melancholie – womöglich aufgrund einer Verführung durch den Teufel – geschehen sein, aber auch in der Absicht, sich einer berechtigten Strafe zu entziehen. In diesem Falle konnte die Familie enteignet und im schlimmsten Falle gar das Haus zerstört werden.

Bei dem bislang ehrsamen Markus Wagner hoffte man aber, davon nicht auszugehen zu müssen.

Gleichwohl konnte es niemand wagen, den Erhängten anzufassen oder ihn gar abzuschneiden. Selbstmörder waren unrein und alle, die einen solchen berührten, würden geächtet und von der dörflichen Gesellschaft ausgestoßen werden. Demzufolge musste der alte Mann hängen bleiben, bis der Scharfrichter aus Tübingen am nächsten Abend eintraf, um die Leiche abzunehmen.

Sie alle wussten, dass man einen Selbstmörder nur vor oder nach dem Sonnenuntergang und gänzlich ohne jeglichen christlichen Beistand, in Abwesenheit der Angehörigen, vergraben musste. Dennoch war es schmerzhaft, daran zu denken, dass Markus nicht neben seiner Frau Lucia liegen durfte, die, ebenso wie alle seine Vorfahren, auf dem Mössinger Kirchhof bestattet war; auch wenn jeder nachvollziehen konnte, dass die Gefahr, der alte Mann könne als Wiedergänger erscheinen, wenn er auf den Gottesacker gebracht würde, viel zu groß war. Ein Wiedergänger würde in sein Haus zurückkommen und dort geistern, wie es alle Selbstmörder versuchten. Er würde die Lebenden quälen, ihnen Krankheiten aufbürden oder sie gar zu sich ins Totenreich mitnehmen. Und auch wenn man diese Geister nicht immer sehen konnte, würden zumindest die Tiere sie bemerken, wie es sich an der Öschinger Brücke zeigte, an der die Pferde scheuten. Selbst an der Belsener Kapelle trieben sich, wie man wusste, seit langem die Untoten herum.

Es galt daher, auch wenn es schwer fiel, entsprechende Vorkehrungen zu treffen, um den Wiedergängern die Rückkehr zu erschweren.

Aus diesem Grunde war es nahezu ausgeschlossen, den Toten durch die Vordertüre zu tragen, sodass zum Verlassen des Hauses nur die Hintertüre, ein Fenster oder eine Dachluke übrig blieben. Gelegentlich wurde gar ein Loch in die Außenwand geschlagen oder eine Kuhle unter der Türschwelle gegraben, durch welche die Leiche gezogen werden konnte. Die Löcher mussten daraufhin sofort wieder verschlossen werden, damit der Untote den Zugang zum Haus nicht mehr finden konnte.

Glücklicherweise hatte Markus Wagner bereits in einer Zeit gelebt, in der die Leichen der Selbstmörder nicht mehr, wie es früher üblich war, einem regulären Gerichtsverfahren unterzogen wurden. Damals waren die Toten am Richtplatz erhängt, enthauptet, gerädert oder mit einem Weißdornpfahl durchbohrt und somit am Boden des Grabes festgehalten worden. Außerdem hatte man die Leichen gefesselt und mit dem Gesicht nach unten verscharrt, damit die gefährlichen Kräfte, die in den Toten steckten, in das Erdinnere abgeleitet würden. Von dieser Vorgehensweise hatte man sich erhofft, dem Toten die Möglichkeit zu nehmen, in voller Gestalt seinem Grab zu entsteigen, um sich an den Lebenden zu rächen.

Abgesehen von all dem Leid, das die Angehörigen ertragen mussten, war dies alles eine kostspielige Angelegenheit, denn der Scharfrichter musste für diese Arbeit von den Angehörigen bezahlt werden. Dabei konnte der Henker für das Abschneiden, Hinausführen und Vergraben des Selbstmörders durchaus sechs Gulden verlangen.

Ein stolzer Preis, wenn man bedachte, dass die Abnahme und das Vergraben eines regulär Hingerichteten gerade einmal zwei Gulden kostete und der Henker für das Verbrennen eines Verurteilten, abgesehen von den Materialkosten, nur etwas über einen Gulden erhielt.

Ungeachtet dessen wurde der Leichnam des Markus Wagner am Abend vom Scharfrichter abgeholt, in einen Sack gepackt, der ihn jeder menschlichen Würde beraubte, auf den Schinderkarren geworfen und unter den betroffenen Blicken der Mössinger Bevölkerung aus dem Flecken gefahren. Der Henker wandte sich nach Tübingen zum Galgenberg, südlich der Stadt, wo er die Leiche, gleich einem gewöhnlichen Stück toten Viehs, unter dem Galgen verscharren würde.

Pfarrer Johann Jakob Bader, der erst vor etwa einem Jahr seine Mössinger Pfarrstelle angetreten hatte, trug noch am selben Abend die tragischen Geschehnisse in das Sterbebuch ein:

„Markus Wagner, ein blinder Mann und Bürger hier, geb. am 10.2.1609, gestorben durch Selbstmord am 4.6.1681 hat in seines Tochermannes Jephta Streiben Bühnenstiegen auf desperation erbärmlich selbsten stranguliert und also ein End genommen mit Schrecken, dessen vita antequam* kann man im Kirchenprotokoll lesen. Sein verfluchter Leichnam ist den 5.6. abends vom Scharfrichter zu Tübingen in einem Sack auf dem Schinderkarren unter das Hochgericht zu Tübingen gefahren und unter dem Galgen vergraben worden."*

In Tübingen, wie auch in Stuttgart, hatte der Scharfrichter zusätzlich das Amt des Kleemeisters, auch *Wasenmeister* oder *Schinder** genannt, unter sich, das einen Teil seiner Einkünfte darstellte. Seine Aufgabe bestand darin, die durch Seuchen oder andere Umstände verendeten Tiere einzusammeln und unter dem Galgen oder auf dem *Schelmenwasen** zu vergraben. Ein Teil der toten Tiere, die nicht an einer Seuche eingegangen waren, konnte jedoch weiterverarbeitet werden, sodass die Haut an die Gerber, die Knochen an eine Knochenmühle und das Fett an die Seifensieder versetzt wurde.

Die niedere Arbeit des Einsammelns und Verarbeitens der toten Tiere überließ der Henker allerdings seinen Knechten.

Maria wälzte sich in ihrem Bett hin und her. Es war höchste Zeit für sie, zu schlafen. Es brachte nichts, sich in trüben Erinnerungen zu ergehen. Sie musste nach vorne sehen und daran denken, dass morgen wieder ein harter Arbeitstag auf sie wartete.

Doch plötzlich schrak sie auf. Da war es wieder! Erneut drang ohrenbetäubender Lärm aus dem Stall in ihre Kammer. Das ging doch nicht mit rechten Dingen zu!

Maria wurde es nun doch ein wenig unheimlich. Sie war sich völlig sicher, dass sie die Tiere zuvor richtig angebunden und im Stall alles seine Ordnung gehabt hatte. Dennoch stand sie schnell auf, warf sich ein paar Kleidungsstücke über und eilte die Stiege hinunter.

Tatsächlich fand sie das verstörte Vieh abermals frei herumlaufend vor. Es war gespenstisch. Während Maria die Tiere zügig festband, bekam sie es mit der Angst zu tun.

Befanden sich etwa Fremde im Haus?

Aufgeregt hastete die Frau zu ihrem Nachbarn Benßlin[6], bei dem sie panisch an die Türe hämmerte, bis dieser öffnete und sie ihm die seltsamen Geschehnisse der Nacht berichten konnte.

Gemeinsam eilten sie in Marias Haus zurück, wo Benßlin Stall, Küche, die kleinen Kammern und den Keller gründlich durchsuchte.

Viel Platz war nicht vorhanden und so hatten sie schnell festgestellt, dass sich tatsächlich niemand im Haus befand.

Letztlich machte sich der besorgte Nachbar zögernd wieder auf den Heimweg und die noch immer beunruhigte Maria legte sich ein weiteres Mal in ihr zerwühltes Bett.

Doch obwohl sie völlig übermüdet war, stellte sich der erhoffte Schlaf nicht ein.

Sie war alleine im Haus. Eine einsame Frau, die sich ihr Leben völlig anders vorgestellt hatte – damals, als sie geheiratet hatte. Mit einem arbeitsamen, vielleicht auch entbehrungsreichen Leben hatte sie gerechnet, nicht aber mit diesen permanenten Problemen, die ihr rücksichtsloser Ehemann unaufhörlich heraufbeschwor.

Erst im vergangenen Winter war er aufgrund seines unbeherrschten Verhaltens nur knapp einer schweren Strafe entgangen.

Bernhard war damals mit ihrem Vater, Hannß Benßlin, unterwegs gewesen und hatte auf einen Soldaten geschossen, der nach Hechingen hatte ziehen wollen.

Soldaten waren in jener Zeit allgegenwärtig, hatte doch Ludwig XIV. schon seit 1688, in einem dritten Eroberungskrieg, versucht, die Pfalz zu erlangen und wieder einmal die württembergischen Grenzstädte bedroht, sodass Herzog Friedrich Karl, Regent und Vormund Herzog Eberhard Ludwigs, gezwungen war, Soldaten auszuheben und die Grenzen zu schützen. Auch Mössinger Männer waren deshalb vor vier Jahren als Wachsoldaten an die Landesgrenzen berufen worden.

Kurz bevor Hannß Benßlin und Bernhard Streib nun den fremden Soldaten angetroffen hatten, waren aus der gemeindeeigenen Sägemühle neben der Mahlmühle am Fritzenrain Hebeisen und anderes Werkzeug entwendet worden und Benßlin hatte wohl gegenüber dem Schwiegersohn den Verdacht geäußert, dass jener Soldat diese Dinge gestohlen habe und sicherlich bei sich trage. Er hatte dem Jüngeren geraten, man solle dem Soldaten das Werkzeug, dem Flecken zum Besten, wieder abnehmen, wovon sich Bernhard auch problemlos hatte überzeugen lassen. Allerdings war im gesamten Hin und Her schließlich ein Schuss gefallen, der den unseligen Soldaten erheblich verletzt hatte.

6 Aus den Kriminalakten des Hauptstaatsarchivs Stuttgart geht nicht hervor, ob es sich bei dem Nachbarn „Benßlin“ um einen Verwandten der Maria oder gar um ihren Vater gehandelt hatte.

Infolgedessen waren Ermittlungen entstanden, in denen Bernhard Streib, ihr Mann, wenig überzeugend behauptet hatte, nicht er habe auf den Soldaten Feuer gegeben, sondern der Benßlin habe einen Schuss auf ihn getan.

Allerdings sei der Soldat nach dem empfangenen Schuss fortgelaufen und habe den Ranzen von sich geworfen, den sie visitiert, darin aber nicht die obigen Sachen, sondern Brot und zwei Lammfelle gefunden hätten.

Als der Soldat anschließend gestorben war, behauptete Bernhard, nicht der empfangene Schuss sei für den Tod ursächlich gewesen, sondern die Behandlung des Chirurgen.

Alles in allem war damals nicht eindeutig herausgekommen, wer den Schuss abgegeben hatte und die Vermutung blieb im Raum stehen, dass es nicht ihr Vater, sondern ihr Ehemann gewesen sei.

Möglicherweise hatte ihr Vater den Schwiegersohn um ihretwillen gedeckt, so mutmaßte Maria, besaß er doch, mit seinen öffentlichen Ämtern als Vorratspfleger, *Steuersetzer** und Mitglied des dörflichen Gerichts, einen weit besseren Leumund als der Jüngere. Das Verfahren jedenfalls war eingestellt worden, auch wenn bei ihr selbst ein ungutes Gefühl verblieben war.

Maria spürte nun, wie sie endlich von der Müdigkeit übermannt wurde und ihr erschöpfter Körper seinen Tribut forderte. Sanft glitt sie in einen unruhigen Schlaf, begleitet von dem leisen Murmeln der Steinlach, das durch das offene Fenster beruhigend zu ihr herein klang.

Aber auch Marias Nachbar dachte darüber nach, wie es kam, dass gerade diese Frau derartig vom Pech verfolgt war. Nicht nur, dass ihr einziges Kind so früh verstorben und der Wagner-Großvater sich das Leben genommen hatte, auch ihr Mann war ein unverbesserlicher Taugenichts:

Bernhard hatte wahrlich nichts aus der Situation gelernt, nachdem er im Mordfall an dem Soldaten so glimpflich davongekommen war, denn nur wenige Monate später, im Frühjahr dieses Jahres, war er erneut angeklagt worden – diesmal aufgrund eines unverfrorenen, schändlichen Diebstahls.

Im Rathaus war zu jener Zeit eingebrochen und Steuergelder in Höhe von einhundertundzwanzig Gulden gestohlen worden, doch bei all dem üblen Gesindel, das sich während der Kriegszeiten im Lande herumtrieb, hatte man keinen der einheimischen Bürger als Täter in Betracht gezogen.

Hundertundzwanzig Gulden waren eine enorme Summe, bedachte man, dass schon 1650 allein das noble Anwesen des äußerst begüterten Hannß Mayer mit seiner Behausung, der Scheune, *Hofraithe** und dem Garten bei seiner Schätzung auf zweihundertachtzig Gulden veranlagt worden war. Und auch das kleine Anwesen der Streib besaß einen Wert von fünfundsiebzig Gulden, während ihr gesamter Besitz, einschließlich der Anteile an einem weiteren Haus in Höhe von sechsunddreißig

Gulden und aller Ländereien, des Viehs, Werkzeug, Lebensmittel, Kleidungsstücke, Bettwäsche und des weiteren gesamten Hausrates auf wenig über dreihundert Gulden veranlagt wurde, wobei hierbei natürlich noch keine ihrer Schulden an den Müller, den Schneider und andere abgezogen worden waren.

Im Flecken hatte seinerzeit heftiger Zorn geherrscht und schnell war der Verdacht aufgekommen, Streib könne auch den Diebstahl vor vier Jahren begangen haben, bei dem im Rathaus schon einmal zwanzig bis dreißig Gulden entwendet worden waren. Den Täter hatte man nie fassen können und auch diesmal war es nur dem Zufall zu verdanken gewesen, dass Maria in ihrem Haus ein Versteck mit einhundertvier Gulden entdeckt und dies voller Angst einem Mössinger Bürger erzählt hatte, welcher die Sache zur Anzeige gebracht hatte. Streib war sogleich in Haft genommen, der Tübinger Scharfrichter gerufen und der Beschuldigte peinlich prozessiert worden.

Abb.: Auszug aus der Vermögensbeschreibung von Bernhard und Maria Streib
Stadtarchiv Mössingen „Inventuren und Teilungen" B 755

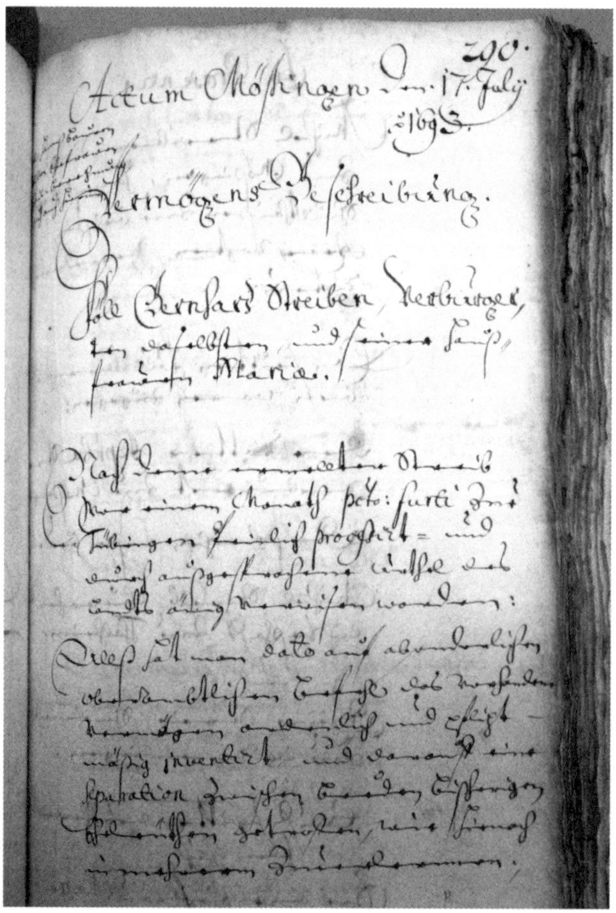
290.
Actum Mössingen ... 17. July 1693.
Vermögens Beschreibung.
... Bernhard Streiben ... Maria.

Bei seiner Vernehmung hatte der Leinenweber schließlich beide Diebstähle gestanden. Dennoch war ihm negativ ausgelegt worden, dass man bei ihm keine Not oder Armut ermittelt habe und dass es kein Kind bei ihm zu versorgen gebe, was ihn zur Tat getrieben haben könnte, und da das delictum furti, das heimliche Verbrechen, ein so gänzlich gemeines Werk war, war er nach geschehener Urfehde des Herzogtums verwiesen worden.

Bernhard Streib hatte das Land zu verlassen und sich für alle Zeiten über die Donau zu begeben.

Das Vermögen der Eheleute jedoch war am 17. Juli 1693 im Beisein des Mössinger Schultheißen Michael Streib, des Schultheißen zu Belsen Hannes Wagner, des Vaters Jephta Streib sowie einiger weiterer zuverlässiger Personen aufgeschlüsselt und der Anteil des Ehemannes nach Bezahlung seiner Schulden eingezogen worden. Dabei hatte Streib dem Tübinger Scharfrichter für dessen Ritt nach Mössingen zum Zwecke Streibs peinlicher Rechtfertigung einen Gulden und dreißig Kreuzer zu erstatten.

In Mössingen war jeder schnell darüber informiert, was sich im Umfeld der Maria abgespielt hatte. Und mochte auch der eine oder andere irgendwann einmal spöttisch über Maria gelacht haben, so fühlten sie jetzt doch alle ein Bedauern mit diesem vom Schicksal geschlagenen Weib.

Es reichte offenbar nicht aus, dass die Frau unter dem ehrlosen Ehemann zu leiden hatte – nein, sie wurde zudem gezwungen, einen Teil ihres gemeinsamen Vermögens abtreten, um die Schuld ihres liederlichen Mannes einzulösen.

Wenigstens, so registrierte man im Flecken erfreut, war es Maria dennoch möglich, zumindest ihr Haus zu behalten, auch wenn sie auf einen Teil der notwendigen Ländereien würde verzichten müssen.

So war der Stand der Dinge, als sich Marias Nachbar am Morgen des 31. Juli 1693 aufmachte, um im Nebenhaus nach dem Rechten zu sehen. Noch schien sich dort nichts zu rühren, was ihn überraschte, denn Maria hatte immerhin das Vieh zu versorgen. Aber vielleicht hatte sie nach dieser aufregenden Nacht einfach verschlafen.

Vom Stall aus gelangte der hilfsbereite Mann rufend in den angrenzenden Flur mit seiner Stiege zum ersten Stock. Nach dem grellen Sonnenlicht, das ihn draußen geblendet hatte, währte es einige Sekunden, bis sich seine Augen an das herrschende Dämmerlicht gewöhnt hatten – und noch immer war kein Laut von Maria zu vernehmen. Er begann sich ernsthaft zu sorgen.

War Maria krank? Konnte sie nicht aufstehen?

Aber Maria war nicht krank. Der Fuß des entsetzten Nachbarn stockte! Maria konnte nicht aufstehen – Maria war tot!

Den Kopf zur Seite geneigt, die Augen weit aufgerissen, fand er sie erhängt an der steilen Stiege des Hauses vor.

In Mössingen wollte niemand daran glauben, dass Maria sich selbst getötet haben könnte; am wenigsten ihr erschütterter Vater Hannß Benßlin.

Nicht nach all dem, was sie durchgemacht hatten, als der Großvater vom Scharfrichter abgeholt worden war. Es musste eine andere Erklärung für diese Situation geben.

Man begann, das Haus nach Spuren zu durchsuchen und gelangte infolgedessen immer mehr zu der Überzeugung, dass die Frau nicht durch sich selbst, sondern durch Fremdeinwirkung ihr Leben eingebüßt hatte.

Noch am selben Abend stellten sich der Stadtphysikus von Tübingen, Dr. Zoller, und der Mössinger Barbier David Schlegel ein, um die Leichenbesichtigung an der Frau vorzunehmen.

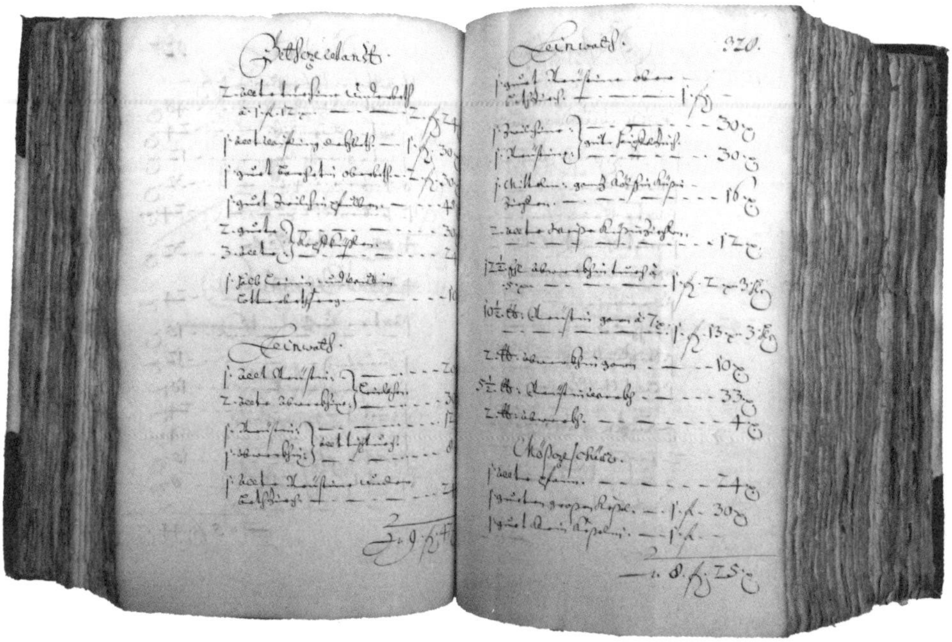

Abb.: Auszug aus dem Nachlassbericht der Maria Streib
Stadtarchiv Mössingen „Inventuren und Teilungen" B 755

In ihrem Bericht referierten sie, dass Maria an der Stiegen erwürgt hängend aufgefunden worden sei, an ihrem Kopf und dem übrigen Leib aber keine Verletzungen zu observieren gewesen seien, ausgenommen der einen oder anderen, teils an der Schulter, teils an den Füßen. Dort sei auch eine Bläue zu sehen gewesen. Inwendig zeige sich dergleichen, weder im Kopf, noch im Bauch und den Eingeweiden seien Auffälligkeiten zu sehen. Allerdings sei das Gewebe blutunterlaufen befunden worden, was auf die Einwirkung großer Gewalt zurückzuführen sei, mit der sie ihr Leben eingebüßt habe. Gleichwohl sei sie nicht hängend, sondern mit den Füßen auf dem Boden gestanden und auch die zahlreichen Blutstropfen im Bett, auf ihrem *Haipfel**, seien Anzeichen dafür, dass Maria durch fremde Einwirkung erdrosselt und anschließend an die Stiege gehängt worden war.

Der Unterschied zwischen Erdrosseln, Erwürgen und Ersticken schien von untergeordneter Bedeutung zu sein, obwohl man immer dann von Erdrosseln sprach, wenn der Täter zur Tötung einen Gegenstand, wie ein Seil oder ein Tuch, verwendet hatte. Beim Erwürgen dagegen wurde die Luftzufuhr durch Zudrücken des Halses mit den bloßen Händen unterbrochen und beim Ersticken ein Gegenstand, gleich einem Kissen, auf das Gesicht gepresst.

Die Aussagen der Leichenbeschauer waren indes eindeutig: Maria Streib war ermordet worden. Doch auch wenn die Tat furchtbar und grausam war, so war man dennoch von der düsteren Sorge befreit, Maria müsste, wie der alte Wagner, ehrlos unter dem Galgen verscharrt werden.

Stattdessen konnte sie bereits am folgenden Nachmittag, dem 1. August 1693, um ein Uhr, mit Gesang und Geleit auf dem Mössinger Friedhof von Pfarrer Bader friedlich bestattet werden, der die traurigen Umstände des Todes anschließend in seinem Sterbebuch vermerkte.

Währenddessen liefen die Ermittlungen weiter. Im Dorf war das Gerede aufgekommen, der Ehemann der Maria sei vor wenigen Wochen hier im Flecken gesehen worden, nachdem er bereits auf ewig des Landes verwiesen worden war, und Gerüchte informierten, dass sich Streib als Knecht in einer Mühle, nahe der österreichischen Stadt Ehingen an der Donau, verdingen würde.

Sogleich verfolgte man diese Spur weiter und schrieb an den zuständigen Vogt mit dem Anliegen, er möge die Obrigkeit zu Ehingen prüfen lassen, ob der Streib an besagtem Tage ein Alibi habe. Sollte er aber in jener Tatnacht nicht zu Haus gewesen sein, so solle man ihn fassen und ad locum delicti, zum Ort der Tat, liefern.

Es war eine Gefälligkeit, die Ehingen gerne erfüllte und die dazu führte, dass die erste Vernehmung des Verdächtigen Anfang September im Mössinger Rathaus stattfand.

Dort stritt Bernhard Streib die Tat jedoch entrüstet ab und führte auf, dass er gar nicht in der Lage gewesen sei, den Mord zu begehen, da er zur Tatzeit nicht in Mössingen geweilt habe.

Ein solches Argument hatte Streib allerdings schon einmal für sich in Anspruch genommen – vor zwölf Jahren, beim Tode seines *Stiefehnis**. In jenen Tagen waren seine Eltern als Zeugen aufgetreten und hatten behauptet, ihr Sohn habe sich zur Tatzeit außerhalb Mössingens befunden.

Diesmal allerdings erhärtete sich der Verdacht, Streib habe nicht nur seine Frau, sondern seinerzeit auch den Ehni ermordet, war doch bewiesen worden, dass sich Streib nicht an sein Aufenthaltsverbot gehalten, sondern das württembergische Land meineidig betreten hatte.

Man war sich schnell darüber einig, dass Bernhard Streib durchaus des zweifachen Mordes schuldig sein könne, und beschloss, ihn in Anbetracht dieser Umstände sofort in die zuständige Amtsstadt Tübingen bringen und dort peinlich prozessieren zu lassen.

Auf der alten Schweizer Straße, die von Zürich nach Stuttgart führte, erreichte der Leinenweber unter schwerer Bewachung die berühmte Universitätsstadt mit ihren Professoren, wohlhabenden Handwerkern und Kaufleuten in der Oberstadt sowie den Weinbauern und einfacheren Handwerkern wie Metzger, Gerber und Küfer in der Unterstadt, jenseits der Ammer.

Noch vor den Toren der Stadt lag rechter Hand der Galgenberg, dessen bis in die Ferne sichtbarer Galgen Bernhard höhnisch zuzuwinken schien. Sein Ehni lag irgendwo dort oben vergraben …

Die Straße führte weiter über die Neckarbrücke in die Stadt hinein. Unterhalb der Brücke lag das Wöhrd, ein sumpfiges Gebiet, eine Neckaraue, dessen von häufigen Überschwemmungen heimgesuchtes Uferland als Wiesen- und Weideland diente.

Der Fluss hatte hier unterschiedlich große Inseln gebildet – und auf einer dieser Inseln befand sich der Richtplatz, die Köpfstätte. Doch daran wollte Bernhard jetzt wahrlich nicht denken.

Durch das Neckartor und die Neckargasse gelangte die kleine Gruppe über eine leichte Steigung zum Holzmarkt, nördlich der Stiftskirche. Bernhards Blick fiel sofort auf die Kirchenwand, an der das aus Stein gefertigte Bild eines geräderten Mannes in ein Fenster eingefügt war und der seine unmenschlichen Qualen auf den Betrachter zu übertragen schien. Angeblich sollte es sich bei dem Mann um den Heiligen Georg handeln, aber es kursierte auch die Behauptung, der Geräderte sei ein zu Unrecht Verurteilter gewesen.

Auf allen Gassen schlug dem Verhafteten eine Welle der Abneigung und des Abscheus entgegen. Seine ruchlose Tat und sein gewalttätiger Ruf waren ihm längst vorausgeeilt.

Endlich erreichte er mit seinen Bewachern die belebte Kirchgasse und den riesigen, stark bevölkerten Marktplatz, an dessen gegenüberliegender Seite das mehrstöckige Rathaus mit seinen drei Uhren stand. Obwohl man es Bernhard schon einmal erklärt hatte, durchschaute er das Prinzip der Uhren dennoch nicht. Die größte gab wohl,

Abb.: Geräderter – Fenster der Tübinger Stiftskirche

Foto: C. Müller

wie jede gewöhnliche Uhr, die Stunden an, doch die darüber liegende etwas kleinere, in ihrer hellblauen Grundfarbe, besaß ein astronomisches Zifferblatt, dessen Sinn Bernhard nicht verstand, während die oberste und kleinste der Uhren eindeutig die Mondphasen anzeigte.

Bernhard wurde nun an diesem 6. September des Jahres 1693, an den Metzger- und Bäckerbänken unter den Arkaden vorbei, in das prächtige Gebäude geführt. Überall wimmelte es von Menschen jeden Standes, die ihn mit ihren Blicken verfolgten. Die Alten fassungslos, die Jungen voll gieriger Sensationslust.

Vom Erdgeschoss mit dem städtischen Salzlager ging es weiter in den ersten Stock, in dem sich die Verkaufsräume der Gerber befanden, und schließlich noch eine Treppe höher, wo die Folterkammer sowie der Saal für Gericht und Rat lagen und Streibs Verhandlung stattfinden sollte.

Im dritten Stockwerk, das Bernhard nur von außen kannte und das 1508 aufgesetzt worden war, tagte seit 1514, bei entsprechenden Anlässen, das Hofgericht, das oberste Appellationsgericht im Lande.

Streib hatte keine Muße, die von Jakob Züberlin rund einhundert Jahre zuvor reich verzierten Wände des Rathauses zu bewundern. Er stand vor dem Tübinger Untervogt Johann Christopf Wölffing, der ihn abweisend musterte, und überlegte verbissen, wie er seinen Hals retten könnte.

Dabei irritierten ihn die zahlreichen, laut debattierenden Zuschauer vor dem Saal, obwohl er mühsam versuchte, diese zu ignorieren.

Streib war klar, dass ihm ein weiteres Leugnen der Tat nicht helfen würde und so entschloss er sich, auch ohne Folter ein vollständiges Geständnis abzulegen.

Auf die Frage, ob er seine Frau ermordet und erhängt habe, reagierte er daher mit einem Fußfall, um ein gnädiges Urteil bittend und bekannte sogleich aus freien Stücken, dass er seine Ehefrau tatsächlich umgebracht habe. Er rechtfertigte seine Tat damit, dass seine Frau, die ihm vor dem Altar versprochen habe, ihn in Lieb und Leid nicht zu verlassen, dieses Gelöbnis vergessen und ihn, als sie das entwendete Geld gefunden habe, nicht ermahnt habe, es wieder an jenen Ort zu bringen, von dem es herstamme, wie es ihre eheliche Pflicht gewesen wäre. Stattdessen habe sie die Tat offenbart und dadurch ein großes Unglück über ihn gebracht. In seinem Herzen sei daher ein solch großer Groll wider sie erwachsen, dass er sich entschlossen habe, sich an ihr zu rächen und sie umzubringen.

Dem Gericht fiel es sichtlich schwer, diese Argumentation nachzuvollziehen, und so forderte es den Beschuldigten unwirsch auf, die näheren Details seiner Tat zu erläutern.

Bernhard Streib führte daraufhin aus, wie er am Sonntag, dem 30. Juli, morgens um sieben Uhr die Mühle in Ehingen verlassen und sich auf den Weg nach Münchingen, einem württembergischen Flecken, gemacht habe. Dort habe er den Gottesdienst in der stattlichen Martinskirche besucht.

Den Anwesenden im Saal gelang es nicht, ihre Missstimmung zu verbergen. Wie konnte ein Mensch am Heiligen Sonntag betend im Hause Gottes sitzen, die Segnung empfangen und gleichzeitig den Gedanken an einen brutalen Mord in sich tragen, ja, sich auf direktem Wege zu dieser Tat befinden?

Dennoch warteten sie ab, was der Beschuldigte ferner vorzubringen hatte.

Streib schilderte gerade, wie er des Abends um neun Uhr in Mössingen angekommen sei und sich dort bis elf Uhr versteckt habe. Daraufhin sei er zum Haus seiner Frau gegangen, habe in dem Stall das Vieh abgelassen, damit sein Weib von dem Tumult erwachen würde und in den Stall herunter käme. Dort habe er vorgehabt, sie zu töten, was ihm jedoch nicht gelungen sei, da sein Weib dass Vieh zu geschwind wieder angebunden und sich in das Haus hinauf gemacht habe. Also habe er bald darauf das Vieh im Stall wieder abgelassen. Inzwischen, bis sein Weib herab gekommen sei, solches wieder angebunden und ihren Nachbarn, den Benßlin, gerufen habe, welcher mit ihr in dem Haus nachgeprüft habe, ob vielleicht irgendein Fremder zugegen sei, habe er sich in das Haus hineingeschlichen, hinauf auf die obere Bühne begeben und dort versteckt. Gegen Tag aber sei er in die Kammer, wo seine Frau gelegen sei, hinab gegangen, vor die Betten getreten und habe zu ihr, die etwas bemerkt habe, gesagt: ‚Weil du mich an das Schwert zu liefern und zu stürzen gesucht, so will ich dich jetzo auch stürzen.'

Darauf habe er dieselbe bei dem Hals genommen, mit den Händen erwürgt und an die Stiegen in dem *Hausöhrn** gehängt.

Den Zuhörern lief es eisig den Rücken herunter. Sicherlich waren sie durch die nicht enden wollenden Kriegsjahre allerhand Gewalt gewöhnt und bestimmt nicht verzärtelt, doch ein derart eiskalter und berechnender Mord an der eigenen Frau überstieg auch ihr Verständnis.

Die konsternierten Mitglieder des Gerichts vergewisserten sich letztendlich, ob der Beschuldigte denn möglicherweise vorgehabt habe, von seinem Weib Geld oder anderes zu erlangen und aus diesem Grunde in ihr Haus eingedrungen sei, aber dies stritt Streib konsequent ab.

Schließlich wurde dem Angeklagten das gesamte Protokoll noch einmal vorgelesen, um ihm die Möglichkeit einer endgültigen Korrektur zu geben. Doch der Leinenweber blieb auf seiner bisherigen Aussage beharren und wurde daraufhin in eines der zahlreichen Tübinger Gefängnisse geworfen, die sich unter anderem in den fünf Stadttoren befanden.

Das Gericht musste sich beraten. Wie sollte man vorgehen? Streib war ein Gattenmörder, aber auch ein Dieb und Meineidiger, der seine Urfehde, seinen Schwur vor dem Allmächtigen, gebrochen hatte. War er zudem für den Tod seines Stiefehnis verantwortlich?

Man beschloss, den Beschuldigten am nächsten Tag noch einmal zu vernehmen. Am 7. September gelangten jedoch, zu aller Verdruss, erhebliche Widersprüche in die Aussagen des Streib, welche die hellhörigen Richter argwöhnisch stimmten.

Hatte Streib gestern noch darauf beharrt, einzig aus Rache in das Haus seiner Frau eingedrungen zu sein und sie nur aus diesem Grunde getötet zu haben, so behauptete er heute, er habe sein Weib in der Absicht aufgesucht, sie um etwas Geld und Leinwand zu bitten. Sie aber habe ihm nicht einmal einen Trunk saurer Milch, geschweige denn irgend etwas anderes zukommen lassen, sondern ihn abgewiesen, ein Geschrei veranstaltet und gefragt, ob ihn der Teufel verführ. Dadurch und durch die Erinnerung, dass er von ihr angezeigt worden war, sei er derart in Zorn und Eifer entbrannt, dass er sie bekanntermaßen erwürgt habe. Geplant habe er die Tat aber nicht.

Außerdem sei er an diesem Julitag, seit seiner Landesverweisung aufgrund des Diebstahls, das erste Mal wieder in Mössingen gewesen.

Nicht nur Richter und Vogt, auch die Tübinger und Mössinger Bürger vor dem Saal stellten sich die Frage, was Streib mit dieser Aussage zu bezwecken suche. Hoffte er auf Gnade?

Er log, das war offensichtlich, aber war es überhaupt noch von Bedeutung, die genaue Ursache des Mordes aufzuklären? Reichte das einfache Geständnis der Tat zur Urteilsfindung nicht aus?

Und warum sollte es Bernhard Streib anders ergehen als dem Mörder des alten Hans Belser, der am 22. April 1680 von seinem Enkel, Ulrich Belser, auf seiner Wiese zu St. Johannis in Belsen erschlagen worden war? Ulrich Belser war damals in Tübingen peinlich prozessiert und schließlich gerädert worden. Gut, die Zeiten hatten sich gewandelt, die Urteile waren milder geworden. Doch wo blieb die Gerechtigkeit?

Wie immer in solchen Fragen wandte man sich an die Juristenfakultät, die ihren Sitz in der Münzgasse hatte und bei der diese Angelegenheit sofort eifrig diskutiert wurde.

Am selben Tag noch wurde von den Rechtsgelehrten ein Schreiben an den Tübinger Stabhalter aufgesetzt, in welchem das Urteil im aktuellen Fall vorgeschlagen und begründet wurde:

„In der Peinlichen Rechtfertigung sich haltend zwischen unseres gnädigen Fürsten und Herrn Anwalten, Anklägern, eines, entgegen und wider Bernhard Streiben von Mössingen, allhießig Tübingischen Amts, Peinlich Beklagten, anderen Teils, ist auf Klag, Antwort des Peinlich Beklagten, eigener Bekennung und alles anderer gerichtlichen Fürbringen, nach getanem Rechtsatz, genommenem Bedacht und gehabtem Rat, mit Urteil zu Recht erkannt, dass Peinlich Beklagter wegen seiner begangenen und bekannten Misshandlung ihm zur wohlverdienten Strafe und anderen zum abscheulichen Exempel dem Nachrichter an sein Hand und Band geliefert, von demselben zur Richtstatt geführt und daselbst mit dem Rade „von oben herab" vom Leben zum Tode gebracht werden solle."

In der folgenden Begründung wiederholten die Juristen die gesamten Vorgänge noch einmal und führten auf, wie niederträchtig sich Bernhard Streib verhalten habe, als er seine Frau, eine direkte Verwandte, bewusst und vorsätzlich in ihr Verderben habe locken wollen, indem er sich zwei Stunden in Mössingen versteckt gehalten, anschließend das Vieh im Stall losgebunden und letztlich bis gegen Morgen gewartet hatte, um endlich sein boshaftes Vorhaben an ihr, die noch halb schlafend im Bett lag, durch das schändliche Erdrosseln leichtfertigerweise zu vollbringen. Er habe ferner auf dem Weg nach Mössingen den Gottesdienst besucht und dennoch keinen anderen heiligen Gedanken gefasst, sondern auf seinem bösen Vorhaben verharrt. Außerdem habe er sie des ehrlichen Begräbnisses zu berauben getrachtet, indem er sie an die Stiegen gehängt hatte, dass man meinen solle, sie habe sich selbst erhängt.

Weiter wurde aufgezählt, dass er seinem Weibe nach dem erwiesenen Diebstahl die Urfehde geschworen, diesen Schwur dann aber meineidig, freventlich und vorsätzlich gebrochen habe. Zudem habe er die Donau nicht überquert, wie es ihm auferlegt worden war und im vergangenen Winter mit Hannß Benßlin auf einen Soldaten geschossen, der an diesem Schuss verstorben war.

Selbst der Mord an seinem Stiefehni wurde Streib zugesprochen, da dieser, wie auch Streibs Weib, in gleicher Weise hängend, mit den Füßen am Boden, aufgefunden worden war, und obwohl die Eltern des Streib ausgesagt hatten, dass der Sohn zur Tatzeit nicht anwesend gewesen sei, wurde dies inzwischen stark bezweifelt.

Auf den letzten Seiten der juristischen Vorgaben fanden die Richter schließlich den Rat, dass der „*…Peinlich Beklagte unerachtet der aggravierenden Umstände, in Ansehung der freiwilligen Bekennung der begangenen Misshandlung – denn sonst ist keine causa mitigationis poena* von ihm vorhanden – mit der hier sonsten gewöhnlichen Strafe belegt werden solle […] und mit dem Rad vom Leben zum Tode gebracht werden solle…*“.

Zur Überraschung aller wurde jedoch folgende Klausel eingerückt: Bernhard Streib solle vom Nachrichter „*…auf einer Schleife zur gewöhnlichen Richtstatt geschleift, allda mit dem Schwert vom Leben zum Tode gerichtet, der Körper nachgehends auf ein Rad eingeflochten werden …*“

War nun die Hinrichtung mit dem Schwert durchaus als äußerst humane Strafmilderung zu betrachten, so galt das Schleifen zur Richtstätte eindeutig als erhebliche, selten angewandte und entwürdigende Strafverschärfung.

Sollte man dieses Urteil tatsächlich anwenden? Würde der Herzog damit einverstanden sein?

Zwei Tage später baten Stabhalter und Richter den noch nicht ganz siebzehnjährigen Herzog Eberhard Ludwig von Württemberg schriftlich um die Bestätigung des Urteils.

Am frühen Morgen des 23. September wurde Bernhard Streib in Fesseln auf den großen, gänzlich überfüllten Marktplatz vor das Rathaus geführt, wo ihm und allem

Volke das Urteil überbracht wurde, dem der Herzog am 12. September zugestimmt hatte. Bernhard war völlig bestürzt.

Sicherlich hatte er ein Todesurteil vage in Betracht gezogen, auch wenn er, aufgrund des allgemein gelockerteren Rechtssystems, eine leichtere Strafe erhofft hatte. Nicht erwartet hatte er aber die Demütigung, zur Richtstatt geschleift zu werden.

Dabei waren es nicht die zu erwartenden Schmerzen, wenn er auf einer Kuhhaut den weiten Weg durch die Stadt über den Boden gezerrt wurde, die ihn bis ins Mark erschütterten. Es war die Tatsache, dass man ihn nicht einmal mehr als Menschen betrachtete. Die Haut, die äußerste Hülle des Körpers, das Symbol des Menschen, wurde ihm gewissermaßen genommen und durch die Haut eines niedrigen, toten Tieres ersetzt. Er würde darin eingewickelt werden und von den Knechten des Henkers oder einem Pferd durch die Gassen bis zur Richtstätte auf dem Wöhrd geschleppt werden. Hier und jetzt, noch vor der endgültigen Hinrichtung, würde sein Dasein als Mensch beendet sein.

In Tübingen war der Sohn des bis 1658 hier arbeitenden Johann Ostertag derzeit amtierender Scharfrichter. Er trug denselben Namen wie sein Vater.

Johann Ostertag – der Jüngere – hatte sein Meisterstück in Backnang, bei Samuel Kannengießer, vollbracht. Er war ein gesetzter Mann im Alter von siebenundfünfzig Jahren, der berechtigte Hoffnungen hegte, sein Sohn Matthäus würde nach ihm dieses schwierige Amt in Tübingen übernehmen können.[7]

Der Henker fühlte kein Bedauern mit diesem berechnenden Mörder. Manchmal, nur ganz selten, hatte er Mitleid mit den Verurteilten, auch wenn er sich dies nie würde anmerken lassen. Emotionen waren einem Henker verboten und Gesten des Mitgefühls konnten bestraft werden. Also hütete man sich davor.

Dennoch galten die Stuttgarter und Tübinger Scharfrichter als medizinisch kompetente Fachleute, von deren anatomischen Kenntnissen nicht nur die Tiere profitierten. Tatsächlich war der Henker einer der wenigen, der sich mit dem Aufbau des menschlichen Körpers befasste und auskannte, sodass sich lange Zeit viele Bürger, wenn auch oft nur heimlich, auf den medizinischen Rat des Henkers verließen – bis schließlich 1651, auf Veranlassung der studierten Ärzte, ein Gesetz erlassen wurde, das den mit ihnen in Konkurrenz tretenden Henkern ihre medizinische Tätigkeit am Menschen untersagte.

1680 jedoch hatte Kaiser Ferdinand, der in Stuttgart einer Hinrichtung beigewohnt hatte, den beiden Henkersbrüdern Markus und Jakob Bickel den Doktortitel und somit die Berechtigung verliehen, künftig als Ärzte zu praktizieren.

Augenscheinlich war dem Kaiser das Können wichtiger gewesen als die Anrüchigkeit des Berufes.

Für den Tübinger Scharfrichter würde heute aber auch ohne die Verleihung des Doktortitels ein erfolgreicher Tag werden.

7 Obwohl Ostertag gelegentlich von einem anderen Scharfrichter vertreten wurde, kann man sicherlich davon ausgehen, dass er für die Hinrichtung des Bernhard Streib zuständig war.

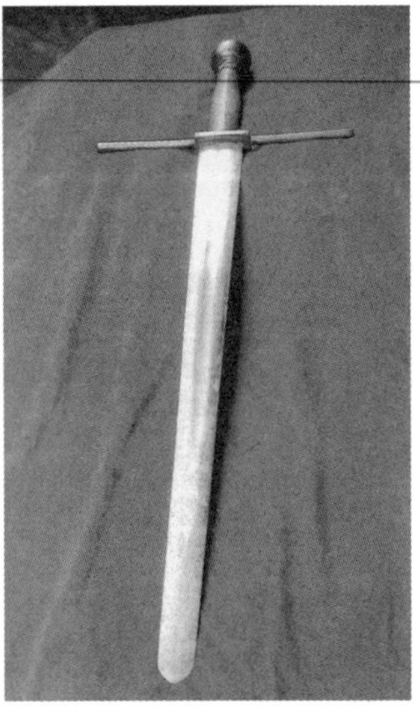

Abb.: Richtschwert, 16. Jahrhundert, Stahl, Eisen, Messingdraht Stadtmuseum Tübingen

Die Leute fieberten seinen Wunder- und Heilmitteln, denen man besondere Mächte andichtete, regelrecht entgegen.

Geschäftstüchtig wie er war, verkaufte der Scharfrichter im Allgemeinen Gegenstände des Hinrichtungsgeschehens, wie Teile des Strickes oder seine eigenen, getragenen Handschuhe, die dem Aussatz und anderen Erkrankungen entgegenwirken sollten. Aber auch der Leichen-Medizin sprach man heilende Wirkung zu, insbesondere den getrockneten und pulverisierten Leichenteilen, den so genannten Spiritus vitalis muminalis, die als Elixier des Lebens galten.

1641 hatte der bekannte Arzt und Apotheker Johann Schröder eine bedeutende Schrift verfasst, in der die Zusammensetzung und Wirksamkeit dieser Heilmittel angepriesen wurde.

Es hieß darin, man *„nehme ein Stück Fleisch von einem Menschen (der entweder gehencket oder mit dem Rade vom Leben zum Tode gebracht worden), schneide es klein und impraegniere es mit Myrrhe, hernach trockne man es mählig über Rauch, der von Wacholder Holz und derselben Beere gemacht ist. Diese Mumia ist wegen der Remamenz der Spiritus Vitalis muminalis von grosser Kraft und Wirckung das vom Falle gelieferte Geblüt aufzulösen. Dessen Dosis ist …“.*

Schröder vertrat die Meinung, der gesamte menschliche Körper könne zu Heilzwecken verarbeitet werden, insbesondere jedoch die Hirnschale, der Nabel eines Neugeborenen, Menschengebein sowie die Milch des Menschen. Das menschliche Blut dagegen müsse nicht zwingend für alle Mittel von einem Enthaupteten stammen, gelegentlich könnte man auch einen Lebenden zur Ader lassen.

Diesmal also würde der Henker, unter anderem, das Blut des Hingerichteten verkaufen können, das bei der Enthauptung aufgefangen wurde und als Heilmittel gegen *Fallsucht** galt.

In stummer Erwartung schritt der Henker daher, gefolgt von seinem Knecht, der das Pferd mit dem Bündel im Schlepp an der Hand führte, durch das staunende Volk. Die Menge teilte sich vor ihm wie einst das Rote Meer dem Volke Israel. Doch hier, in Tübingen, dachte der Nachrichter ironisch, war es nicht das wundersame Werk Gottes, sondern die Furcht der Menschen, den Henker oder seine Last versehentlich zu berühren. Man wich ihm aus – zumindest in der Öffentlichkeit.

Hinter ihm wiederum starrten sie alle auf die Schleife, in welcher der hilflos verschnürte Mörder immer wieder mit dem Kopf auf dem harten Boden aufschlug. Sein Zustand, wenn er das Schafott betreten müsste, wäre mit Sicherheit erbärmlich. Würde er noch selbständig stehen können? Hatten seine Nerven der Prozedur standgehalten oder hatte er sich selbst beschmutzt?

Den Menschen in Tübingen war dies einerlei. Wie bei jeder Hinrichtung drängten sie sich, so nahe es ging, an die Richtstätte, die Blutgefässe in der Hand, mit denen sie sich ein paar der kostbaren Tropfen aufzufangen verhofften.

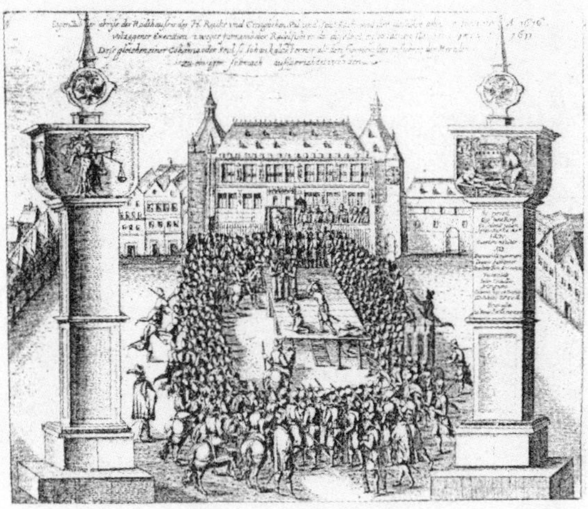

Abb.: Enthauptung in Aachen vor dem Rathaus (Flugblatt, 1616)

Die Rathausuhr wies auf den Beginn der zehnten Stunde hin, als die erregende Zeremonie eröffnet wurde. Der Henkersknecht legte dem Verurteilten einen Lederriemen um das Kinn, den er über dessen Kopf festhielt, damit er nicht zitterte und dadurch den reibungslosen Ablauf der Hinrichtung gefährden konnte. Dann endlich packte der Scharfrichter sein erprobtes Schwert und schlug kräftig zu. Dunkles Blut pulsierte über das Schafott hinweg.

Die umstehenden Menschen mühten sich, das kostbare Nass nicht zu verschwenden und hielten Becher oder Tücher in die rote Lache. Gleichwohl war die Arbeit des Henkers noch nicht beendet. Er begann, die Knochen des Toten sorgfältig zu zertrümmern, um sie auf das stets neue Rad mit seinen neun oder zehn Speichen flechten zu können. Eine anstrengende Tätigkeit, die dem Henker viel Kraft abverlangte. Doch dann war es soweit: Das Rad konnte aufgestellt werden, die Hinrichtung war erfolgreich abgeschlossen und der Henker konnte seinen gerechten Lohn verlangen.

Er würde nach Hause gehen und mit seiner Familie den restlichen Tag genießen. Auch für ihn war eine solche Hinrichtung nicht alltäglich.

Im weiteren Verlauf der Jahrzehnte wurde die Zahl der Folterungen und Hinrichtungen in Württemberg wesentlich geringer, da man inzwischen dazu übergegangen war, die Täter vermehrt zu Zuchthaus und Gefängnis zu verurteilen.

Schließlich wurde die Folter in Württemberg 1809, die Todesstrafe sowie die körperliche Züchtigung 1849 abgeschafft.[8]

---

8 Im Jahre 1853 wurde die Todesstrafe unter dem Einfluss der 48er-Revoluiton wieder eingeführt.

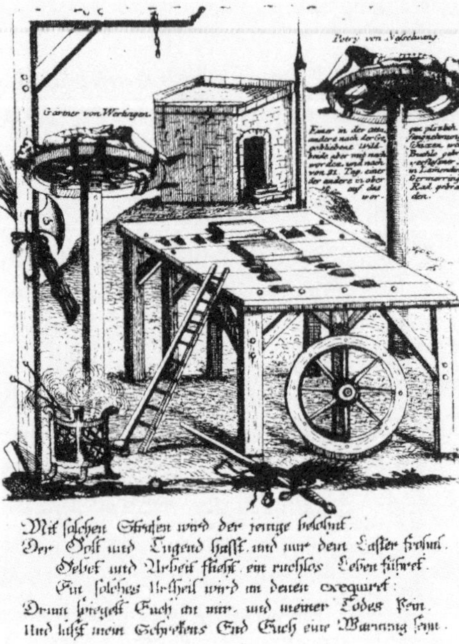

Abb.: Hochgericht (Flugblatt 18. Jahrhundert)
Zwei bei der Gefangennahme getötete Wildschützen, die anschließend in Obergermaringen und Lamerdingen auf das Rad gelegt wurden.

Um die Familie des Scharfrichters durch diesen Arbeitsmangel vor der unausweichlichen Armut zu bewahren, bekam Tübingens letzter Scharfrichter, Georg Friedrich Belthle, dessen Unehrlichkeit in den Augen der Öffentlichkeit nunmehr kaum noch Bedeutung fand, vom Stadtparlament andere Aufgaben übertragen und war fortan, zusätzlich zu seinem Amt als Scharfrichter und Kleemeister, für die Tübinger Grünanlagen und das städtische Bauwesen zuständig.

In diesem Zusammenhang legte er 1810 die noch heute viel bewunderte, älteste Platanenallee Deutschlands auf der Neckarinsel an. Als er 1824 starb, erhielt er ein ehrliches Begräbnis. Auf seinem Grabstein befand sich die Inschrift: *„Dem Gemeindeinspektor Belthle von mehreren Bürgern, welche seine vielfältigen Verdienste um die Stadt dankbar anerkennen"*.

Der Galgenberg, auf dem der blinde Markus Wagner irrtümlich respektlos verscharrt worden war, wurde in der ersten Hälfte des 20. Jahrhunderts zu einem jetzt äußerst idyllischen, parkähnlichen Bergfriedhof umgewandelt. Nur die für Galgenrichtstätten übliche direkte Sichtverbindung auf den ehemaligen Herrschaftssitz, das Schloss, zeugt noch von seiner ursprünglichen Funktion als Richtplatz.

Quelle: HStAS A 209 II Bü 1948

Anmerkungen

Die einzelnen Kriminalfälle, die hier in Form von Kurzgeschichten erzählt wurden, basieren alle auf den Malefizakten der Württembergischen Staatsarchive und entsprechen in den Grundzügen durchaus der dort vorgefundenen Aktenlage.

Um den einzelnen Vorkommnissen jedoch etwas mehr Leben einhauchen zu können, habe ich mir erlaubt, manchen Personen Gefühle und Gedanken zu unterstellen, beziehungsweise Stimmungen oder Tätigkeiten zu beschreiben, die zwar nicht historisch belegt sind, aber durchaus möglich gewesen sein könnten.

So ist beispielsweise der komplette Rundgang des Schultheißen Hannß Schneider durch Rommelshausen sowie seine Begegnungen mit den Dorfbewohnern frei erfunden. Diese Episode sollte dazu dienen, dem Leser das Zeitgeschehen näher zu bringen und eine plausible Erklärung dafür zu bieten, weshalb man die „Untat" des Georg Katz erst so spät entdeckt hatte, obwohl die verschlossene Stalltüre bereits Tage zuvor aufgefallen war.

Auch die Anwesenheit und das Verhalten der zahlreichen, an der Handlung nur indirekt beteiligten Menschen, die sich bei meinen Erzählungen in den Städten, Dörfern oder Richtstätten tummeln, entsprechen genauso wenig den Überlieferungen wie der Gang der Verurteilten zum Richtplatz und die Hinrichtungen an sich. Es liegen zwar durchaus Kriminalakten vor, in denen die Hinrichtungszeremonien detailliert beschrieben werden, für die vorliegenden Fälle waren derartige Texte aber leider nicht vorhanden. Ich habe diese Beschreibungen deshalb der einschlägigen Literatur entnommen.

Nur relativ oberflächlich konnte ich auf den Tatbestand der Hexerei eingehen, da die Ermittlungen und Hintergründe einer solchen Anklage im Allgemeinen zu umfangreich sind, um sie in einer Kurzgeschichte detailliert darlegen zu können.

An Textstellen, bei denen es mir zum besseren Verständnis erforderlich schien, wurden die Zitate der Originalakten auszugsweise in ein moderneres Deutsch übertragen. Dies soll dem Leser ermöglichen, das damalige Schriftbild, die einstige Ausdrucksweise sowie die ehemaligen Umgangsformen kennenzulernen und dennoch den Inhalt des Textes zügig nachvollziehen zu können.

Ebenso entstammen die Namen der genannten Personen komplett der Aktenlage, wurden aber, insbesondere die Nachnamen, weitestgehend in die aktuelle Schrift übertragen.

Bei den Vornamen habe ich dagegen bewusst die überlieferte Schreibweise beibehalten, da die „alten" deutschen Vornamen, wenn auch in modifizierter Form, heute offenbar wieder im Trend liegen.

Die Ortsnamen wurden, abgesehen von den in den Zitaten erwähnten, einheitlich in der heutigen Form wiedergegeben, da sie, ebenso wie Familien- und Vornamen, zum Teil in unterschiedlicher Rechtschreibung dokumentiert worden waren.

Mein Ziel beim Schreiben dieses Buches war weniger, eine wissenschaftliche Arbeit zu erstellen, sondern vielmehr, dem Leser eindrückliche, bunte und lebhafte Einblicke in eine frühere Zeit mit ihrem uns möglicherweise fremdartig erscheinenden Rechtssystem zu gewähren – und dabei die längst Verstorbenen für einen kurzen Moment in unseren Gedanken wieder lebendig werden zu lassen …

Dank

Mein Dank für die freundliche Unterstützung beim Schreiben dieses Buches geht zunächst an all die vielen mir unbekannten Menschen, mit denen ich während meiner Recherchen so unerwartet auf den Straßen, in den Grünanlagen oder Cafés ins Gespräch gekommen bin. Ihre Faszination an meiner Arbeit, ihr Entgegenkommen, wenn sie mich in historische Kellergewölbe, malerische Hinterhöfe oder an alte Richtstätten geführt haben, aber auch ihr Interesse an den einstigen Kriminalfällen ihres Heimatortes waren es, die mich beflügelt haben, immer wieder weiter zu schreiben. Welch beeindruckendes Erlebnis!

Ganz besonders bedanken möchte ich mich jedoch bei all denen, die diese Recherchen durch ihre bedingungslose Mithilfe überhaupt erst ermöglicht haben.

Stellvertretend für diejenigen, die nicht namentlich genannt werden können, stehen zunächst Dr. Norbert Hofmann, Dr. Otfried Kies und Stefan Benning, die eine Unmenge ihrer kostbaren Zeit für mich geopfert haben, indem sie meine unzähligen Fragen zur Frühen Neuzeit immer und immer wieder klaglos beantwortet und mich beim Entziffern der alten Texte unterstützt haben.

Ein herzliches Dankeschön aber auch an Eberhard Brick und Martin Haussmann, die in Besigheims Geschichte völlig unerwartete Details aufgestöbert haben, an Dr. Isolde Döbele-Carlesso für ihre ausführlichen Informationen zu den Brackenheimer Richtstätten sowie an Dorothea Bader, Walter Hirschmann und Barbara Löslein mit ihren umfassenden Auskünften zum Deutschen Orden; aber auch an Hartmut Hensgen, für seine Worte, die das historische Zaisenhausen bei mir haben „auferleben" lassen.

Ebenso danke ich Professor Dr. Reinhard Düchting für seine Übersetzungen der lateinischen Textauszüge ins Deutsche, Dr. Bernd Breyvogel für seine fundierten Informationen aus der Klummp'schen Familienkartei und Dorothea Canfora für ihre gründlichen Recherchen in den Löchgauer Kirchenbüchern; Rolf Liebermann, der sich mit mir auf die spannende Tatortsuche in der Herrschaft Konzenberg begeben hat, und Patrick Allweiler für seine historische „Überprüfung" der Mühlen in Emmingen, Gunda Woll und ihren freundlichen Mitarbeiterinnen für ihre Auskünfte zu

Tuttlingen und den unterhaltsamen Aufenthalt in den Museen sowie Stefan V. Keller und Anita Niederer, die mir die Insel Rheinau mit ihrer wunderschönen Kirche näher gebracht haben.

Auch bei Dr. Helmut Weimert, der mich bezüglich meiner Heidenheimer Recherchen so warmherzig und unvoreingenommen unterstützt hat, möchte ich mich hiermit herzlich bedanken.

Dank gilt ferner Adolf Sayer für seine aufschlussreiche Ausarbeitung über Rexingen, die er mir hat zukommen lassen, sowie Roland Seybold und Klaus Häcker, die sich mit mir in die Rommelshausener Vergangenheit versetzt haben. Dank aber auch an Olaf Schulze mit seiner einzigartigen Führung durch Cannstatt und seine Phantasie, anhand der er mir eine gedankliche Zeitreise in Georg Katz' Jahrhundert ermöglicht hat, sowie an Alexander Morlock, der wirklich alle Hebel in Bewegung gesetzt und keine Mühe gescheut hat, um die Köpfstätte in Cannstatt ausfindig zu machen.

Dr. Hermann Berner danke ich für den äußerst lehrreichen Rundgang durch Mössingen, bei dem er mir ungeahnte Einblicke in die Dorfgeschichte ermöglicht hat, und Hermann Griebel für die liebenswürdige Aufnahme bei sich Zuhause, als er sich mit mir in die Mössinger Kirchenbücher vertieft hatte.

Dr. Helmut Eck gebührt mein Dank für seine Informationen zu Tübingen und die wertvollen Tipps für meine weiteren Recherchen sowie Dr. Franziska Blum, die mir Einsicht in bedeutende Unterlagen ihres Mössinger Archivs gegeben und mich so herzlich in Tübingen Willkommen geheißen hat.

Dem Nachkommen eines Scharfrichters, Helmut Belthle, danke ich für seine umfangreiche Sammlung an Literatur, die er mir gänzlich unbürokratisch zur Verfügung gestellt hat, und all die vielen Ratschläge, die er mir auf meine Fragen hin erteilte.

Dank möchte ich zudem Jost Auler und Jaroslav Piech für ihre Mitteilungen zur Richtstättenarchäologie aussprechen, Dr. Karl-Heinz Schneider vom Rothenburger Kriminalmuseum, der mir die Funktionsweise der „Schleife“ erklärt hat, Dr. Erich Viehöfer für seine Auskünfte zur Kriminalität in früheren Zeiten, Dr. Andreas Maisch, der mir die Volljährigkeit während der Frühen Neuzeit erläutert hat, Dr. Roland Kleinschroth für die gemeinsamen Analysen der biblischen Straftaten und Irene Kremser vom Stuttgarter Hauptstaatsarchiv für ihre telefonischen Auskünfte, die Einführung in die OPAC und die Hilfe bei der Suche nach den entsprechenden Kriminalakten.

Einen innigen Dank auch meiner wunderbaren Freundin Antje Seemann-Metz, die als erste Kritikerin mein Manuskript gelesen, ihre Meinung dazu geäußert und mir den Mut zugesprochen hat, das Buch bis zu Ende zu schreiben.

Meinen besonderen Dank möchte ich aber meinem Mann Peter sowie meinem Sohn Robin für all ihre Liebe und Geduld aussprechen, für ihre häufige Mithilfe am Computer, im Archiv und am „Tatort“, aber auch für ihre gute Laune und Nachsicht, wenn ich am Schreiben war und alles andere dadurch zu kurz kam.

Literatur

ANGERBAUER, W.; STADTVERWALTUNG BRACKENHEIM (Hg): *Brackenheim.* Heimatbuch der Stadt Brackenheim und ihrer Stadtteile. Brackenheim: Stadtverwaltung, 1980

ANGERBAUER, W.: *Aus der Geschichte von Stockheim von der ersten urkundlichen Nennung bis um 1800.* In: *Stockheim.* Ein ehemaliges Deutschordensdorf im Zabergäu. Brackenheim: Stadt Brackenheim, 2008

AUFFERMANN, B.; GRAEFE, J.; STIFTUNG NEANDERTHAL-MUSEUM (Hg): *Galgen, Rad und Scheiterhaufen.* Einblicke in Orte des Grauens. Mettmann: Stiftung Neanderthal-Museum, 2010

AULER, J. (Hg): *Richtstättenarchäologie.* Band I (2008) und Band II (2010) Dormagen: archaeotopos

BENNING, S.; STADT BIETIGHEIM-BISSINGEN, STADTARCHIV (Hg.): *Bietigheim 789 – 1989.* Beiträge zur Geschichte von Siedlung, Dorf und Stadt. Bietigheim-Bissingen: Stadtarchiv, 1989

BLAUERT, A.; SCHWERHOFF, G. (Hg.): *Kriminalitätsgeschichte.* Beiträge zur Sozial- und Kulturgeschichte der Vormoderne. Konstanz: Universitätsverlag, 2000

BÖRNER, L.; RUDOLPH, A.; HISTORISCHES MUSEUM DER PFALZ, SPEYER (Hg.): *Hexen.* Mythos und Wirklichkeit. München: Ed. Minerva Farnung, 2009

BREINING, F.: *Alt-Besigheim in guten und bösen Tagen.* Denkwürdigkeiten einer württembergischen Kleinstadt. Besigheim: Albert Köhler, 1926

BREUERS, D.: *In drei Teufels Namen.* Die etwas andere Geschichte der Hexen und ihrer Verfolgung, Bergisch Gladbach: Lübbe GmbH & Co. KG, 2007

DEMANDT, K. E.: Veröffentlichung der Archivschule Marburg, Nr. 7. *Laterculus Notarum.* Lateinisch-deutsche Interpretationshilfen für spätmittelalterliche und frühneuzeitliche Archivalien. Marburg: Archivschule Marburg, 2006

DÜLFER, K.; KORN, H. E.: Veröffentlichung der Archivschule Marburg, Nr. 1. *Gebräuchliche Abkürzungen des 16. – 20. Jahrhunderts.* Bearbeitet von Karsten Uhde. Marburg: Archivschule Marburg, 2006

DÜLMEN, R. VAN: *Kultur und Alltag in der Frühen Neuzeit.* Das Haus und seine Menschen (Band I); Dorf und Stadt (Band II); Religion, Magie, Aufklärung (Band III); Band 1–3, München: C.H. Beck Verlag, 2005

DÜRR, F.: *Chronik der Stadt Heilbronn 741–1895.* Band I, Heilbronn: Stadtarchiv Heilbronn, 1926

FISCHER, H.; TAIGEL, H.: *Schwäbisches Handwörterbuch.* Auf der Grundlage des „Schwäbischen Wörterbuchs" von Hermann Fischer und Wilhelm Pfleiderer. Tübingen: Laupp/Mohr, 1986

FORDERER, J.; STADTVERWALTUNG TUTTLINGEN (Hg): *Tuttlingen im Wandel der Zeiten.* Herausgegeben im Auftrag der Stadtverwaltung. Reutlingen: Oertel & Spörer, 1949

FUNK, W.: *Alte deutsche Rechtsmale.* Sinnbilder und Zeugen deutscher Geschichte. Bremen, Berlin: Angelsachsen-Verlag, 1940

GERLACH, W.: *Das neue Lexikon des Aberglaubens.* Frankfurt am Main: Eichborn GmbH & Co. Verlag KG, 1998

GROSS, H.; GEERDS, F.: *Handbuch der Kriminalistik.* Wissenschaft und Praxis der Verbrechensbekämpfung. Band I: Die Kriminalistik als Wissenschaft; Die Technik der Verbrechen; Kriminaltechnik. Berlin: Schweitzer-Verlag, 1977

Hagel, J.: *Alte Karten, Pläne und Ansichten von Cannstatt.* Begleitheft zu einer Ausstellung des Stadtarchivs Stuttgart im Stadtmuseum Bad Cannstatt vom 19.10.2002 – 02.02.2003. Stuttgart: Kulturamt u. a., 2002

Hagel, J.: *Cannstatt und seine Geschichte.* Tübingen: Silberburg-Verlag Titus Häussermann, 2002

Hartmann, J.: *Chronik der Stadt Stuttgart.* Sechshundert Jahre nach der ersten denkwürdigen Nennung der Stadt (1286). Stuttgart: Greiner & Pfeiffer, 1886

Henning, B.: *Kleines Mittelhochdeutsches Wörterbuch.* Tübingen: Max Niemeyer Verlag, 2007

Hinckeldey, Ch.: *Justiz in alter Zeit.* Band VI c der Schriftenreihe des Mittelalterlichen Kriminalmuseums Rothenburg ob der Tauber, 1989

Königliches Statistisches Landesamt (Hg.): *Beschreibung des Oberamts Heilbronn.* Erster Teil. Stuttgart: Kohlhammer, 1901

Kohlheim, R.; V.: *Familiennamen.* Herkunft und Bedeutung von 20000 Nachnamen. Mannheim: Bibliographisches Institut & F. A. Brockhaus AG, 2005

Lang, D.: *Sodomie und Strafrecht.* Geschichte der Strafbarkeit des Geschlechtsverkehrs mit Tieren. Europäische Hochschulschriften: Reihe II, Rechtswissenschaft; Bd. 4750. Frankfurt, M., Berlin, Bern u. a., 2009

Leibbrand, W.: *Rommelshausen: Entstehung und Entwicklung der Flurnamen.* Kernen im Remstal: Gemeindeverwaltung Kernen im Remstal, 1996

Maisch, A.: *Notdürftiger Unterhalt und gehörige Schranken.* Lebensbedingungen und Lebensstile in württembergischen Dörfern der frühen Neuzeit. Stuttgart, Jena, New York: Gustav Fischer Verlag, 1992

Metzke, H.: *Lexikon der historischen Krankheitsbezeichnungen.* Neustadt an der Aisch: Degener & Co., 2005

Pfeilsticker, W.: *Neues Württembergisches Dienerbuch.* Band II, Ämter, Klöster. Stuttgart: Cotta-Verlag, 1963

Pfeilsticker, W.: *Neues Württembergisches Dienerbuch.* Band III, Personen- und Ortsverzeichnis. Stuttgart: Verein für Familien- und Wappenkunde in Württemberg und Baden, 1974

Piech, J.: *Mit dem Strang vom Leben zum Todt hingericht.* Der Ellwanger Galgen und andere Galgenstandorte in Württemberg. In: *Fundberichte aus Baden-Württemberg.* Band 30. Esslingen: Regierungspräsidium Stuttgart – Landesamt für Denkmalpflege und Stuttgart: Konrad Theiss Verlag, S. 521–756, 2009

Reith, R. (Hg): *Das alte Handwerk.* Von Bader bis Zinngießer. München: Beck, 2008

Schild, W.: *Folter, Pranger, Scheiterhaufen.* Rechtsprechung im Mittelalter. München: Bassermann, 2010

Schroeder, F.: *Die Peinliche Gerichtsordnung Kaiser Karls V.*. und des Heiligen Römischen Reichs von 1532 (Carolina), Stuttgart: Philipp Reclam jun., 2000

Schulz, T., Gemeinde Löchgau (Hg): *Löchgau.* Beiträge zur Ortsgeschichte. Löchgau: Gemeinde Löchgau, 2004

Schwerhoff, G: *Aktenkundig und gerichtsnotorisch.* Einführung in die Historische Kriminalitätsforschung. Historische Einführungen, Band 3. Tübingen: edition diskord, 1999

Seiler, A.; Bader, D.: *Neckarsulm und der Deutsche Orden: 1484 – 1805 – 1984.* Dokumente, Pläne, Bilder. Katalog der Ausstellung des Staatsarchivs Ludwigsburg und der Stadt Neckarsulm im Molitorsaal Neckarsulm vom 5. – 31. Mai 1984. Neckarsulm: Stadt Neckarsulm, 1984

Sennhauser, H. R. (Hg.); Altendorf, H.–D.: Die Klosterkirche Rheinau. *Frühe Geschichte, Bau und Ausstattung bis in die barocke Zeit.* Zürich: Egg, Züricher Denkmalpflege, 2007

Stieglitz, L. von; Prinz, G.: *Zünfte in Württemberg.* Regeln und Zeichen altwürttembergischer Zünfte vom 16. bis zum 19. Jahrhundert. Stuttgart: Württembergisches Landesmuseum, 2000

Walter, H. E.; Gemeinde Rommelshausen (Hg): *Das Ortsbuch von Rommelshausen im Remstal.* Ludwigsburg: Walter, 1973

Weimert, H.; Stadt Heidenheim (Hg): *Aus der Geschichte Heidenheims.* Altsteinzeit bis frühe Neuzeit. Heidenheim an der Brenz: Stadtarchiv, 2005

Weimert, H.; Weimert, C.; Stadt Heidenheim (Hg): *Historisches Heidenheim.* Heidenheim an der Brenz: Stadtarchiv, 2006

Weimert, H.; Stadt Heidenheim (Hg): *Heidenheimer Chronik.* 1540 bis 1599. Heidenheim an der Brenz: Stadtarchiv, 2008

Welti, F.: *Behinderung und Rehabilitation im sozialen Rechtsstaat.* Freiheit, Gleichheit und Teilhabe behinderter Menschen. Tübingen: Mohr Siebeck, 2005

Wunder, B.: *Die kleine Geschichte des Herzogtums Württemberg.* Leinfelden-Echterdingen: DRW-Verlag Weinbrenner, 2009

Online-Medien

Hirschmann, W. und Wanner, R.: *Vom Ordenshaus zum Kulturzentrum.* Eine Zeitreise durch die Geschichte des Deutschhofs in Heilbronn, Vortrag in der VHS Heilbronn am 22.11.2002, Online-Publikationen des Stadtarchivs Heilbronn

Landesarchiv Baden-Württemberg, Archiv der Freiherren Wöllwarth zu Essingen: Urkunden, PL 9/2

Glossar

ad opus publicum condemniert – zu öffentlicher Arbeit verurteilt
angeschlagene – veranschlagte
Atzung – Speisung, Unterhaltskosten
Batzen – Württembergische Währung: 1 Ducaten = 5 ¾ Gulden, 1 Gulden (fl) = 60 Kreuzer, 1 Batzen = 4 Kreuzer, 1 Heller = 1/8 Kreuzer
causa mitigationis poena – Grund für eine mildernde Strafe
continuo adulterio – dauernder Ehebruch
desperation – Verzweiflung
Ehni – Großvater
Einverständnis des Lehnsherrn – Haus, Hof und Güter durften nur mit der Zustimmung des „Lehensherrn“ weiterverkauft werden. Eine Rechtssituation, die allerdings nicht mit dem Lehenswesen des Adels verwechselt werden darf.
ex carcere – aus dem Gefängnis
Execution – Ausführung
Fallsucht – Epilepsie
Fluss – Sammelbegriff für zahlreiche Erkrankungen und Vorgänge, bei denen es zur Ausscheidung von Blut, Schleim und anderen Körperflüssigkeiten kam; aber auch Krankheiten wie Schlaganfall, Gicht und Rheuma wurden dazugezählt.
Franzosenkrankheit – Syphilis, Geschlechtskrankheit
Fuder – Zwischen 1557 und 1806 entspricht in Württemberg 1 Fuder = 6 Eimer = 1763,5 Liter, in anderen Herrschaftsbereichen schwankt die Menge zwischen 808 und 1840 Liter (Preußen = 824 Liter)
Gottesacker – alte Bezeichnung für Kirchhof oder Friedhof
Haber – Hafer
Haipfel, Häupfel – das große, durch die ganze Breite des Bettes reichende Kopfkissen
Heßlach – Kleine Hose (Dialekt)
Hofraithe/Hofreite – der freie, zum Bauernhaus oder der Selde gehörende Platz
hujus (eigentl. huius) – hier: diesen Monats
Inzichterin – Beklagte
Kandare – hier: Redewendung („jemanden an die Kandare nehmen“); eigentlich Teil des Zaumzeuges, im 16. Jh. aus der ungarischen Sprache eingeführt und im deutschen Sprachraum in abgewandelter Form übernommen worden
Kommende – Niederlassung eines Ritterordens
Kundlichkeit – Zeugenvernehmung
Kunkel – Spindel
Magyaren – Ungarn
Malter – 1 Malter (altes Getreidemaß): Baden und Schweiz = 1,5 hl; Hessen = 1,28 hl; Preußen = 6,955 hl; Sachsen = 12,478 hl; Württemberg 1,72 bis 1,75 hl
Metze – unzüchtiges Weib, Hure
Nahrungsdeputat – lat.: deputare = zuweisen
Öhrn, Ern – Hausflur, im ländlichen Haus der untere, hinter der Haustüre liegende Flur

Osterluzeie – Aristolochia Clematis, Wolfskraut

Presshafte (= *Bresthaft*) – mit Gebrechen behaftet

Publicationen – Veröffentlichung(en)

Realteilung – das Erbe wird unter allen Erbberechtigten aufgeteilt

Rede – Argumentation des Anklägers

Reichstaler – 1 Reichstaler = 68 Kreuzer (1582) = 72 Kreuzer (1600) = 124 Kreuzer (1620), vgl. www.heinlenews.de/muenzverschie.htm#taler

Reskript – Reskripte richteten sich an die Verwaltung; Patente oder Edikte hingegen an die Öffentlichkeit. Letztere wurden daher zum Teil von der Kanzel verlesen oder in Schriftform ausgehängt.

Scheffel – Württembergisches Hohlmaß zwischen 1557 und 1806: 1 Scheffel = 8 Simri = 177,2 Liter

Schelmenvasen – Schelm = mhd. (Vieh-)seuche, Pest, Aas; Betrüger / Wase, Klee = Rasen, Wiesen

Scherben – Tongefäß; hier: Schüssel

Schlappe, Schläpplin – Kopfbedeckung für Männer und Frauen

Schmer – unausgelassenes tierisches Fett, überwiegend vom Schwein

Scholaren – fahrende Schüler, Studenten oder akademisch gebildete Kleriker ohne Amt und feste Stelllung

Springe – mittelhochdeutsch Sprinke = Fallschloss, hier Fußfessel

Stände – Zu den Reichsständen des Heiligen Römischen Reichs zählten diejenigen, die im Reichstag Sitz und Stimme besaßen.

Steige – „Steige" bezieht sich hierbei auf die alte Weinsteige in Stuttgart, welche die Verbindungsstraße zwischen Stuttgart und der Filderebene darstellt.

Steuersetzer – Personen, welche den Steueranschlag für Häuser und Grundstücke festsetzen

Stunde Weges – Württembergs Maße und Gewichte unterschieden sich teilweise stark von denen der Nachbarländer. Erst 1875 wurden im Deutschen Reich einheitliche Maße, Gewichte und Währungen eingeführt. Zwischen 1557 und 1806 entspricht eine württembergische „Wegstunde" 4,583 km.

Unschlittkerzen – Kerzen aus minderwertigem Talg, Rinderfett

vita antequam – Vorleben

Wasen (auch *Klee*) – Rasen, Wiese

Wasenmeister – Abdecker

Wasenmeister/Schinder – Nach 1900 wurden die Kleemeister in Württemberg auch als Abdecker (von „Decke/Haut abnehmen") bezeichnet.

Widerrede – Widerspruch des „Verteidigers"

Wittib – Witwe

württembergische Meile – Zwischen 1557 und 1806 entsprach eine württembergische Meile 7,449 km

Zentner – Zwischen 1557 und 1806 entspricht in Württemberg 1 Zentner = 48,64 kg, bis 1840 umfasste der Zentner in Preußen 51,498 kg

Ziechen – großes, weiches Bettkissen, gefüllt mit Flaum oder Federn, das über das ganze Bett hinweg reicht; auf ihm liegt das kleinere Schlafkissen.

Corinna Müller, Kriminalbeamtin a. D., verbrachte ihre Kindheit und Jugend in Löchgau, im Kreis Ludwigsburg. Nach dem Schulabschluss in Besigheim führte sie ihre kriminalpolizeiliche Tätigkeit nach Heilbronn, Künzelsau und Ludwigsburg – unterbrochen von mehreren Jahren, die sie der Kindeserziehung widmete.
Inzwischen lebt die Autorin mit ihrer Familie im Unteren Zabergäu.

Bereits als Kind hatte sich Corinna Müller für historische Recherchen interessiert und auch erstmals in den heimischen Kirchenbüchern nach ihren Vorfahren gestöbert.
Nur wenige Jahre später hatte sie begonnen, für ihre Freunde und Verwandte zahlreiche Erzählungen und Gedichte zu verfassen.

Heute verknüpft sie ihre Leidenschaft fürs Schreiben mit ihren Erfahrungen aus der Ermittlungsarbeit und ihren Kenntnissen im Umgang mit historischem Schriftgut.

Außerdem im verlag regionalkultur erschienen:

Leopold Koch

Volksmedizin zwischen Zauber und Magie

Wiederentdecktes Heilwissen aus einem Brauchbuch des 17. Jahrhunderts – gefunden in Völkersbach

Ein Buch, das den Blick öffnet auf mittelalterliche Heilkunst, auf „Quacksalberei". Ein Buch, das hinführen will in den „Kräutergarten Gottes", in die Welt der Heilkräuter, aber auch in eine uns fremd gewordene Welt der Zaubermittel und Beschwörungsformeln. Denn wo wissenschaftlich-medizinisches Fachwissen fehlt, da müssen notgedrungen magische Formeln und alte Zaubersprüche herhalten. So waren – wen wundert's – der Hexenglaube und arger Aberglaube im Volk tief verwurzelt. Dennoch: der Glaube an Gott, das unerschütterliche Vertrauen in den Erretter sind stets zu erspüren. Davon zeugt das in Völkersbach im Dachgebälk aufgefundene Brauchbuch – in gut lesbaren, fachkundigen Erläuterungen der zahlreichen abgedruckten Originalseiten.

272 S. mit 43 Abb., fester Einband. ISBN 978-3-89735-707-5. € 17,90

Urfehden für den Raum Pforzheim

Württembergische Quellen zur Kriminalitätsgeschichte 1416–1583

Der Begriff Urfehde meint eigentlich „Nicht-Fehde" und bedeutete ursprünglich einen eidlich bekräftigten Fehdeverzicht. Aus heutiger Sicht stellen Urfehden die wichtigsten unmittelbaren Quellen der Kriminalitätsgeschichte dar. Ziel des Bandes ist die Erstellung einer weitgehend vollständigen und detaillierten Übersicht über die im Hauptstaatsarchiv Stuttgart aufbewahrten Urfehden, die in irgendeinem Zusammenhang mit dem Gebiet des Pforzheimer Raumes stehen. Die Urkunden entstammen vorwiegend den Jahren zwischen 1473 und 1583.

Der Enzkreis. Schriftenreihe des Kreisarchivs. Bd. 7. Hrsg. vom Landratsamt Enzkreis, Kreisarchiv Pforzheim. Bearbeitet von Christine Bührlen-Grabinger.
Hrsg. und mit einem Beitrag von Konstantin Huber.
248 S. mit 35 Abb., fester Einband. ISBN 978-3-89735-266-7. € 25,–

Walter Laufenberg

Perkeo – Der Zwerg von Heidelberg

Historischer Roman

„Das war der Zwerg Perkeo im Heidelberger Schloß, an Wuchse klein und winzig, an Durste riesengroß. Man schalt ihn einen Narren, er dachte: Liebe Leut', wärt ihr wie ich doch alle feuchtfröhlich und gescheut!"
Walter Laufenberg schildert in seinem Roman das Leben des prachtliebenden Barockfürsten Carl Philipp in den Residenzen Innsbruck, Neuburg an der Donau, Schwetzingen und Mannheim. Vor allem aber lässt er das Heidelberger Schloss, den Sitz des Kurfürsten bei Rhein, in seiner glanzvollsten Epoche wieder erstehen.

224 S., Broschur. 2. Auflage. ISBN 978-3-89735-539-2. € 12,90